强化法律监督
维护公平正义

己亥新春 韩少仙

法律监督新论

A New View
on Legal Supervision

王建华　江志东・著

法律出版社
LAW PRESS・CHINA

图书在版编目(CIP)数据

法律监督新论／王建华，江志东著．--北京：法律出版社，2019
ISBN 978－7－5197－3793－1

Ⅰ．①法…　Ⅱ．①王…　②江…　Ⅲ．①法律监督－研究－中国　Ⅳ．①D926.34

中国版本图书馆 CIP 数据核字(2019)第 200815 号

法律监督新论
FALÜ JIANDU XINLUN

王建华　江志东　著

策划编辑 许　睿
责任编辑 许　睿
装帧设计 李　瞻

出版 法律出版社
总发行 中国法律图书有限公司
经销 新华书店
印刷 保定市中画美凯印刷有限公司
责任印制 胡晓雅

编辑统筹 司法实务出版分社
开本 710 毫米×1000 毫米　1/16
印张 15.5
字数 278 千
版本 2020 年 1 月第 1 版
印次 2020 年 1 月第 1 次印刷

法律出版社／北京市丰台区莲花池西里 7 号(100073)
网址／www.lawpress.com.cn
投稿邮箱／info@lawpress.com.cn
举报维权邮箱／jbwq@lawpress.com.cn
销售热线／400－660－8393
咨询电话／010－63939796

中国法律图书有限公司／北京市丰台区莲花池西里 7 号(100073)
全国各地中法图分、子公司销售电话：
统一销售客服／400－660－8393/6393
第一法律书店／010－83938432/8433　西安分公司／029－85330678　重庆分公司／023－67453036
上海分公司／021－62071639/1636　深圳分公司／0755－83072995

书号：ISBN 978－7－5197－3793－1　**定价**：43.00 元

题　记

历史正悄悄地把中国推进到一个全面依法治国的新时代，法律监督的触角正扎实地延伸至社会生活的每一个领域——经济、社会、文化、民生……这是我国全面建成小康社会的保障，是国家长治久安的保障，也是人民幸福的保障。

谨将此书献给中华人民共和国成立七十周年。

——作　者

浙江省法学会年度课题
浙江省社会科学普及课题

新时代、新使命、新期待

中国共产党第十八次全国代表大会以来，中国特色社会主义进入新时代，中国法治也跨入新时代，人民群众在民主、法治、公平、正义、安全、环境等方面有了新的需求，同时也对法律监督工作提出了更高要求。当前，检察机关处于深刻变革、转型发展的特殊关键时期，机遇与挑战并存，我们要树立“转隶就是转机”意识，强化法律监督，推动检察工作全面协调充分发展，承担起新时代赋予检察机关法律监督的新使命。

王建华同志是浙江省台州市人民检察院研究室资深检察官，从事检察工作30多年。《法律监督新论》是王建华同志总结近年来检察监督的实践和经验，结合监察体制改革，根据中国特色社会主义新时代的要求，对其20多年前出版的《法律监督概论》的修订延续，以“新论”面世。

该书以法律监督为主线，围绕法律监督与立法、司法、执法的关系，全面深刻地论述法律监督的任务、职能、规则、程序、框架、人员素质等，特别是在厘清监察监督与检察监督关系的基础上，重点论述了检察监督中的刑事法律监督、民事法律监督、行政法律监督和公益诉讼监督，全面系统地向读者展示了法律监督的整体面貌，具有很强的现实意义。

浙江省人民检察院党组书记、检察长

2019.4.9

完善监督体系　强化监督职能

法治兴则国家兴,法治强则国家强。习近平总书记在中央政治局第17次集体学习时强调:“中国特色社会制度日趋成熟定型,中国特色社会主义法律体系不断完善,为推动党和国家事业取得历史性成就、发生历史性变革发挥了重大作用。”强化法律监督是建设法治国家的重要手段和制度保障,我们不仅要加强法律执行的监督,更要加强对公职人员廉洁性和权力运行规范的监督。只有强化权力运行的制约和监督体系的不断健全,才能确保新时代全面依法治国方略的实现,对推进国家治理体系和治理能力现代化意义重大。

文合时而著,诗合事而作。王建华同志撰写的《法律监督新论》,以法律监督为主线,全面阐述了我国法律监督的历史、职能和重要任务,合乎时代要求,也契合正在浙江大地展开的以“法律监督行动年、业务建设年、智慧检务提升年”为载体的新时代强化法律监督实践活动,对完善法律监督体系和强化法律监督职能具有现实意义。法治国家、法治政府和法治社会建设的核心任务,是置宪法于崇高地位,建立公众对于法律的信仰,维护公民权利,以宪法和法律作为国家治理和公民行为的准则。《法律监督新论》具有一定的理论性、实践性和可操作性,相信此书的出版对我们学习了解法律监督有很好的帮助。

是为序。

台州市人大常委会党组书记、主任

2019年9月29日

附《法律监督概论》序言

王然冀[*]

法律监督理论是社会主义法学的基础理论之一。加强法律监督理论研究，无论是对于法学理论的研究，对于法律制度的建设，还是对于法律监督的工作实践，都将产生极为重要的影响。在新中国的42年历程中，有相当长的一段时间，法律监督理论没能够得到应有的重视，直至发展到批判和否定法律监督，在实际工作中砸烂法律监督机构，放弃法律监督职能。这些，曾给我国的经济建设和法制建设带来了极大损害。痛定思痛，时至今日，虽然法律监督理论研究已有飞速的发展，但是，法学界、检察学界的朋友们一接触到我国当前的法治实际，仍然深感强化法律监督职能和加强法律监督理论研究的必要性、重要性和紧迫性。浙江省人民检察院台州分院研究室王建华同志撰写的《法律监督概论》，以法律监督为主线，多角度、多层次地论述、分析、呼唤对法律监督职能的重视和理解，极富现实意义。该书内容丰富、论述正确、可读性强。它扼要而系统地阐述了法律监督的历史发展；围绕着法律监督与立法、执法的关系，全面、深刻地论述了法律监督的任务、职能、规则、程序、框架以及人员素质问题；简要介绍了法律监督与国家政治以及社会各界的关系；作者立足今天，展望未来，期待建立一个更加完善、具有较强监控能力的法律监督新体系，从而，全面系统地向读者展示了法律监督的整体面貌。在当前第二次全国普法教育“五年计划”实施之际，这本具有通俗性、思

---

* 王然冀，系中国检察学会原秘书长。

辨性、知识性的普法读物，必将一展风采。

王建华同志是一位年轻的人民检察工作者。他结合自己的工作实践，以马克思列宁主义毛泽东思想为指针，深入钻研法律监督理论，查阅了大量资料，历时数年，坚持笔耕，表现出了青年检察官对加强我国的社会主义法制建设和完善法律监督职能的执著追求。“种瓜得瓜，种豆得豆”。今天出版的《法律监督概论》，正是作者认真工作、努力钻研、勤奋好学、孜孜以求的结果。我祝贺《法律监督概论》出版，祝贺作者的成功，并愿将这本书推荐给广大读者。

1991 年 9 月

目　录

总　论

第一章　法律监督概述 …… 3
导读1 …… 3
第一单元　法律监督的含义、特征和作用 …… 5
一、“监督”一词的含义及与之相关的语义分析 …… 5
二、法律监督体系与法律监督 …… 8
三、法律监督的特征 …… 9
四、法律监督的作用 …… 10
第二单元　法律监督的目的和宗旨 …… 12
一、当前法治建设的主要矛盾变化 …… 12
二、执法不严的表现及危害 …… 13
三、法律监督旨在强化严格执法 …… 15
第三单元　法律监督的对象 …… 16
一、监督内容意义上的对象 …… 16
二、监督职权意义上的对象 …… 17
第四单元　法律监督的法定任务、地位和职权 …… 19
一、法律监督的任务 …… 19
二、法律监督的地位 …… 21
三、法律监督的职权 …… 24

第二章　法律监督的原则、规程和效率 …… 28
导读2 …… 28
第一单元　法律监督活动的基本原则 …… 29
一、依靠人民群众原则 …… 30

二、以事实为根据,以法律为准绳原则 …… 30
三、公民在适用法律上一律平等的原则 …… 31
四、依法独立行使检察权和监察权原则 …… 32
五、权力机关集体行使权力原则 …… 33
六、全面落实司法责任制原则 …… 34
七、惩戒与教育相结合,宽严相济原则 …… 34
第二单元　法律监督活动的“操作规程” …… 35
一、完善终端监督制度 …… 35
二、创建精准化量刑检察制度 …… 37
三、明确备案审查制度 …… 40
第三单元　法律监督中的效率规律 …… 41
一、时间效率 …… 41
二、空间效率 …… 43
三、能力效率 …… 45

第三章　法律监督的社会学意义及其素质要求 …… 47
导读3 …… 47
第一单元　法律监督与国家政治生活的关系 …… 48
一、法律监督与执政党的关系 …… 48
二、法律监督与国家政权的关系 …… 51
三、法律监督与其他监督的关系 …… 51
第二单元　法律监督的公共关系 …… 52
一、公共关系的必要性 …… 52
二、公共关系的特征、原则和范围 …… 53
三、公共关系的重要形式 …… 54
第三单元　法律监督的公共关系演绎 …… 56
一、法庭上的公诉人与辩护人 …… 56
二、公诉人的形象与能力 …… 58
三、辩护人的品质与魅力 …… 62
第四单元　法律监督者的素质要求 …… 65
一、个人品质要求 …… 66
二、业务素质要求 …… 68

分 论

第四章 刑事法律监督 …… 75
导读4 …… 75
一、侦查监督 …… 78
二、审判监督 …… 86
三、刑事执行监督 …… 91
四、司法人员的职务犯罪监督 …… 99

第五章 民事法律监督 …… 104
导读5 …… 104
一、民事法律监督的必要性 …… 106
二、民事法律监督的历史状况 …… 108
三、如何有效地实行民事法律监督 …… 109

第六章 行政法律监督 …… 113
导读6 …… 113
一、我国行政诉讼制度的确立 …… 114
二、行政诉讼的标准、范围、依据及其审判结果 …… 116
三、检察机关参与行政诉讼的意义和作用 …… 119
四、行政诉讼中的国家监诉人制度 …… 119

第七章 公益诉讼法律监督 …… 121
导读7 …… 121
一、公益诉讼制度的法理分析 …… 123
二、公益诉讼的实践 …… 126
三、公益诉讼监督的探索方向 …… 128

第八章 涉及未成年人案件法律监督 …… 134
导读8 …… 134
一、监督缘由 …… 135

二、监督职能及方向 …… 136
三、监督成效 …… 141

新　论

第九章　法律监督的历史传承 …… 149
导读 9 …… 149
第一单元　回望中国御史监察制度 …… 151
一、秦汉时期的御史制度 …… 151
二、唐朝的“三院”制 …… 152
三、明朝的都察院 …… 153
四、清朝的监察制度 …… 153
第二单元　权力制衡的中外比较 …… 155
一、资产阶级的权力制衡理论 …… 156
二、孙中山的“五权宪法”思想 …… 158
第三单元　人民代表大会制度与检察、监察制度 …… 161
一、人民代表大会及其检察制度的诞生 …… 161
二、中国法制、法治时代及其监察制度的产生 …… 165

第十章　重构法律监督体系
——跳出历史“周期率”的怪圈 …… 171
导读 10 …… 171
第一单元　法律监督的体系重构 …… 173
一、重构法律监督体系:多元性、多层性、多样性 …… 174
二、强化法律监督的刚性:追求监督效果 …… 176
三、扛起法律监督的责任:放弃监督将承担责任 …… 179
四、监督者也要接受监督 …… 181
第二单元　监督理论的创新与发展 …… 184
一、习近平新时代有关法治思想的论述对法律监督工作的指引 …… 185
二、新时代法律监督的方向和主客体监督的比较研究 …… 187
三、完善检、监并存的双监督格局 …… 188
第三单元　法律监督的顶层设计 …… 191

一、人大监督 …… 191
二、监察监督 …… 195
三、检察监督 …… 202
第四单元　法律监督机关与社会的联系 …… 204
一、法律监督与人民群众监督 …… 204
二、公民监督权的强化与保障 …… 205
三、法律监督与举报工作 …… 205

第十一章　法律监督的法律保障 …… 209
导读 11 …… 209
第一单元　《监察法》与其他法规的衔接问题 …… 211
一、《监察法》与《宪法》的衔接 …… 212
二、《监察法》与刑事法律的衔接 …… 213
三、党纪与国法的衔接 …… 217
第二单元　修订和制定相关法律 …… 219
一、尽快出台《监察官法》 …… 219
二、抓紧修订相关法律和配套法规 …… 221
三、制定《法律监督法》和《人民监督法》 …… 222

后　记 …… 228

总　论

对于社会来说,保护无罪者要比惩罚犯罪更为重要。

——约翰·亚当斯

社会有守法的公民,那么这个社会就一定会强盛起来。

——佚名

本论精粹

专家寄语：

随着经济社会的发展，在逐步进入小康社会的过程中，人民群众对通过法律监督促进严格执法、公正司法的要求和愿望不断增强。让人民群众“在每一个司法案件中感受到公平正义”，既是对人民美好生活需要的满足，也符合中国法治发展的规律。

——于世忠（浙江工业大学法学院院长、教授、硕士生导师）

圈点内容

有人说三大“基本法”，即领导的看法、领导的想法、领导的说法；三个“诉讼规则”，即大案讲政治、中案讲影响、小案讲法律；三种“基本状况”，即严格立法、普遍违法、选择执法。这是对过去法治现状的调侃，我们要通过强化法律监督来克服并消除此状态。

能力效率，不是能力和效率的并列，也不是能力和效率的相加，而是相乘。因此，能力也是效率。

《宪法》增写“监察委员会”一节并作出相关规定，使国家监察体制改革于宪有据、《监察法》制定于宪有源，体现了全面深化改革、全面依法治国、全面从严治党的有机统一。

要正确理解法律监督的实质，坚持依法实行监督。既要防止“监督者自居”，形成“监督至上”的局面；又要防止片面强调互相配合，削弱各司其职，放弃监督职能的倾向。

实现法律监督政治效果、社会效果、法律效果的有机统一，为人民群众提供更多更优质的司法产品、检察产品和监察产品。

无论是观念上还是体制中抑或是行动里，不让律师辩护，或者律师不敢辩护，不仅不利于被追诉人，而且可能损害被害人的合法权益，最终对警察、检察官和法官甚至全社会都不利。

第一章　法律监督概述

导读1

“徒法不足以自行”，有法律，必须要有法律的执行机构，但是，有了执法机构，并不能保证法律的完全实施。要完整、准确地实施法律，就必须要有一个法律监督机构。但是，法律监督机构在中国缺乏统一规范的称呼，有人称为执法机关，也有人称为司法机关，更多的称为准司法机关。随着2018年3月《中华人民共和国监察法》的颁布实施，这个概念之争应该画上一个休止符，不应该在“法律监督机构”是司法机关还是政治机关的问题上争辩不休。

列宁说过：“如果没有一个能够迫使人们遵守法权规范的机构，法权就等于零。”①这个能迫使人们遵守法权规范的机构就是国家法律监督机关。新中国的诞生，借鉴中国古代监察制度，引进了列宁法律监督理论和思想，建立起社会主义的法律监督体系，尽管已经走过70年的曲折历程，但法律监督在中国的土地上仍很稚嫩，还有许多理论和实践的问题需要厘清，其中的一个重要问题就是法律监督与法律实施的关系问题。中国特色社会主义新时代开启了以法制权、依法反腐的新局面，对法律监督机构的重新界定和认识就显得更为重要和必要。

案例聚焦

法律监督彰显司法权威　32年的冤案终得平反

1986年10月，耿万喜在经营橘子罐头过程中因几方经济纠纷，被江苏省滨海县法院以诈骗罪判处有期徒刑5年。耿万喜不服，走上漫长申诉路。2016年3月3日，最高人民法院（以下简称最高法）指令江苏省高级人民法院对该案再

① 《列宁选集》（第3卷），人民出版社1995年版，第256页。

审。2017年4月10日,江苏省高级人民法院作出刑事裁定,驳回申诉,维持原判。之后,耿万喜再次向最高法提出申诉。

2018年1月12日,最高人民检察院(以下简称最高检)刑事申诉检察厅收到最高法第三巡回法庭《关于原审被告人耿万喜诈骗申诉一案的审查报告》和《征求意见函》。最高检刑事申诉检察厅经审查,认为原审裁判认定申诉人犯诈骗罪的证据不确实、不充分,原案存在错误可能。2018年3月1日,最高检刑事申诉检察厅组成临时办案组赴江苏省与主审法官和其他审判团队成员进行交流座谈,与申诉人耿万喜见面,与出席江苏省高级人民法院2016年再审本案法庭的江苏省人民检察院公诉处检察官进行沟通,阅卷并复印了全部卷宗。出庭前,检察官认真准备出庭提纲,仔细斟酌,反复修改。

最高法经再审认为,原审被告人耿万喜在代表其单位向滨海果品公司代购橘子罐头中,确有夸大履约能力、擅自将货款挪作他用的过错。但耿万喜并未实施刑法上的虚构事实或隐瞒真相行为,亦无非法占有他人财产的目的,其具有一定履约能力,也为履行合同作出努力,且所涉款项已于案发前返还,相关果品公司并未遭受经济损失,原审认定被告人耿万喜犯诈骗罪的证据不足,适用法律错误,应当予以纠正,依法改判耿万喜无罪。

按语:这是最高法第三巡回法庭成立以来开庭审理并当庭宣判的第一起刑事再审案件。2018年6月5日,最高法第三巡回法庭依法再审耿万喜诈骗案,再审中,最高检依法指派检察员肖亚军、陈雪芬出庭履职。他们认为,原判认定事实错误,建议依法改判耿万喜无罪。法院采纳了最高检检察员的意见,依法改判耿万喜无罪。

这个案件是因代购橘子罐头引起的经济纠纷案件,过程一波三折,基层人民法院开始认定耿万喜犯诈骗罪并判刑5年。被告人不服判决上诉,历经四级法院审理,后检察院坚持抗诉,最高法再审认为原审认定被告人耿万喜犯诈骗罪的证据不足,适用法律错误,应当予以纠正。这个案件说明公平正义需要法律的天平,更彰显监督的重要。维护公平正义永远在路上,需要正义的检察官,也需要爱岗敬业的律师风雨同行。

为此,本书编辑部日前在浙江省天台山琼台书院召开研讨会,就检察、监察的法律监督工作和典型案例开展研讨。编辑部邀请了台州市检察院资深检察官王建华和浙江海贸律师事务所副主任江志东律师一起探讨“新时代法律监督定位和价值取向”问题，并达成共识，认为中国当前建设法治国家、法治政府、法治社会，必须以宪法监督、法律监督和廉政监督为主导，与民主监督、行政监督、审计监督、社会监督、舆论监督协调沟通、紧密配合，形成严谨周密的监督机制，以期发挥法律监督体系的综合优势和整体效应。

下面，让我们跟随检察官与律师一起同行，共同领略法律监督学术之旅中的崎岖和壮丽吧！

第一单元　法律监督的含义、特征和作用

在我国，“监督”一词被作为专业术语广泛使用，含义极为丰富，因而人们在理论建构和学术交流中，对同一概念所负载的意义和内容信息不甚相同，得出的结论难免大相径庭。又因为语义的混乱，导致概念之争掩盖了真正的理论争论，无法明辨是非。为此，有必要搞清“监督”一词的含义及与之相关的语义并进行分析和区别。

一、“监督”一词的含义及与之相关的语义分析

“监督”起源于社会生产和分配中的记事和契约活动，后引用于公共治理之中。经历近代和现代社会民主政治发展和市场经济的形成，监督已从原来的督军和自上而下的检查督促，更多地转向了社会公共事务管理中的控制和国家权力运作中的监控与制约，转向了权利的维护。①

监督根源于国家权力的所有权与行使权的分离。权力的终极来源，归根结底是构成社会这个整体的每个公民的权利。法律即社会公约，是公民将自身权利让渡给集体而形成的约定。国家权力就是在这种约定之上产生的。正如1789年法国《人权宣言》所宣告的：“国民是一切主权之源；任何个人或任何团体都不具有任何不是明确地从国民方面取得的权力。”②也就是说，国家权力的所有者是全体公民。但是，国家的治理不能通过全体公民来直接完成，必须由公民选定的特定人群，组成特定组织来进行具体运作。权力的所有者和行使者相分离就成为必然。这又导致新的问题：公民如何才能保证其意志得到严格的遵守与正确的执行？如何才能避免权力行使者滥用他们得到的权力？于是，对权力的监督应运而生。国

---

① 尤光付：《中外监督制度比较》，商务印书馆2003年版，第1页。
② 童之伟：《法权与宪政》，山东人民出版社2001年版，第309页。

家权力的所有者为了实现对权力行使者的制约,创制出各种监督权力的机制。“民主制的首要含义是防止国家权力脱离其所有者的控制。而对国家权力所有者威胁最大,即最易于、最便于、最有可能将国家权力所有者的权能从其所有者手中夺走的却正好是他们的‘仆人’——国家机构及其官员,因为后者是一种有组织的力量,掌握着国家权力的行使权。为了保证国家权力行使权的运用能够最大限度地符合国家权力所有者的利益与意志,就需要通过分散国家权力行使者的权能并在分别掌握这些权能的不同机关之间建立一定的监督和平衡关系,至少是在它们之间明确划分权限,禁止越权。”①

监督是基于国家权力的归属存在所有权与行使权相分离的实际状态,国家权力的所有者(公民)基于保障自身权利,而限制权力的行使者(各级国家机关及其工作人员)的实际需要。对权力进行监督,源于防止权力被滥用的终极目标。这种场景下的“监督”在我国通常指人民对其民主选举而产生的人大代表进行的监督(如罢免)、对权力机关进行的监督。党员对经其民主选举而产生的党的代表、党的领导权力机构的监督等。

考察西方社会基于权力的分立制约而产生的监督。现代的政治价值观认为,要保障人民政治自由就要限制政府权力,而限制的最好方式是通过在政府内进行职能、机构分立,防止权力集中于一群人手中。

“没有分权并实现制衡的政府,不论是一个人、少数人或许多人,不论是世袭的、自封的或选举的,均可正确地断定是暴政。”②一个政府有没有实行分权便成为衡量该政府统治下的公民有无自由的一个标准。为保障公民的个人权利,必须谋求对权力的制约。现代国家权力的结构原则发生了根本性变革,权力分立取代了权力集中。国家的权力不再集中到个人、集团或机关,而是由不同的国家机关行使,并且相互监督和制约,以避免滥用权力,保护公民的个人权利。这种场景下的“监督”在西方社会表现为权力的制衡,在中国社会表现为权力之间的监督,如监察委员会(以下简称监察委)的权力廉洁性监督和检察机关对侦查机关的监督和对审判的监督等。

“监督”一词,在不同的场景下使用,其所表达的含义和意蕴是有差别的。现实中主要有以下不同用法:一是上级对下级的监督;二是平等主体之间的监督;三是下级对上级的监督;四是外界的监督。因为监督的主体不同,监督的目的和功

---

① 童之伟:《法权与宪政》,山东人民出版社 2001 年版,第 310 页。

② [英]詹宁斯:《法与宪法》,龚祥瑞、侯健译,三联书店 1997 年版,第 20 页。

能也就不同:如上级对下级的监督是为了行使管理权,因而具有管理的功能;又如平等主体之间的监督是为了相互制约,比如权力制约是指权力主体之间的相互监督,有双向性、独立性、权力性,它在实行三权分立的国家表现为立法、行政与司法权的相互制约,在我国表现为行政机关、审判机关、检察机关之间相互监督。在这个意义上,监督和制约是对等的,都是指相对独立的权力主体之间的相互制约,因而具有制衡的功能;下级对上级的监督则是为了提请上级注意自己的行为,具有提示的功能,同时,作为一种民主权利,具有参与管理的功能;至于人民群众的监督和新闻媒体的监督,则是通过举报、控告和申诉,或者通过披露权力行使过程中出现的问题,以引起有关机关和人员的重视,因而达到帮助其改正错误的目的,这是实现人民民主的一种方式。①

那么,与"监督"相关的语义还有哪些呢?

(1)"检查"与"检察"的区别:"查",指核查,表示一种动作;"察":察觉,观察,辨定真伪,如明察秋毫。所以,在现实中,"检查"是指一般性质的查证行为,只要具备相关职责的任何单位或个人都可以对其所辖事务进行检查,如党的纪律检查机关。而"检察"则特指国家赋予检察机关行使的检察权,是检察机关接到公安机关移交的案件后收集材料准备起诉过程中所特有的权力,《宪法》规定"人民检察院是专门的法律监督机关",具有一定的侦查职能。

(2)"监督"与"监察"的区别:监督即对现场或某一特定环节、过程进行监视、督促和管理,使其结果能达到预定的目标。法律规定普通公民也可以对国家机关的活动进行监督。而监察则是有权机关才可以的,一般是该机关的纪律检查委员会(以下简称纪检或纪委)、监察部门或是上级机关的相关部门。监察用于对机关或工作人员的监督考察及检举。

(3)"察"体现了检察监督和监察监督在中华文化中的精髓:"察"字的本义是仔细看,调查研究,如察看、察核、观察、考察等。《说文》中说:"察,复审也,从宀祭声。"《徐铉曰》:"祭祀必质明。明,察也,故从祭。"在中国古代,"宀"之下,"示"之上,放着肉,是用来祭神和祖先的。所以,在中华文化中"察"字的含义特别而又神圣。古代有"察士""察使"之称谓。因而,从事检察和监察工作者不是一般的人所能够信任的,他应该带有神圣之责和对法律的敬畏之心,从事法律监督工作。

---

① 张智辉:《法律监督三辨析》,载《中国法学》2003年第5期。

二、法律监督体系与法律监督

法律监督体系是指国家机关的法律监督和社会力量法律监督所组成的有机整体。建立起严格的法律实施的监督体系，是从组织制度上给予法律实施以最有力的保证。法律监督体系主体应该包括以下三个组成部分：一是国家权力机关的监督，尤其是最高国家权力机关的监督；二是国家监察机关的监督；三是司法机关的监督，包括审判机关的自身审判监督程序的监督和检察机关的专门监督。其他社会组织、社会舆论和人民群众的监督则应该成为法律监督主体必不可少的有机结合的组成部分。因为在法律监督体系的三大主体中，最高国家权力机关监督是根本，监察监督是基础，检察监督是保障。三者互为联动，缺一不可。因而，很有必要搞清法律监督的内涵和外延。

所谓法律监督就是指权力机关、检察机关和监察机关依法对法律的遵守、执行和适用情况进行的有法定效力的检查、监察和督促工作。因为法律监督是我国对权力监督体系中的重要一环，是我国法制中具有特定含义的活动。如果对法律监督这一专门术语作泛化或狭义理解，容易混淆法律监督与其他监督行为的性质，从而使其在权力监督和保障法律实施监督体系中的地位和作用得不到应有的重视。因此，厘清法律监督的界限，正确认识其在维护法制中的功能意义重大。笔者认为，对法律监督应当从政治制度层面来认识。当前，我国实行的是人民代表大会下的“一府一委两院”制。依照人民主权原则，全国人民代表大会（以下简称全国人大）作为代议机关，代表人民集中行使最高国家权力，处于我国权力架构的顶端；由其产生的政府、法院、监察委和检察院分别行使行政权、审判权和法律监督权，处于我国权力架构的第二层。行政权、审判权和法律监督权分工负责，共同向最高国家权力机关负责，形成了稳固的三角锥形的政权组织结构。这与西方国家三权分立的平面三角权力架构明显不同。但是，正如三权分立通过在立法、行政和司法机关之间设置种种牵制从而实现权力制衡一样，人民代表大会制在真正体现人民主权并提高权力运行效率的同时，也存在防止权力因缺少制约而导致腐败的客观要求。人民代表大会作为处于权力架构顶端的国家权力机关，如果采取直接干预、监督行政、审判事务的方式来制约行政权和审判权，又很可能出现由“宏观监督”变成“指令”的情况，造成更大的权力专断。如果将其降格至与行政、审判机关在同一平面内相互牵制的地位，又与它的权力属性不符。此外，行政或审判机关下属的职能部门由于其权力层级低，更缺乏独立地位，由它们来实行这种制约，也是不恰当的。因此，全国人大通过《宪法》授予和颁布《监察法》，形成监察权、检察权与行政权、审判权在同一平面上相互制约的格局,保证权力正确运行而不被滥用。这种监察权和检察权,具体由监察委和检察机关依法独立行使,我们统称为“法律监督权”。

三、法律监督的特征

从国家监督体系层面来谈检察监督和监察监督的特征应该没有问题,我们可以将其概括为三个特性:一是法律性,二是程序性,三是最后保障性。如果将检察监督和监察监督,都作为法律监督来谈特性,恐怕有些争议。

检察机关和监察委都属于监督机关,分工不同,职能不同,但特征相同的有以下三个方面:

一是法律监督的法律性。我们为什么将法律性放在首位呢?首先,法律监督对象是特殊的法律行为(权力违法、犯罪行为或司法中的违法行为),一般的违法行为有其他监督实施的机制纠正。其次,法律监督主体的法定性和职权的法定性,也就是说法律监督的主体有具体法律支撑和保障,如监察委的廉政监督,就有《监察法》的支撑和保障。检察机关是《宪法》规定的法律监督机关。除此之外,其他主体实施的各种监督都不能称为法律监督。[①] 最后,作为监督行为的判断标准是法律。当然,监察监督还有党纪条例作为判断标准,这是从党纪国法的宽泛概念上讲的。

检察机关作为“法律”的监督机关,其职权的范围随着司法改革的深入,会否将从对法律的遵守和执行情况监督,进而扩大到对行政法规、地方性法规以及政府和部门规章执行的监督呢?笔者认为是应该的,这在 10 多年前学界就有呼声。[②]

二是法律监督的程序性。法律监督仅仅是程序意义而非终局意义,它是一种提示与提醒,是一种启动救济的机制,监督所指向的违法是否存在,需要由相关职能部门的裁决、判决来做出终结。检察监督是完全意义上的程序性监督,而监察监督则是部分意义上的程序性监督,即构成犯罪的仍需通过法院作出最终的裁判。另一个层面,监督的程序性还表现为法律监督同样要遵循程序。需要说明的是,法律监督并不存在“法官之上的法官”,或“法院之上还有个监督者”的问题,它仅仅是平行机构之间的一种提醒和防错机制,终局决定权在法院。同时,法律

---

① 朱孝清、张智辉主编:《检察学》,中国检察出版社 2010 年版,第 189 页。

② 韩大元、刘松山:《论我国检察机关的宪法地位》,载《中国人民大学学报》2002 年第 5 期。

监督与社会生活中一般意义的人民群众“监督”区别开来，因为一般意义上的社会监督没有程序性限制。

三是法律监督的最后保障性。即维护法律的最低可容忍限度，它对所有法律的实施都有保障作用。具体来说，检察机关的法律监督是通过一系列重要职能（刑事公诉、公益诉讼、检察建议等）来实现监督任务。其监督的不仅是刑事法律的实施，更有民事法律、经济法律，包括选举法等，这些法律都有“刑事罚责”，即对那些严重破坏法律的行为通过检察职能追究刑事责任，如检察机关对破坏婚姻家庭罪、合同诈骗罪、破坏选举罪提起追诉，就是对《婚姻法》《合同法》《选举法》的保障。但不是对所有违反《婚姻法》《合同法》《选举法》的行为的监督，而是对达到一定严重程度的违法行为和犯罪的控告。监察委的法律监督，较检察机关范围更广方式更灵活，实行权力监督全覆盖。依照《监察法》的规定：监察委对所有行使公权力的公职人员进行监督，既调查职务违法行为，又调查职务犯罪行为。这都充分说明，法律监督的启动是有条件的，必须达到一定程度，它是社会秩序保障、法律实施保障的最后一道防线，只有当其他维护法律实施机制无法排除违法时，才能启动。

四、法律监督的作用

监察委和检察机关都肩负国家的法律监督职能，是国家法律监督体系的重要组成部分。“法制监督最基本的性质和功能是它的制控性，一是制控法的运行过程，防止、控制和纠正偏差或失误；二是制控权力运用过程，防范、控制和矫制权力的扩张、滥用、腐败。”[①]因此，防范、控制和矫制权力的扩张、滥用、腐败，保证法律的正确统一执行，法律监督的作用不可轻视。

（一）护法作用

保证法律能够在全国范围内得到普遍、统一的实施，是建设法治国家的重要条件。环顾全球，实现法治的方式主要有两种机制：一是通过审判制度（审级制度）的设计，即经过法官司法中的法律适用，实现法制的统一；二是通过设立专门的法律监督机关，对违法行为的主动追究，予以纠偏从而维护法制的统一。两种机制中，前一种受法院行事原则（不告不理）限制，对法制统一的维护具有被动性。检察机关，无论东西方，从其设立的目的上，都具有共同性，即维护国家的法制统

① 张文显主编：《法理学》，高等教育出版社、北京大学出版社 1999 年版，第 316 页。

一。欧洲大陆法系国家也认为设置检察官的一项重要法治功能就是守护法律,制裁破坏法律的行为。我们认为检察机关是负有监督职责的法律机关,是“法制守护人”及“法律监督者”。随着国家《监察法》的颁布实施,检察机关和监察机关一起都对法律负有守护法律的职能。他们主要是通过以下三个方面来实现护法作用:一是行使调查、侦查、监察、监督职能,对国家工作人员和司法人员的职务犯罪进行察究,以保障国家法律在国家职能活动和权力行使中得到正确实施;二是通过公诉、公益诉讼,将违反法制的人送上法庭追以究其责任,修补和恢复被损害的法制;三是对诉讼活动进行监督,保障国家法律在刑事诉讼、民事诉讼、行政诉讼的全过程中得到统一正确实施。同时,检察机关还在法庭上与律师并肩,坚守客观公正的法制立场,不仅追诉犯罪行为,更要客观公正地捍卫法律,对各种有利不利的情形予以全面关注,既打击犯罪,更要保护人权。

(二)权力制约作用

在现代社会,法律监督是权力制约体系的基本构成部分,是防范权力专横、滥用、腐败的独特的运行机制。法律监督是以法律制约权力的基本形式。因为,法的运行过程,往往就是权力的运作过程,对法的运行的监控,也就是对权力的运作的监控。在当代中国,国家机关对立法权、行政权和司法权的运用都应有法律上的根据,并接受法律的监督。中国检察机关通过法律监督职能的履行,实现对行政权、司法权的制约。更确切地说,这种监督在保障行政权、审判权合法性方面是有一定范围的,是最低限度的保障,而不是全方位的保障。为此,2018 年中国全面实行国家监察体制改革,并颁布《监察法》,规定监察委有权对国家工作人员职务违法、犯罪行为进行全方位的调查和监察,充分显示了的权力制约作用。

(三)实现法治和民主政治的保障作用

我国社会实行的是间接的民主政治形式,即由人民通过选举产生的代表来行使国家权力。间接民主是以少数执政者与人民之间一定程度的分离作为代价的,如果这种分离无限制的扩大,导致国家权力不依人民的意志运作,民主便不复存在了。因而,以有效的监督制约机制把这种不可避免的分离规制在一定的限度内,防止权力的任性、专横,使权力始终按体现人民意志的法律运行,就成为法治和民主政治的实质内容。监察委和检察机关作为国家法制监督系统的子系统,代表国家和人民对行使法律监督权,保障现代民主政治的实现,为实现国家法治和政权廉洁、高效运作提供具体法律保障机制。

第二单元　法律监督的目的和宗旨

中国特色社会主义新时代,不允许这种状况的存在,否则,中国的法治长城将面临瓦解。我国从无法到有法,从法制到法治,法律体制不断完善。但是,为什么仍然有那么多的有法不依,执法不严,违法不究的现象存在?为什么还是有那么多人不愿意遵纪守法?

一、当前法治建设的主要矛盾变化

“中国特色社会主义进入新时代,我国社会主要矛盾已经转化为人民日益增长的美好生活需要和不平衡不充分的发展之间的矛盾。”党的十九大报告关于我国社会主要矛盾变化的这一重大政治论断,深刻揭示我国经济社会发展的阶段性特征,体现了中国共产党审时度势,敏锐把握我国发展所处的历史方位,从党和国家发展大局出发,引领事业不断向前的科学执政能力和强烈的历史责任感、使命感。

1981 年,党的十一届六中全会将社会主义初级阶段的社会主要矛盾确定为“人民日益增长的物质文化需要同落后的社会生产之间的矛盾”。今天的中国社会已经告别贫困、跨越温饱、即将实现全面小康,社会生产力水平也发生了根本性的变革,中国特色社会主义制度逐渐成熟定型。经济社会的巨大变化,宣告着中国特色社会主义进入新时代,社会主要矛盾也随之发生了变化。

党的十九大报告提出:“明确新时代我国社会主义矛盾是人民日益增长的美好生活需要和不平衡不充分的发展之间的矛盾,必须坚持以人民为中心的发展思想,不断促进人的全面发展、全体人民共同富裕。”我国社会主要矛盾变化的新特点给中国法治建设提出了新要求、新课题。法治以人民为中心,不断满足人民日益增长的对民主、法治、公平、正义、安全、环境的需要,必将成为新时代的新动力,推动法治中国续写更加辉煌的新篇章。

最高人民检察院原副检察长朱孝清撰文认为:检察机关重建 40 年来,具有典型法律监督性质的诉讼监督职能、任务呈不断增多的态势,监督对象也从原来的侦查权、审判权、执行权,拓展到检察监督所涉及的行政权。① 这充分说明,随着经济社会的发展,人民群众在逐步进入小康社会的过程中,对通过法律监督促进严

---

① 朱孝清:《国家监察体制改革后检察制度的巩固与发展》,载《法学研究》2018 年第 4 期。

格执法、公正司法的要求和愿望不断增强。因此,让人民群众“在每一个司法案件中感受到公平正义”,既是对人民美好生活需要的满足,也符合中国法治发展的规律。

中国特色社会主义法律体系的形成,总体上解决了有法可依的问题,在这种情况下,有法必依、执法必严、违法必究的问题就显得更为突出、更加紧迫。因此,我们要在继续加强立法工作的同时,采取积极有效的措施,切实保障宪法和法律的有效实施。一要维护宪法和法律的权威和尊严。一切国家机关和武装力量、各政党和各社会团体、各企业事业组织都必须遵守宪法和法律,任何组织或者个人都不得有超越宪法和法律的特权,一切违反宪法和法律的行为必须予以追究。二要坚持依法行政和公正司法。国家行政机关要严格按照法定权限和程序办事,加快建设法治政府。国家审判机关、检察机关要依法独立公正行使审判权、检察权,维护社会公平正义。三要全国人民代表大会及其常务委员会要依法行使监督宪法和法律实施的重要职权,地方各级人民代表大会(以下简称人大)及其常务委员会(以下简称常委会)要依法行使保证宪法、法律、行政法规在本行政区域内得到遵守和执行的重要职权,确保各国家机关把人民赋予的权力真正用来为人民谋利益。四要改革现在的绩效评价体系,建立一套以法治为重要指标体系的政绩考核评价体系,即“法治 GDP”,保证法律的实施。地方政府领导干得好不好,能不能得到重用提拔,关键要看他是不是有法律意识,是不是善于运用法治思维和法治方式深化改革、推动发展、化解矛盾、维护稳定。一旦建立起法治作为重要指标的政绩考核评价体系,法律的实施就有了保障,法治中国建设才会更加顺畅。

二、执法不严的表现及危害

产生执法不严的原因是多种多样的,其原因既有内部因素,又有外部因素。从理论上分析,概括起来不外乎以下几个方面:

一是职能性因素,也就是政府经济职能不清。目前我国各级地方政府承担着经济人与执法人的双重职能。一方面,政府作为社会经济利益的代表者与企业经济利益相混同。政府与企业一损俱损,一荣俱荣。因此,为了获得较大的经济利益,政府必然要干预或参与企业的经营,并从这种干预和经营中获得收益。另一方面,政府又以经济执法人的身份参与对市场、企业的管理与监督,保证企业依法进行经营活动。这种经济人与执法人的双重职能使政府在实施法律、法规时,犹如运动场上“既是运动员,又是裁判员”,往往因利益的驱动而疏于经济监督,因而对法律、法规的实施带来了许多问题。特别是经济利益的混同,导致了地方政府对当地违法企业的庇护,如财政分配上的"分税制"即按比例上缴与留存的体制强化了地方政府对当地经济利益的维护,人们常说的"地方保护主义"就是在这样的背景下产生的,如一些工业园长期超标排污得不到根本治理,既损害了当地老百姓的生存权,也损害了周边邻近省市的社会和经济利益。

二是体制性因素,即执法体制不顺。严格执法依赖于一个疏密有度、分工合理、职责分明的执法体制和能公正地代表国家行使权力、高质量的执法主体。对此,我们存在诸多弊端,如法规之间还存在许多不协调、不配套、不衔接甚至相互矛盾的现象,需要在立法和法规上进一步完善和完备,才能适应市场经济关系。同时,执法的利益趋向,严重地影响了执法的公正性。本来,代表国家行使行政执法权应是相关部门的基本职能,国家应保证其相应的执法经费,但是,我国现行的行政执法主体既有行政部门,也有社会团体,甚至还有企业,这些相关机构的运行经费在一定程度上依赖于执法中的各种收费收入。在执法有利可图的情况下,很难保证这些部门能够执法公正。特别是对某一法律、法规的实施,往往是许多执法队伍都可插手,有利可图的都争着管,无利可图则谁也不管,以致形成了管理上的真空地带。如一些城市的城市管理部门既有城管和市政、规划、环卫、建管、园林、工商、交通、交警等专业管理部门,又有国家卫生城市管理办公室、城市文明管理办公室等综合管理部门,这样造成的结果是互相扯皮又互相推诿,其执行效果很难想象。分散于各行政主管部门中的执法队伍在执法中受制于各主管部门,使其缺乏相对的独立性,当部门的利益与执行国家的法律、法规相冲突时,往往因主管部门的干预而牺牲了法律、法规的尊严。

三是政策性因素,即政策对法的冲击。在我国,法与政策同为调节社会关系的规范。法是社会的最高权威,政策是一种短期的行为规范,当政策与法律相抵触时,应严格依法办事。但长期以来,人们习惯于依政策办事。各种改革措施大多是以政策的形式出现,于是政策一实施,法的实施即遭受冲击的现象不可避免。

四是机构性因素,即法律监督机构监督不力。政府法制机构不健全,干部数量和业务素质与所承担的日益繁重的工作任务不相适应。众所周知,法律的有效实施靠两种完备的监督体系:一种是执法部门对社会的监督,即监督行为者;另一种是对执法者的监督,即监督监督者。在我国,后一种监督显得较为软弱无力。我国《宪法》规定了三种法律监督实施的基本形式,即一是人大权力机关的监督;二是监察委的廉政监督和检察机关、审判机关的司法监督;三是人民群众的监督。目前,这三种监督除监察委的廉政监督卓有成效,其余均处于一种乏力状态,特别是检察机关监督范围太窄、手段有限,严重制约监督的效果。我国《宪法》明确规定:检察机关是国家法律的监督机关。这种监督,应该是对国家所有法律实施的监督。但目前我国的检察机关除应付诉讼外,基本上未开展对宪法、经济法、行政法等其他法律、法规的监督工作。人民群众的监督也得不到相关法律的支持,往往各种举报石沉大海,有些甚至会受到打击报复。

综上所述,造成执法不严的因素是多方面的,尤其是经济、行政类法律执行不严,原因颇为复杂,有受历史上"重刑轻民""法即是刑"等观念的影响;有执法人员执法的疲软和某些领导越权行为的干扰;有缺乏对立法机关和执法机关业务上的监督、指导因素;有执法机构设置和人员配备不落实的困惑;也有行政执法的法律地位不明确和执法权缺乏独立性的问题;还有不可忽视的生产力水平和社会文明程度低下的执法环境因素。

三、法律监督旨在强化严格执法

从法律监督的宗旨与目的来看,应当将国家机关及其公职人员作为重点监督对象。因为历史的经验表明,对宪法、民主和法治最大的威胁和最大的破坏因素主要不是来自社会团体和公民个人,而是来自公权力的拥有者即国家机关及其公职人员。法律监督是针对公权力的拥有者和运用者而设计的一种防范机制,因此,法律监督的主要客体是国家机关及其公职人员的各种公务活动,即公权力的拥有者与运用者具体操作公权力的行为。

强化法律监督不仅是立法者的主观愿望,更是社会主义民主、法治进程的时代要求。

第一,法律是治国之重器,法治是国家治理体系和治理能力的重要依托。实现高质量发展,建设良好的法治环境和提升政府行政效能、增强企业家的信心,缺一不可。法治中国建设,将使社会更加公平正义、市场更加开放有序。国家不仅要立法,而且更重要的是保障宪法、法律的统一实施。为此,除各级人民代表大会及其常务委员会行使法律监督外,还需要一个专门的法律监督机关——人民检察院来全面而具体地监督法制的统一遵循。

第二,改革和法治如鸟之两翼、车之两轮。随着改革开放不断深入,新的问题层出不穷,需要新的法律法规来调整、规范、引领。为了保证改革、开放的深入,国家适时地制定了大量的调整各类复杂社会关系的法律、法规。只要有效地实行法律监督,就能钳制那部分在执行法律和政策过程中采取阳奉阴违态度的所谓"上有政策,下有对策"的人,就能督促各级干部严格地遵守国家法律、法令,高效的执行中央的改革政策,切实做到"令行禁止"。

第三，法律的生命力在于实施。法律的实施直接影响司法的公信力，也会影响党和政府的公信力，要让人民群众在每一个司法案件中感受到公平正义，必须强化法律监督。强化法律监督，必须解决监督体系配套和法律衔接等问题；只有制定强化法律监督的具体细则，才能从法律上把监督落到实处。

第三单元 法律监督的对象

研究法律监督，不可忽视对监督对象的研究，但是监督对象在客观上又是十分错综复杂的，所以，我们只能从监督的内容和职权方面入手加以分析。

一、监督内容意义上的对象

根据目前的司法实践，法律监督对象从违法内容上大体可分为以下三类：

一是违宪对象。所谓违宪，就是指违背或破坏宪法原则的行为，具体有以下几类情况：(1)制定违宪的法律文件和规章制度；(2)作出违宪的决议和命令；(3)采取违宪的措施；(4)侵犯或破坏国家、集体和公民利益的违宪行为等。违宪行为一般是发生在国家机关、社会团体、企事业单位及其领导人的活动或公民的言行中。依据我国《宪法》的规定，全国人民代表大会及其常务委员会行使监督宪法实施的职权，一切违反宪法原则的错误文件、决定和措施，是没有法律效力的，应由国家权力机关或违宪单位的上一级主管领导机关依法及时予以撤销和纠正。

二是违法对象。违法的不一定都是犯罪，但犯罪的必然都是违法的，可见违法的概念大于犯罪的概念。这里我们指的是一般性违法，即国家机关及其工作人员、企事业单位、公民和社会团体，违反法律（包括其他法规）的规定，从而给社会造成某种危害的有过错的行为。违法依其性质的不同，可分为刑事违法、民事违法、行政违法。

刑事违法，主要是指触犯《刑法》，但够不上刑罚处罚的行为。即《刑法》第13条规定的："情节显著轻微危害不大的，不认为是犯罪。"

民事违法，是指违反民事法律法规的行为。例如，无正当理由不履行民事义务或违反民事义务造成对方的某种损失，等等。

行政违法，是指违反行政管理法规的行为。它包括两种情况：一种情况是公民和法人违反行政管理法规的行为；另一种情况是国家工作人员执行职务的轻微违法行为或违反纪律的行为。

对上述违法行为，人民检察院、人民法院、公安机关和其他行政执法机关在执法、司法中发现的违法行为,可以直接或建议监察委进行监督。通过依法监督,追究违法对象的法律责任:(1)对轻微刑事违法行为,虽然不追究其刑事责任,但视其具体情节,可责令其悔过、退赔或建议作党政纪等处分。(2)对民事违法行为,应追究违法者的民事责任,并实施民事制裁。在我国民事制裁主要有:责令排除妨害,返还原物,恢复原状,收缴非法所得,罚款,赔偿损失以及其他强制手段。(3)对违反行政管理法规的行为,应追究行政责任,并给予行政制裁。行政制裁分为行政处罚与行政处分:行政处罚是由国家制定的行政机关给予犯有轻微违法行为而尚不够刑事处分的公民或法人的制裁,必须根据法律实施;无处分权的机关和部门不得行使。行使处罚的方式有:没收、罚款、警告、拘留等。行政处分又称纪律处分,国家机关、企事业单位根据法律或规章制度,按行政隶属关系给予犯有轻微违法失职行为或违反内部纪律人员的一种制裁。实施行政处分,必须是具有这种处分权的单位或部门,在我国,行政处分有警告、记过、记大过、降级、降职、撤职、留用察看、开除等。

三是犯罪对象。按照我国《刑法》规定,在我国,一切危害国家主权和领土完整,危害人民民主专政制度,破坏社会主义革命和社会主义建设,破坏社会秩序,侵犯全民所有的财产或者劳动群众集体所有的财产,侵犯公民私人所有的合法财产,侵犯公民人身权利、民主权利和其他权利,以及其他危害社会的行为,依法应受刑罚处罚的都是犯罪。概括犯罪的特征具有三性,即行为的违法性、社会的危害性、处理的惩罚性。

二、监督职权意义上的对象

在对上述三类对象的监督中,我们根据监督职权的不同,又可分为"一般监督"对象和"重点监督"对象。

(1)"一般监督",原是指检察机关在国家范围内的广泛性监督。监督权的适用范围与法律的适用范围相一致,监督的对象十分广泛。苏联、东欧等原社会主义国家的检察机关大多具有"一般监督"权。如原保加利亚"宪法"规定:"在对各部和其他主管部门、地方国家机关、经济组织和社会团体、公务人员和公民,确切地和同等地适用法律方面的监督权,由总检察长行使。"苏联"宪法"规定:"一切部、国家委员会和主管部门、企业、机构和组织、地方人民代表苏维埃执行和发布命令的机关、集体农庄、合作社和其他社会组织、公职人员及公民是否严格和一律遵守法律,由苏联总检察长及其所属各级检察长行使最高检察权。"这些国家之所以赋予检察机关在法律方面的一般监督权,主要是基于检察机关在维护法制中的重要意义和国家政治生活中的地位考虑。

“一般监督”权基本上是在社会主义国家中施行。最早产生于苏联:1922 年列宁提出“法制应当是统一的”。因为苏维埃联邦共和国当时面临的局势,用列宁的话来说就是:“各地都生活在违法乱纪的汪洋大海里;地方影响对于建立法制和文明制度是最严重的障碍之一,甚至是唯一的最严重的障碍。”①因此,为了维护联邦共和国法制的统一,苏联在 20 世纪 20 年代、30 年代、50 年代、70 年代的监督条例(决议)中对一般监督都作了明确规定。但是,苏联的一般监督也出现过曲折:1934 年 3 月,根据联共(布)“十七大”决议取消了一般监督,1936 年 11 月恢复了检察机关的一般监督。

我国在 20 世纪 50 年代受苏联影响,检察机关也实行过一般监督。1954 年的我国《宪法》和《检察院组织法》,均对一般监督权作出规定。但在施行中由于多种原因,以后又取消了一般监督权,实行了重点监督。但目前,我国人民代表大会及其常务委员会的监督对象可认为是一般监督的范围。

目前,我国《监察法》的颁布实施,各级监察委员会作为特定时期的政治机构,肩负反腐重任,正在履行“一般监督”的职责。

(2)“重点监督”相对于“一般监督”而言,具有针对性、侧重性、专门性的特点。目前,我国检察机关所实行的是“重点监督”,较之于 1954 年《宪法》和《检察院组织法》,检察机关的法律监督对象作了限制性的调整,不再搞一般监督。现在我国检察机关的“重点监督”对象包括以下三个方面:

一是有关国家机关,即对公安机关、人民法院、监狱、看守所的活动是否合法的监督。

二是少数国家工作人员,指对国家工作人员中发生的职务上的犯罪和利用职权、违反法律、破坏法制、构成犯罪行为的监督(大多转入监察委办理)。

三是特定公民,即对社会上触犯《刑法》已构成犯罪的人的监督。

重点监督对象限制为上述三方面,一般认为并没有削减检察机关的法律监督职权,反而会使检察机关的职权更加集中,更加明确。因为:

第一,虽然它表面上在“国家机关”、“国家工作人员”和“公民”前面加上限制性词语,但实际上它并无缩减监督对象的范围。它仅是在国家机关、国家工作人员和公民等对象中补充了一个前提和条件,即必须是违法或犯罪的。也就是说,只要违法犯罪的,任何机关和个人,都要接受检察机关的检察。

---

① 《列宁选集》(第 3 卷),人民出版社 1995 年版,第 327 页。

第二,虽然“一般监督”的监督对象十分广泛,但根据法律规定,它只能行使“抗议”权、“要求纠正”权,却无直接撤销、改变或者停止执行的权力。根据我国1954年《人民检察院组织法》规定:最高人民检察院发现国务院所属部门和地方各级国家机关的决议、命令和措施违法的时候,有权要求纠正;人民检察院发现国家工作人员有违法行为,应当通知他所在的机关给以纠正;人民检察院对违法的决议、命令和措施,无权直接撤销、改变或者停止执行;对人民检察院的要求或者抗议,有关国家机关必须负责处理和答复。1978年,人民检察院自恢复重建后,已将类似这方面的“一般监督权”上移到人大。这样便于自己集中更多的精力查处国家工作人员违法犯罪案件,以树立检察机关的真正权威。

第三,对国家机关的法律监督仅限于执法机关、司法机关,使人民检察院这一专门法律监督机关的性质和职能更为明确。使“有法必依、执法必严、违法必究”这一社会主义法制原则的贯彻、落实更有保障。

第四单元 法律监督的法定任务、地位和职权

由于法律监督的特殊任务,决定了它的特定地位和相应的职权,并在宪法和法律中明确规定。

一、法律监督的任务

我们所处的时代可以称这为“人民法治”和“人民监督”的时代,因而,法律监督的任务是多元的。如2018年10月26日,第十三届全国人民代表大会常务委员会第六次会议表决通过了关于修改《刑事诉讼法》《人民法院组织法》《人民检察院组织法》的三个决定。其中《人民法院组织法》就特别增加了人民监督的内容,专门规定:“各级人民代表大会及其常务委员会对本级人民法院的工作实施监督。”“人民法院应当接受人民群众监督,保障人民群众对人民法院工作依法享有知情权、参与权和监督权。”

本书为了方便读者了解,从主体角度将法律监督的任务分为以下三种:即权力机关的宪法监督、检察机关的司法监督和监察委的廉政监督。

(1)宪法监督。宪法监督是人民监督的最高表现形式,一方面,宪法是广大劳动人民根本意志和根本利益的最本质最集中的反映;另一方面,宪法监督权就是人民的权力机关对所有国家机关、武装力量、各政党和各社会团体,各企事业组织的活动是否符合宪法和法律进行监督的权力,所以说宪法监督是实现人民根本意

志和根本利益的活动,是人民当家做主权利得以实现的重要保障。

对宪法实施予以监督,对于真正实现社会主义法治有着十分重大的意义。在民主、法治的国家里,宪法应成为行使一切权力的最高准则,宪法是国家的根本大法,是国家活动的总章程,它所规定的,是国家的政治制度、经济制度、国家机构及其各自职权以及公民的权利和义务等最重要的内容。宪法是法治的核心,是一切法律的立法依据。我们社会主义中国之所以需要宪法,就是因为我们需要以根本大法的形式来反映广大劳动人民的根本利益和意志,需要它来确认反对半封建、半殖民地斗争的胜利成果,需要它来规范各种政治权力,防止一切政治权力的误用、滥用和利用人民给予的权力谋私,使社会主义国家成为真正的民主、法治的国家。

(2)司法监督。司法监督权是对司法机关及司法人员的执法和工作进行监督、督促和处理的权力,主要包括检察机关对所有司法活动的监督,以及上级审判机关对下级审判机关及审判机关内部监督的法律监督活动,其中检察监督是司法监督的核心和重点。

检察监督的范围将由原先对公职人员的职务行为进行监督,对触犯刑律构成犯罪的自行立案侦查,转向重点对进入诉讼程序的司法活动进行法律监督,如对公安的侦查监督,对法院的审判监督,对公安看守、劳改劳教机关的监所监督,对民事诉讼活动和行政诉讼活动的监督及对诉讼当事人的诉讼行为的监督等,凡进入诉讼活动的都应列入检察监督的范围。

(3)廉政监督。各级监察委对所有行使公权力的公职人员进行监察,调查职务违法和职务犯罪,开展廉政建设和反腐败工作,维护宪法和法律的尊严。可以看出,廉政监督是监察机关的主要职责。通过深化国家监察体制改革,实现对所有行使公权力的公职人员监察全覆盖,首先是监督全覆盖而不是办案全覆盖,监察委不是一个单纯的办案机构。党章规定,纪委是党内监督专责机关,职责是监督、执纪、问责;监察法规定,监察委是行使国家监察职能的专责机关,职责是监督、调查、处置。无论是纪委,还是监察委,首要的职责都是监督。纪委的监督和监察委的监督在指导思想、基本原则上是高度一致的,目的都是惩前毖后、治病救人、抓早抓小、防微杜渐。

根据《监察法》第5条、第6条、第11条、第12条的规定,国家监察机关的法律任务有以下几方面:

一是国家监察工作严格遵照宪法和法律,以事实为根据,以法律为准绳;在适用法律上一律平等,保障当事人的合法权益;权责对等,严格监督;惩戒与教育相结合,宽严相济。

二是国家监察工作坚持标本兼治、综合治理,强化监督问责,严厉惩治腐败;深化改革、健全法治,有效制约和监督权力;加强法治教育和道德教育,弘扬中华优秀传统文化,构建不敢腐、不能腐、不想腐的长效机制。

三是监察委员会依照法律规定履行以下监督、调查、处置职责:(1)对公职人员开展廉政教育,对其依法履职、秉公用权、廉洁从政从业以及道德操守情况进行监督检查;(2)对涉嫌贪污贿赂、滥用职权、玩忽职守、权力寻租、利益输送、徇私舞弊以及浪费国家资财等职务违法和职务犯罪进行调查;(3)对违法的公职人员依法作出政务处分决定;对履行职责不力、失职失责的领导人员进行问责;对涉嫌职务犯罪的,将调查结果移送人民检察院依法审查、提起公诉;向监察对象所在单位提出监察建议。

四是各级监察委员会可以向本级中国共产党机关、国家机关、法律法规授权或者委托管理公共事务的组织和单位以及所管辖的行政区域、国有企业等派驻或者派出监察机构、监察专员,监察机构、监察专员对派驻或者派出它的监察委员会负责。

二、法律监督的地位

虽然,宪法监督、司法监督和廉政监督的共同任务都是捍卫宪法和法律在国家范围内切实地得到正确和统一的实施,同一切违宪、违法和犯罪行为作斗争。但是,检察机关的司法监督和监察委的廉政监督与国家权力机关的宪法监督的法律地位是不同的:检察机关的司法监督和监察委的廉政监督都是国家宪法授予的,必须服从于宪法监督。对于检察院和监察委违反宪法的行为,宪法监督机关有权予以纠正和制裁。根据《监察法》第53条的规定:“各级监察委员会应当接受本级人民代表大会及其常务委员会的监督。各级人民代表大会常务委员会听取和审议本级监察委员会的专项工作报告,组织执法检查。县级以上各级人民代表大会及其常务委员会举行会议时,人民代表大会代表或者常务委员会组成人员可以依照法律规定的程序,就监察工作中的有关问题提出询问或者质询。”同时,司法监督和廉政监督又是宪法监督的具体化,《宪法》只有通过部门法,才能成为规范人们行为的具体准则。因此,保障各部门法的正确实施对于维护宪法尊严至关重要。无论是检察机关,还是监察机关,保障宪法实施的功能虽然具有间接性,但保障法律实施的功能却具有直接性。如《监察法》规定,公职人员在任职期间收受贿赂或玩忽职守给国家造成巨大损失,监察机关有权立案调查,予以追究。因为这种行为不仅违反《宪法》,同时违反了部门法。对此种行为的追究,以往是法律赋予检察机关的权力,现在则转至监察委行使此职权。所以说,宪法监督是司法监督和廉政监督的本源,它决定着司法监督和廉政监督的内容、范围和发展方向;司法监督和廉政监督又是宪法监督的具体化。它们共同担负着保障宪法和法律统一正确实施的任务。

法律监督在国家体制中是处于审查、评定、督促的主导地位。这是由法律监督本身的性质和任务所决定的。就其性质而言,全国各级人民代表大会及其常委会是具有监督宪法实施和监督政府、法院、检察院工作职权的国家监督机构;人民检察院是经国家权力机关(人大及其常委会)授权的国家专门法律监督机关。

但是,在具体的法律监督中,由于它们所担负任务的不同,在不同的工作环节和诉讼阶段,各自所处的地位又略有侧重。

人大及其常委会的地位:

(1)在监督并保证宪法实施过程中,人大及其常委会是处于绝对的监督地位。依照《宪法》第 62 条第 11 项规定,全国人民代表大会有权改变或者撤销全国人民代表大会常务委员会不适当的决定;《宪法》第 67 条第 7 项、第 8 项规定,全国人大常委会有权撤销国务院制定的同宪法、法律相抵触的行政法规、决定和命令;有权撤销省、自治区、直辖市国家权力机关制定的同宪法、法律和行政法规相抵触的地方性法规和决议;《宪法》第 99 条规定,县级以上的各级人民代表大会有权改变或者撤销本级人民代表大会常务委员会不适当的决定;《宪法》第 104 条规定,县级以上的地方各级人民代表大会常务委员会有权撤销本级人民政府的不适当的决定和命令;撤销下一级人民代表大会的不适当的决议。这些规定,充分说明了人大及其常委会对宪法监督的严密而富有系统。

(2)在监督"一府一委二院"(政府、监察委、法院和检察院)的工作中,人大及其常委会是处于审查、评定地位。依照《宪法》第 67 条第 6 项、第 104 条规定,全国人民代表大会常务委员会有权监督国务院、中央军事委员会、国家监察委员会、最高人民法院和最高人民检察院的工作;县级以上的地方各级人民代表大会常务委员会有权监督本级人民政府、监察委员会、人民法院和人民检察院的工作。《宪法》规定,国务院对全国人大负责并报告工作,在全国人大闭会期间,对本级人民代表大会常务委员会负责并报告工作。人大及其常委会对"一府一委二院"的监督是通过听取和审议"一府一委二院"的工作报告,并提出意见和建议,从而达到监督之目的。

人民检察院的地位:由于人民检察院作为国家专门的法律监督机关,在整个法律监督体系中侧重于司法监督;同时,司法监督的主要形式又是通过各个诉讼环节来体现,这就决定了人民检察院在不同的诉讼阶段具有不同的地位。

(1)在刑事侦查阶段,检察机关居于诉讼参与者和指导者的地位。其职责是:对其自行立案的刑事案件进行侦查,收集犯罪证据,揭露犯罪和证实犯罪,防止受侦查的人逃避侦查和审判;对公安机关、安全机关侦查的案件进行必要的补充侦查;对公安机关、安全机关的侦查(包括预审)活动是否合法,实行监督。因此,在侦查阶段,检察机关既享有和公安人员相同的侦查权,同时又享有法律赋予的侦查监督权。

(2)在法庭审理阶段,检察机关处于双重地位。一方面,处于国家公诉人的地位,是代表国家出席法庭,参与诉讼的控诉一方,而不是当事人。他的职责是:在法庭上与审判人员密切配合,揭露犯罪和证实犯罪,帮助审判人员弄清案情,正确处理案件。另一方面,他又处于国家法律监督的地位,他的职责是:对法庭的审判活动是否合法,实行监督。具体行使下列权利:经审判长许可,可以讯问被告人,询问证人、鉴定人;反驳被告人、辩护人的无理辩解;在法庭审理过程中,如发现新的犯罪人或新的犯罪事实时,可以申请审判长追究新的犯罪人或变更起诉范围,如发现提起公诉的案件有事实不清,证据不足等问题,可以提请撤回补充侦查;发现审判活动有违法情况,有权向法庭提出纠正意见;对法院的判决、裁定认为有错误时,有权提出抗诉等。

(3)在判决和裁定执行阶段,检察机关是以法律监督者的身份出现的。判决和裁定的执行是诉讼的最后一个阶段,其任务就是把人民法院已生效的判决和裁定的内容付诸实现,以解决执行过程中需要解决的诉讼问题,为了保障人民法院的判决和裁定的执行实行监督的权力。在判决和裁定执行过程中,检察机关如果发现有违法情况,有权通知执法机关纠正。

监察委的地位:监察委的宪法地位和政治地位决定了他的特殊地位和职权,老百姓称其“位高权重”不无道理。《监察法》赋予监察委的性质是国家监察机关,由人大产生,对人大及其常委会负责,并接受其监督。从官方来看,它既不是行政机关,也不是司法机关,同时也不是党的机构,而是政治机关。

2018 年《宪法》修正案对我国现行《宪法》作出 21 条修改,其中 11 条同设立监察委员会有关,充分彰显了监察委员会在国家治理体系中的重要作用。特别是在《宪法》第三章“国家机构”中专门增加一节,作为第七节“监察委员会”,实际上是对我国政治体制、政治权力、政治关系作出了重大调整。宪法明确,监察委员会的性质和地位是国家的监察机关,从而,确立了监察委的宪法地位。

《监察法》第3条规定：各级监察委员会是行使国家监察职能的专责机关，明确了监察委员会在国家机构中的地位和作用。监察委员会又作为行使国家监察职能的专责机关，与党的纪律检查机关合署办公，从而实现党对国家监察工作的领导，是实现党和国家自我监督的政治机关。因而，它既不是行政机关，也不是司法机关。

三、法律监督的职权

依照《宪法》《全国人民代表大会组织法》等有关法律规定，人大及其常委会在法律监督中可行使以下职权：

(1)审议权。这是人大及其常委会行使监督权的主要形式。由其产生的人民政府、人民法院和人民检察院每年届时必须向其汇报履行法律赋予的职责情况和工作情况，所作报告接受人大及其常委会的审议；同级人民政府及其工作部门，发布行政措施、决定、命令及规范性文件，下级人民代表大会所作的决议、决定，均须上报人大及其常委会备案，接受审议。

(2)批评、提出建议和意见权。人大及其常委会在对“一府二院”所作的工作报告通过决议时，一般都提出评价性意见、建议或要求，受监督部门对其所提的批评、意见和建议，必须限期落实并报告。

(3)组织对特定问题的调查权。在受理人民群众对行政机关、人民法院、检察机关和国家机关工作人员的申诉和意见后，其内容涉及某些严重违宪、违法事件或国家机关工作人员严重失职渎职行为和人民群众反映特别强烈的问题，人大及其常委会认为有必要进行调查，则赋予专门委员会或“特定问题调委会”特定问题调查权。

(4)质询权。对“一府两院”及政府各部门的工作产生疑义，要求予以说明，即可提出质询，受质询机关必须负责答复。

(5)纠正、撤销权。对一切违反宪法、法律的决议、决定和其他规范性文件，人大及其常委会有权作出纠正或撤销，任何机关和部门不得违抗。

(6)罢免、撤职权。这是人大及其常委会对违宪、违法乱纪的主要责任人的一种最高制裁方式。

人大常委会的监督权，有人还把它归纳为三个方面十个分支权力，即

(1)为进行监督准备条件和为监督后解决某些问题的权力，即立法权。

(2)进行监督过程中所拥有的权力，包括：转办、交办或直接调查权；督促办理人民的申诉和意见之权；视察权；交办代表批评、建议和意见权；特定问题调查权；

听取审查工作报告权;质询权。

(3)关于监督后的处理的权力。包括:审议议案权;作出决议、决定权。

检察机关的职权,是实现检察任务的具体职能和手段。根据修改后的《人民检察院组织法》规定,其职权是:①依照法律规定对有关刑事案件行使侦查权,包括司法工作人员利用职权实施的非法拘禁、刑讯逼供、非法搜查等侵犯公民权利、损害司法公正的犯罪,国家机关工作人员利用职权实施的重大犯罪案件;②对刑事案件进行审查,批准或者决定是否逮捕犯罪嫌疑人;③对刑事案件进行审查,决定是否提起公诉,对决定提起公诉的案件支持公诉;④依照法律规定提起公益诉讼;⑤对诉讼活动实行法律监督;⑥对判决、裁定等生效法律文书的执行工作实行法律监督;⑦对监狱、看守所的执法活动实行法律监督,包括对监狱、看守所对生效法律文书的执行活动,即刑罚执行活动进行监督以及对监狱、看守所的其他执法活动进行监督;⑧法律规定的其他职权。

以上表明,人民检察院行使法律监督职权的主要形式有:侦查监督、调查核实、提起公诉、支持公诉、提起公益诉讼、审判监督、执行监督。这七种监督形式既贯穿于刑事诉讼活动的始终,又体现在人民检察院的各项检察工作中。人民检察院通过上述七种形式行使检察权,一方面直接同违法犯罪行为作斗争,另一方面与人大机关、监察委等监督机关密切配合对公安机关、人民法院、劳改、劳教机关、看守所等司法、执法部门的活动依法实行监督,完成着它所担负的维护法律的统一、正确实施、打击敌人、惩罚犯罪、保障人民民主、巩固人民民主专政的任务。

具体地说,人民检察院行使法律监督权的主要手段是:

(1)立案侦查。立案侦查权是指国家的专门机关(检察院、公安机关、安全机关)按照法律规定的程序和方法,收集、审查证据,揭露和证实犯罪,查获犯罪人,并实施必要的强制措施的一种权力。新中国成立以来,法律就明确规定了检察机关对刑事案件的侦查权,随着刑事诉讼制度的建立和不断完善,检察机关行使侦查权的范围不断扩大,根据法律规定,检察机关对刑事案件的侦查权包括三个方面:①对于直接受理的 14 类司法工作人员利用职权构成犯罪的案件进行侦查;②参与公安机关的刑事案件的侦查;③对监察委和公安机关移送的权力犯罪案件和普通刑事案件的调查核实和补充侦查。

(2)审查批捕。审查批捕是人民检察院在刑事诉讼过程中对监察委和公安机关提请批捕人犯,采取限制人身自由的强制措施实行法律监督的一种权力。逮捕人犯是刑事诉讼中的一种最严厉的强制措施,关系到公民的人身自由和政治声誉,所以,法律上对逮捕人犯作了严格的规定,《刑事诉讼法》规定:“逮捕犯罪嫌疑人、被告人必须经过人民检察院批准或者人民法院决定,由公安机关执行。”

2018 年 10 月 26 日,十三届全国人大常委会第六次会议审议通过了《人民检察院组织法(修订草案)》。该法的修订完善了人民检察院职权的有关规定。规定人民检察院行使的职权包括八项:一是依照法律规定对有关刑事案件行使侦查权,包括司法工作人员利用职权实施的非法拘禁、刑讯逼供、非法搜查等侵犯公民权利、损害司法公正的犯罪,国家机关工作人员利用职权实施的重大犯罪案件;二是对刑事案件进行审查,批准或者决定是否逮捕犯罪嫌疑人;三是对刑事案件进行审查,决定是否提起公诉,对决定提起公诉的案件支持公诉;四是依照法律规定提起公益诉讼;五是对诉讼活动实行法律监督;六是对判决、裁定等生效法律文书的执行工作实行法律监督;七是对监狱、看守所的执法活动实行法律监督,包括对监狱、看守所对生效法律文书的执行活动,即刑罚执行活动进行监督以及对监狱、看守所的其他执法活动进行监督;八是法律规定的其他职权。①

(3)决定起诉和不诉。审查起诉权是人民检察院对公安机关侦查终结移送起诉案件实施法律监督的一种权力,它是检察机关打击犯罪,保护公民权利的一个重要手段。人民检察院坚持“以事实为依据,以法律为准绳”的原则,在全面查清犯罪事实、情节和证据的基础上,正确认定犯罪性质和罪名,注意审查有无遗漏罪行和其他应当追究刑事责任的人,同时也注意审查是否属于不应追究刑事责任的,以做到不枉不纵,不偏不倚,针对不同的情况作出不同的处理。对确已构成犯罪的,应向人民法院提起公诉,追究刑事责任;对虽构成犯罪的,但依法不需要判处刑罚或尚未构成犯罪的则作不起诉决定。

(4)抗诉。抗诉是人民检察院对人民法院作出的判决和裁定提出重新审理的诉讼要求。它的作用在于人民检察院运用法律监督的职能,贯彻有错必纠的原则,保证国家法律的正确实施。抗诉的范围一般是指有罪判无罪,无罪判有罪的,量刑上明显存在错误的,由于严重违反诉讼程序或者由于徇私枉法造成错误判决的。在依法提出抗诉的案件中,不但对错误的判决要抗,而且对错误的裁定也要抗;不但对有罪判无罪的要抗,而且对无罪判有罪的也要抗;不但对量刑畸轻的要抗,而且对量刑畸重的也要抗,充分体现人民检察院的法律监督职能的公正性。

(5)纠正违法。检察机关对执法、司法部门(公安、法院、“劳改、劳教”、监所)的一切活动中的违法行为,根据不同情况采取不同的方法进行纠正。对一般违法

① 《新修订人民检察院组织法:检察制度新里程——最高检法律政策研究室负责人答记者问》,载 http://wemedia.ifeng.com/84670664/wemedia.shtml。

行为,可以口头提出纠正意见,对违法行为比较严重,影响较大的,或者虽属一般违法行为,但经口头提出纠正意见仍不改正的,则发《纠正违法通知书》。

(6)检察建议。根据刑法的立法精神和检察机关的办案实践,为搞好综合治理,充分发挥办案的政治效果,检察机关在办案中,发现有关单位在思想教育、安全保卫、经营管理、规章制度等方面存在问题和漏洞,或需要有关单位配合处理等情况,为堵塞漏洞、预防犯罪、深挖犯罪分子等,可以向有关单位提出口头或书面建议。

为深入推进反腐败斗争,保证监察机关有效履行监察职能,《监察法》赋予监察机关特定的职权:一是规定监察机关在调查职务违法和职务犯罪时,可以采取谈话、讯问、询问、查询、冻结、搜查、调取、查封、扣押、勘验检查、鉴定等措施;二是对被调查人可以有条件地采取留置措施;三是监察机关需要采取技术调查、通缉、限制出境措施的,经过严格的批准手续,按照规定交有关机关执行。需要说明的是,监察机关既不是行政机关也不是司法机关,而是代表党和国家行使监督权。反腐败所涉及的重大职务犯罪也不同于一般的刑事犯罪,调查不能等同于侦查,不能将一般的对刑事犯罪的侦查等同于对腐败、贪污、贿赂等违法犯罪的调查,这是法律为特定时期创立的留置措施。

第二章　法律监督的原则、规程和效率

导读2

世间万物，均在一定的规律支配下运行。顺乎规律，则兴旺、发达；违背了规律，则受挫折甚至消亡。所谓规律就是事物内部的必然联系。自然界有其自身的发展规律，人类社会活动也有自身的规律。人类的发展，自然界的繁衍，都有赖于这种内在的联系。法律监督活动的规律、原则，是人们在长期的法律监督实践中归纳总结，并得以认识的内在联系部分。综观我国法律监督的现状，依法治权、依法治腐不断深入，刑事法律监督正走向成熟，宪法监督有待加强，民事诉讼和行政诉讼监督亟须健全。为了健全和完善我国的法律监督职能和体系，有必要对法律监督的原则、规程和效率进行如下探索。

案例聚焦

检察机关坚持抗诉　申诉人获无罪判决

2018年8月，由河南省检察机关持续抗诉的一起抢劫、盗窃案，经法院审理，申诉人55岁的河南省鹿邑县农民陈某某被宣告无罪。

2005年4月，陈某某、丁某某因涉嫌一起挖洞入室抢劫案被抓。2006年5月30日，被告人陈某某因犯抢劫罪、盗窃罪并罚，判处有期徒刑13年；被告人丁某某因犯抢劫罪、盗窃罪并罚，判处有期徒刑10年。判决生效后，陈某某服刑9年零10个月，于2015年2月11日刑满释放；丁某某服刑期间于2006年9月29日保外就医病亡。陈某某出狱后，一直申诉自己无罪。2016年7月，他向周口市检察院提出申诉。

周口市检察院受理陈某某的申诉后，对案件进行了复查，认为该案言词证据非常矛盾。于是，2017年5月2日，该院向周口市中级人民法院发出再审检察建议。周口市中级人民法院认为检察机关未提供新证据证明原审判决确有错误，对检察建议不予采纳。同年8月9日，周口市人民检察院向周口市中级法院提出抗诉。检察机关根据新掌握的证据复查认为，原审判决认定陈某某抢劫、盗窃的事实不清，证据不足，认定陈某某构成犯罪的证据仅有同案犯丁某某的供述、被害人刘某等的陈述及同案犯人的证言等言词证据，且供述、陈述本身前后矛盾，与证人证言在重大事实上也不能印证。另据2006年的判决书显示，丁某某所称的同案犯朱某被"另案处理"。但检察机关对此案进行复查时，发现朱某一直没有归案。周口市检察院提出抗诉后，要求公安机关把朱某抓获归案。

2017年12月19日，周口市中级人民法院以原审判决事实不清，证据不足为由撤销了鹿邑县法院2006年的判决，将此案发回鹿邑县法院重新审理。

在案件重审期间，2018年4月，正在山东打工的朱某被警方带回。朱某到案后明确表示，自己没有和陈某某、丁某某一起作过案。同时，朱某还承认了自己曾经和他人一起入户抢劫的事实。检察机关认为，现有证据并不能证明陈某某参与了作案。

鹿邑县法院依法组成合议庭重新审理该案后认为，该案证据达不到确实、充分的证明标准，事实不清、证据不足，于2018年8月宣告陈某某、丁某某无罪。

第一单元　法律监督活动的基本原则

所谓法律监督活动的基本原则，就是法律监督活动中所应该遵循的基本规律。这在国家的宪法、人大组织法、检察院组织法、监察法及刑事、民事、行政诉讼法等法律中都有明确规定，贯穿于法律监督活动的各个环节，它是法律监督活动的准则，也是完成法律监督任务的基本条件和基本保证。

那么，进入新时代以后法律监督活动的基本原则应该包括哪些呢？笔者认为可以用依靠人民群众，以事实为根据、以法律为准绳，对于公民在适用法律上一律平等，检察机关独立行使检察权、监察权，权力机关集体行使权力，全面落实司法责任制，惩戒与教育相结合、宽严相济等七大原则来概括。

一、依靠人民群众原则

“群众是真正的英雄,而我们自己则往往是幼稚可笑的。”[①]毛泽东同志的这番话,对我们今天的法律监督工作亦具有十分重要的指导意义。

法律监督工作的重要任务是同一切违法犯罪作斗争,保证中华人民共和国的宪法、法律正确有效地实施,而一切违法犯罪的行为都是在一定的时间和空间里进行,一切违法犯罪的人亦生活在群众的汪洋大海之中,因而,任何违法犯罪的人和事,无论他的手法多么狡猾,也总能为群众察觉和识破。因此,我们只有依靠群众,才能有效地同违法犯罪斗争。通过群众检举、揭发,出具证据、材料,方能制服罪犯。

中华人民共和国的一切权利属于人民,人民是国家的主人。国家机关的一切工作必须坚持群众路线,自觉接受群众监督,群众有权对国家机关的工作提出批评和建议,它既能帮助法律监督机关识别坏人,又能帮助法律监督机关保护好人,使法律监督机关在履行职责中不纵不枉。

法律只有普遍地被群众掌握,方能产生巨大的威力。

《宪法》规定:“一切国家机关和国家工作人员必须依靠人民的支持,经常保持同人民的密切联系,倾听人民的意见和建议,接受人民的监督,努力为人民服务。”《刑事诉讼法》第 6 条规定:“人民法院、人民检察院和公安机关进行刑事诉讼,必须依靠群众。”

因此,要正确贯彻依靠群众的原则,首先,必须要求法律监督工作者要牢固树立群众观念。在进行刑事诉讼、民事诉讼、行政诉讼活动中,虚心听取群众意见,满足群众合理、合法的要求;对不正确的意见和要求,要依法进行说服和教育。法律监督工作者要忠实于法律,忠实于人民利益,向人民负责,取得人民的支持和帮助。其次,权力机关要克服“衙门作风”,要深入基层、面向群众,经常广泛地进行考察、视察、调查,体察民情,倾听民声;检察机关要转变工作作风,克服坐堂办案、等案上门等问题。当前,监察委的影响力和威慑力之所以如此巨大,就是因为监察走的是“群众路线”,打的是一场反腐倡廉的“人民战争”!

二、以事实为根据,以法律为准绳原则

以事实为根据,以法律为准绳,既是我国司法实践的经验总结,也是法律监督

① 《毛泽东选集》(第三卷),人民出版社 1991 年版,《农村调查》的序言和跋。

的精髓,离开了这一准则,就没有法律的公平性、严肃性、统一性可言,法律监督机关也就失去了存在的意义。

以事实为根据,就是要求司法机关和司法人员在诉讼活动中要以事实为基础,在决定起诉、不起诉和定罪量刑等活动中都要根据事实,千万不能有半点主观臆断。《刑事诉讼法》第52条规定:"审判人员、检察人员、侦查人员必须依照法定程序,收集能够证实犯罪嫌疑人、被告人有罪或者无罪、犯罪情节轻重的各种证据。"整个侦查活动的目的都是收集证据,查清事实。事实是整个诉讼活动的基础,是审判的前提,只要事实不清楚就不能作出任何决定。《刑事诉讼法》第55条规定:"对一切案件的判处都要重证据,重调查研究,不轻信口供。只有被告人供述,没有其他证据的,不能认定被告人有罪和处以刑罚。"这样的规定,把审判活动建立在牢靠的事实之上。坚持这个原则就能保持准确断案,可以有效地防止产生冤、假、错案。

以法律为准绳,是指司法机关和司法人员在起诉、定罪量刑时,要以法律为根据。根据事实用法律这个尺度去衡量确定被告人有罪或无罪,犯的什么罪,该判什么刑。只有以法律为准绳,才能做到不枉不纵,不畸轻畸重,保证国家法律正确实施。以法律为准绳的第二层含义就在于整个诉讼过程中都要依法办事。立案、侦查、拘留、逮捕、检察、起诉、审判、执行都要依照法定程序进行,以保证准确、及时地查明犯罪事实,正确适用法律。对于民事诉讼和行政诉讼监督也同样必须遵循这个准则。

以事实为根据,以法律为准绳,是一个原则的两个方面,两者之间的关系是辩证统一的。以事实为根据是前提和基础,以法律为准绳是标准。如果只强调以事实为根据,忽视以法律为准绳,处理案件就没有统一的尺度和标准;反之,如果片面强调以法律为准绳,忽视以事实为根据,则会使正确运用法律丧失了必要的前提。因此,这就要求检察机关在司法监督中,既要准确掌握案件事实,又要严格依法办事,正确运用法律。

三、公民在适用法律上一律平等的原则

《宪法》第33条第2款规定:"中华人民共和国公民在法律面前一律平等。"《人民法院组织法》《人民检察院组织法》《刑事诉讼法》都规定了对于一切公民,在适用法律上一律平等,在法律面前不允许有任何特权。

公民在适用法律上一律平等,是指司法机关在司法活动中,对于一切公民,不分民族、种族、性别、职业、社会出身、宗教信仰、教育程度、财产状况、居住期限,在

适用法律上一律平等,不允许有任何特权。在适用法律上一律平等包含四个内容:(1)任何公民享有宪法和法律规定的权利,同时必须履行宪法和法律规定的义务;(2)任何公民的合法权益都受到法律保护;(3)任何公民违法犯罪都必须受到法律的追究;(4)在适用法律上没有任何特权。在适用法律时,绝对不能因为上述差别而有所不同。在我国要特别注意对国家工作人员权力犯罪的依法追究。干部犯罪,无论其职位多高,都要平等地受到法律追究,绝不允许有法外公民,不允许任何人有超越法律的特权。另外,也不允许因为社会出身和历史情况而加重处罚。否则,就是违背公民在法律面前一律平等的原则。

贯彻公民在适用法律上一律平等的原则,要求法律监督机关在处理案件时,必须以事实为根据,以法律为准绳。即使是办案人员,如果他们徇私舞弊、贪赃枉法,也要依法追究。人民检察院依法独立行使检察权,不受任何机关、团体和个人的非法干涉。检察人员要坚持原则,不畏权势,秉公执法,同那些自恃特殊、以言代法、以权压法,甚至徇私枉法、凌驾于法律之上或超越法律之外的人和事进行坚决斗争,以保护人民的民主权利和其他合法权益,维护社会主义法律的尊严。

四、依法独立行使检察权和监察权原则

我国《宪法》第 127 条、第 136 条规定,监察委员会和人民检察院依照法律规定独立行使监察权、检察权,不受行政机关、社会团体和个人的干涉。

修改后的《人民检察院组织法》第 4 条和《监察法》第 4 条也都对此有明文规定。从法制原则的高度规定了检察机关和监察委独立行使检察权和监察权这一原则,它具体包含了两方面的内容:(1)检察权和监察权只能由人民检察院和监察委代表国家行使,其他任何行政机关、团体和个人都无权行使;(2)人民检察院和监察委在行使检察权和监察权时,必须严格依法办事,只服从法律,不受其他行政机关、团体和个人的干涉。

人民检察院依法独立行使检察权,依法是前提,必须依照《宪法》和《人民检察院组织法》规定的职权范围和行使职权的程序进行工作。在定罪量刑时,必须以刑法和其他有关刑事法规为尺度,分清罪与非罪,罪责轻重和此罪与彼罪的界限,做到清楚、准确,绝不能混淆颠倒。同时,检察机关在办理刑事案件的活动中,还必须认真执行《刑事诉讼法》的规定,严格遵守"操作规程",检察机关的一切检察活动,按照《刑事诉讼法》的规定去做就是合法的,违反这些规定就是非法的。

人民检察院依法独立行使检察权,不受其他机关、团体和个人的干涉,这并不是说检察机关在处理案件中可以听取其他机关、团体和个人的意见。由于刑事案

件情况的错综复杂,决定了检察机关在进行工作时,必须走群众路线,倾听群众意见,而不被其他影响和左右,排除非法的干扰,独立自主地作出决定。可见,依法独立行使检察权的原则同检察工作的群众路线是一致的。

我国检察机关独立行使检察权,不同于资产阶级国家的"检察独立"。资产阶级国家检察机关的所谓"检察独立"实际上是不存在的。资产阶级国家检察机关在组织形式上是附设在法院内,没有独立的机构,要受法院左右,不可能"独立"。而且,总检察长一般都是执政党和政府的成员——司法部长或司法大臣,并且由总统或内阁任命,这就表明其检察机关是受最高行政机关和各地行政当局的直接控制而不是独立的。我国检察机关有独立的组织系统,它只受上级检察机关的领导与同级人大常委会的监督,这就为独立行使检察权提供了可靠的保障。但是,我们必须看到,由于我国检察机关在国家体制中的领导关系尚未改进和完善,"双重领导"的关系尚待厘清,保证检察机关依法独立行使检察权在实际工作中还有一段距离,期待在今后检察体制改革中完善。

监察委员会依照法律规定独立行使监察权,不受行政机关、社会团体和个人的干涉。监察机关办理职务违法和职务犯罪案件,应当与审判机关、检察机关、执法部门互相配合,互相制约。监察机关在工作中需要协助的,有关机关和单位应当根据监察机关的要求依法予以协助。

五、权力机关集体行使权力原则

权力机关集体行使权力原则,亦即民主集中制原则。《宪法》规定:"中华人民共和国的国家机构实行民主集中制的原则。"即全国人民代表大会和地方各级人民代表大会都由民主选举产生,对人民负责,受人民监督。法律规定:

(1)宪法的修改由全国人民代表大会常务委员会或者1/5以上的全国人民代表大会代表提议,并由全国人民代表大会以全体代表的2/3以上的多数通过,法律和其他议案由全国人民代表大会以全体代表的过半数通过。

(2)按照法律的规定,罢免案的提出,必须有全国人民代表大会3个以上的代表团或者1/10以上的代表提出,由主席团提请大会审议,并经全体代表的过半数同意,才能通过罢免案。

(3)根据《宪法》规定,全国人民代表大会会议每年举行一次。由全国人民代表大会常务委员会召集。全国人民代表大会每年召开一次大会,这是最低限度。如果全国人民代表大会常务委员会认为必要,或者有1/5以上的代表提议,可以临时召集全国人民代表大会会议。

(4)人大常务委员会的决议由常务委员会以全体委员的过半数通过。在常务委员会会议期间,常务委员会组成人员10人以上,可以联名向常务委员会书面提出对国务院和国务院各部、各委员会的质询案,由委员长会议决定交受质询机关书面答复,或者由受质询机关的领导人在常务委员会会议上或者有关的专门委员会会议上口头答复。

(5)现行《地方组织法》规定地方各级人民代表大会会议每年至少举行一次,并规定经过1/5的代表提议,可以临时召集本级人民代表大会会议。

(6)地方各级人民代表大会举行会议的时候,主席团、常务委员会、本级人民政府和代表(有3人以上附议),都可以提出议案,由主席团提请大会讨论,或者交付议案审查委员会审查后提请大会讨论。地方各级人民代表大会进行选举和通过决议,以全体代表的过半数通过。

以上表明,全国人民代表大会和地方各级人民代表大会及其常务委员会作为国家的权力机关和权力机关的常设机构,它们所行使的职权及进行的活动必须是集体的意志的体现,而不是某一个人意志的体现。全国人大常务委员会委员长和地方各级人大常委会主任,只是该委员会会议的召集人,而不是首长。他们的责任,是对全体委员负责,是对人民负责。

六、全面落实司法责任制原则

这次《检察院组织法》修订,在总则中将检察权运行的基本原则予以确立,是吸收了近年来司法责任制改革成果的重要体现。司法责任制改革是十八大以来党中央部署的一项重要改革举措,在司法制度体系和司法权运行机制中居于基础和核心的地位。人民检察院司法责任制改革按照“谁办案,谁负责,谁决定,谁负责”的要求,通过明确检察人员职责权限和完善检察权运行机制,突出检察官主体地位,使检察官既成为司法办案的主体,也成为司法责任的主体。修订后的《人民检察院组织法》第8条规定:“人民检察院实行司法责任制,建立健全权责统一的司法权力运行机制。”以此为指导和引领,在分则中专设一章“人民检察院的办案组织”,规定了落实司法责任制的一系列具体制度。这为贯彻落实党的十九大关于全面落实司法责任制,建立权责明晰、权责统一、权责相应的检察权运行机制的要求奠定了法律基础。

七、惩戒与教育相结合,宽严相济原则

2018年《刑事诉讼法》的修改就充分体现了这一原则,如《刑事诉讼法》第15

条规定："犯罪嫌疑人、被告人自愿如实供述自己的罪行，承认指控的犯罪事实，愿意接受处罚的，可以依法从宽处理"；第 174 条还规定："犯罪嫌疑人自愿认罪，同意量刑建议和程序适用的，应当在辩护人或者值班律师在场的情况下签署认罪认罚具结书。"这两条对认罪认罚从宽制度的适用范围和条件作出了规定，即只要符合上述规定，对认罪认罚从宽制度适用罪名和可能判处的刑罚，法律没有限定，包括重罪案件、职务犯罪案件以及共同犯罪案件，只要认罪认罚的，均可以依法从宽处理。

惩前毖后、治病救人，是中国共产党的一贯方针，是我党从丰富的实践经验和深刻的历史教训中总结出来的。历史证明，只有坚持这一方针，才能达到既严明法纪、又团结同志的目的。惩戒与教育相结合，宽严相济原则是惩前毖后、治病救人方针在监察工作中的具体体现。反腐败斗争的政策性、政治性强。惩戒与教育相结合，宽严相济原则体现了党的十八大以来监督执纪"四种形态"的思想和理念，同时也是从当前反腐败斗争形势依然严峻复杂的实际出发而作出的规定。惩戒与教育相结合，宽严相济是监察委员会开展工作的重要遵循。改革后，监察委员会的主要职能不只是调查，不光是针对"第四种形态"，监察的首要职责是监督。监察委员会通过办案履行监督职责，其监督职能，体现在代表党和国家，依照《宪法》《监察法》和有关法律法规，监督所有公职人员行使公权力的行为是否正确，确保党和国家的路线方针政策贯彻落实，确保权力不被滥用，使权力在阳光下运行，把权力关进制度的笼子。监委的监督和纪委的监督在指导思想、基本原则上是高度一致的，咬耳扯袖、红脸出汗，做思想政治工作的目的都是惩前毖后、治病救人，抓早抓小、动辄则咎，防止党员干部和公职人员要么是"好同志"、要么是"阶下囚"。

第二单元　法律监督活动的"操作规程"

建立"操作规程"对于法律监督活动至关重要。如果没有一个可供操作的法律监督制度，而是仅仅依靠监督者的主动性和受监督者的自觉性，就会是一种弹性的法律监督行为，带有极大的随意性和盲目性，就显示不出法律监督的权威。因此，要切实有效地开展法律监督，必须探索一系列精简易行的法律监督"操作规程"。

一、完善终端监督制度

所谓终端监督，就是对特定司法行为终了阶段进行审查、检验并作出相应结论的监督。这种寓法律监督于审查之中，是一种较为有效的监督方式。它之所以能产生满意的监督效果，主要是这种监督制度能够为监督者提供一个程序操作的可能，且在检察机关比较常用。

目前，检察机关常用的终端监督有两种：一是审查批捕，二是审查起诉。

依据《刑事诉讼法》第87条、第89条、第90条、第92条、第100条的规定和检察实践情况，审查批捕的具体程序有：

(1)人民检察院受理公安机关提请逮捕的人犯的案件，应当由公安机关制作提请批捕逮捕书，连同案卷材料、证据，一并移送同级人民检察院予以审查。

(2)人民检察院对于公安机关提请逮捕人犯的案件，要认真予以审查。对被告人的主要犯罪事实是否清楚、证据是否确实、是否符合逮捕的三个基本条件等情况进行审查，分别作出批准逮捕、不批准逮捕的决定，对于主要犯罪事实不清、证据不足的案件，应写补充侦查意见书，退回公安机关补充侦查。对某些事实和情节不清的，可以请公安机关加以说明。

(3)在必要时，人民检察院可以派人参与公安机关的侦查活动或重大案件的讨论。从实践看，对于重大刑事案件的现场勘查，检察机关派员参加，对及时、全面了解案情，掌握充分的证据，进一步做好审查批捕工作，具有重要意义。

(4)对案件作出批准逮捕、不批准逮捕或补充侦查的决定后，人民检察院应分别制作批准逮捕决定书、不批准逮捕决定书或补充侦查意见书，连同案卷移送公安机关。对不批准逮捕和补充侦查的应分别说明理由。

(5)公安机关认为不批准逮捕的决定有错误时，可以要求复议、复核，人民检察院应当立即复议、复核，并将是否变更的决定及时通知公安机关。对提出复核的案件，还应将复核的结果及时通知下级检察机关。

(6)在审查批捕工作中，人民检察院发现公安机关侦查活动中有刑讯逼供、徇私枉法等违法行为时，应当提出纠正意见。

(7)审查批捕工作，一般采取个人阅卷、集体讨论、领导批准的程序。目的是防止发生主观臆断，出现片面性，保证办案质量。批准逮捕一般犯罪嫌疑人，由检察长决定，批准逮捕重大案件的犯罪嫌疑人要由检察委员会讨论决定。

依据法律规定和实践经验，审查起诉的一般程序是：

(1)认真查阅案卷，将案件的犯罪事实、证据和有关法律问题搞清楚。抓住主要矛盾，进一步核查证据，消除疑点，保证办案的质量。查阅案卷是审查起诉的基础工作，既可以了解、熟悉案情，又可以及时发现问题，对下一步的提起公诉、出庭支持公诉工作的顺利进行将起着重要的作用。

(2)细致讯问被告人,这是审查起诉必不可少的重要内容。起诉阶段讯问被告人除了像侦查阶段讯问被告人那样了解犯罪事实和案件情节及证据外,还要查清案件的全部事实,发现有无漏罪和漏犯,对侦查、预审活动进行监督等。讯问被告人要依照法律规定进行,注意方法,讲究策略,突出重点,通过讯问直接听取被告人的供诉和辩解,了解犯罪事实,鉴别证据,准确定性。

(3)对于需要进行补充侦查的,检察机关自行侦查,也可退回公安机关补充侦查。对于证据不足或证据失实的案件,或退回公安机关补充侦查后犯罪事实和情节仍未查清的案件,一般可由检察机关自行补充侦查,或者公安机关共同补充侦查。

(4)根据案件的具体情况,必要时深入群众,进行调查研究,询问证人、被害人或向公安机关共同补充侦查。

(5)根据对案件进行审查起诉的情况,检察机关有权依法对审查的案件作出起诉、不起诉的处理决定。

实践证明,通过审查批捕、审查起诉的方式达到侦查监督的目的,是确有成效的。据统计,每年全国有20%—30%不构成犯罪的刑事案犯在审查批捕环节作不批准逮捕决定。但是,这种终端检察手段目前仅仅运用于对公安机关的侦查监督方面,而对法院的审判监督和对看守所、监狱场所的执行监督均未采用,这不能不说是一大缺陷。因此,我们在刑事法律监督方面除了已有的审查批捕、审查起诉二个终端检察外,还必须建立审查立案、审查判决、审查执行情况等终端检察制度。这种终端制度还可用于对民事法律、行政法律诉讼的监督,以此促进检察机关全面而有效地开展法律监督职能。

二、创建精准化量刑检察制度

我国的刑罚,采用的是一种幅度刑,在宽幅度的法定刑范围内,审判机关拥有相当大的权力。虽然法律规定,检察机关对人民法院刑事判决的"畸重"或"畸轻"可以提出抗诉,但是畸重畸轻的标准是什么呢?这些法律均无明确规定,实际也不可能明确规定。这里涉及的就是一个定性检察还是定量检察,或者是精准化量刑检察的问题。

在目前的认罪认罚从宽程序中,量刑建议对于诉讼各方都十分的重要,提升量刑建议的精准性,既有利于保障犯罪嫌疑人的权利,又有利于达到认罪认罚从宽制度的目的即节约司法资源,因此我们有必要在前人研究的基础以及实践中总结出来的问题上,探讨出提升量刑建议精确性的路径,以实现认罪认罚从宽制度之目的。

30 多年来,我国审判机关对罪犯的量刑,所采用的基本上是:“估推裁量”型方法。这种方法侧重于经验判断而忽视定量分析。由于这种方法依赖审判人员的个人学识、才能和经验,取决于审判人员的感情和好恶,量刑常常凭直觉,就事论事,定性断刑。因而无法避免表面化、局部化及非定量化的缺陷。同时,由于近年来,受社会不正之风的影响,审判人员“人情量刑”在有些地方不同程度地存在,因而导致了刑事案件判决量刑因人而异、轻重不一,甚至出现较大的悬殊。严重地影响了国家法律的严肃性和统一性。因此,这就要求检察机关必须在量化检察和精准化量刑检察上下工夫,探索出一条定罪量刑检察科学化、精准化的新路子。

刑事审判量刑的量化研究,国外尚无成功的先例,国内亦缺乏研究。美国宾夕法尼亚大学教授马文 · E. 瓦夫岗和罗伯特 · M. 费格里沃曾在美国 1984 年 1 月司法统计局的公报上发表《犯罪严重性的度量》一文,提出了如何度量各种犯罪严重程度的问题,介绍了通过对 6 万个公民的调查,采取记分的方法,对 204 个案例分别以记分的平均分数,从高分到低分来比较和反映犯罪的严重到轻微的程度。

我国也有人对这种方法提出了探讨:

(1)原中南政法学院副教授郑济昌先生从犯罪构成及其危害量同刑法量相对应的角度出发,把犯罪构成四大要件具体划分为犯罪行为、犯罪手段、危害结果、责任年龄、人身危险、身心状况、主观方面、认罪态度、罪后表现、社会评价 10 单元。把这些单元的不同程度设定为各种数值,使这些单元的不同程度和数值之间建立联系,进而制定出罪行量表和罪行折算表。对被告人量刑时,先确定构成何罪,适用刑法则哪一条,然后按罪行量表针对罪行的 10 个项目逐一打分,继而累计 10 项总分,按罪行折算表确定刑种和刑期。

(2)内蒙古大学法律系的陆翼德教授运用数学研究量刑的方法是:①把法定刑的一定量确定为一定指数,指数单位分别以年、月为标准,如 3 年以上 10 年以下有期徒刑,最高法定刑指数为 10,最低法定刑指数为 3。②以每一量刑幅度的中间线为基本法定刑的指数。如 5 年以上 15 年以下有期徒刑,基本法定刑为 10 年,确定指数也为 10。③找出 30 个影响量刑的从重从轻情节为可供选择的法定刑变量,将从重从轻情节分为决定性从重从轻情节和一般性从重从轻情节。④决定性从重从轻情节是按基本法定刑指数和最高或最低法定刑相减之差,乘以 75% 来确定指数。例如,5 年以上 15 年以下有期徒刑,最高或最低法定刑和基本法定刑相减之差为 5 年,即为 5 乘以 75%,决定性从重从轻指数应为 3.75。其中从重的在基本法定刑指数上加 3.75，从轻的在基本法定刑指数上减 3.75，即为应处宣告刑指数。对于一般性从重从轻情节则是按基本法定刑指数和最高或最低法定刑相减之差，乘以 10% 来确定指数。运算方法与决定性从重从轻情节一样。

（3）原华东政法学院史建三、胡继光同志还试验了用电脑为罪犯量刑的方法，取得了可喜的成绩。

这些方法的探讨，对司法界借鉴科学化、数值化定罪量刑无疑是有益的。由于诸多原因，推广运用这些方法目前还有一定的困难。但是，笔者认为，目前检察机关可以与审判机关商讨，共同制定出一个简便易行的量化量刑公式，作为廉政建设的一项重要内容，使法律在量刑判决、裁定上的一致性和公平性是可行的。

笔者根据自己数年办理刑事案件所得的经验，认为法院判处有期徒刑，一般都采取了"三三制"的规律进行量刑，即犯罪情节一般的案件，量刑是在基础值之上的 1/3 左右；有法定从轻或从重的，也是取这个值的 1/3 左右（从重的基础值上相加，从轻的在基础值上相减）；另有 1/3 根据犯罪客体的危害、损害程度和犯罪主体的主观恶意来确定其相乘值。得出的程式为：

$$Y = \frac{S + Z(1 + g + g + g\cdots)}{20}\frac{1}{3}F + E \pm G$$

Y：刑罚量；S：社会危害、损害程度，指数值为 10；Z：犯罪手段，指数值为 10；g：犯罪具体情节参照度，指数值为 1，根据重轻以 0.2 为一格上下浮动；F：法定刑期幅度值；E：法定刑期幅度的基础值；G：法定从轻减轻或从重幅度的 1/3 值。

应该说明的是：

（1）确定一般刑事案件的社会危害程度的指数为 10 及犯罪主体故意指数为 10。在无犯罪特殊情节的情况下，两者相加为 20，再除去 20，所得为 1，旨在一般刑事案件则除去刑罚的 1/3 幅度。如该罪的法定刑幅度是 4 年至 10 年，无特殊情节的一般则判处 8 年即可。

（2）社会危害程度、主观恶意及具体情节的三项指数值（S、Z、g 值），可根据不同性质的案件确定其数值对照表。例如盗窃罪以数额多少确定，重大责任事故罪以损失轻重或死亡人数确定，在难以量定的情况下，可依其性质分出档次，便于统一掌握。

笔者赞同孙渝同志在一篇题为《刑事立法与量刑综合平衡》的论文中所提的观点，他认为在择定新的量刑方法时，应遵循科学性、实用性、经济性等三个原则，并主张：①酌定情节法定化。即要求将犯罪动机、犯罪手段、犯罪人的一贯表现和事后态度、犯罪时的环境和条件等酌定情节，作为量刑的法定情节以明确规定。②法定情节翔实化。由于《刑法》中“情节轻微”“情节严重”“情节特别严重”之类的用语过于抽象，不易掌握，难以求得量刑上的平衡。因此，立法上应尽量抛弃“情节严重”之类的模糊用语，代之以翔实、具体的情节内容。③轻重情节等级化。即将某些罪的量刑情节依其轻重顺序加以排列，并辅之以相应的刑罚档次。

20 年前，笔者认为，依据一定的科学量化程式对法院的判决量刑实行监督检验是有益且可行的。2010 年 12 月作者与台州市极速网络有限公司共同研制的《科学量化智能生成系统》被国家版权局授予计算机软件著作登记证书（证书号：软件登字第 0253792 号）。这一理念随着信息技术革命的推进，已为法院系统所接受，成为审判操作辅助应用工具。目前，智能化审判系统符合全国量刑规范化统一标准，符合各地法院的审判实际，实用性和易操作性强。法律监督机关更应该将其作为量刑监督的辅助应用工具。

科学量化智能生成系统通过计算机语言将各地办案时所依照的量刑细则、办案标准、量刑规范化程序分别进行公式化、程序化的归纳和提炼，并进行了科学化、体系化的数学建模。检察官只需依提示选取案件的犯罪构成、案件情节等条件，并在法定范围内选取量刑幅度，量刑系统便会根据相关法律规定及程序自动计算出量刑结果。在整个量刑过程中，量刑结果动态展示。科学量化智能生成系统是精准量刑监督的重要工具，它选取与每个业务结点相关的法律法规、司法案例、法学资料作为检察官具体量刑的参考，系统能够建立起量刑步骤与法律信息之间的充分关联，为检察官量刑监督提供智能、动态的法律信息支持。科学量化智能生成系统对有效推进诉讼监督具有十分积极的作用，同时，也减轻一线办案人员的负担，值得推广和应用。

三、明确备案审查制度

备案审查制度要求被监督的对象在作出某种决定之时或之后，需将该决定的内容及时送交有权监督的机关审查。对审查出有违宪、违法情况或事实有争议的决定，监督机关有权予以撤销或建议撤回，审查结果没有问题的，监督机关则将该决定材料留作备案存档之用，该决定在法定时间后自然生效。

根据宪法和法律的有关规定，具有向权力机关送交备案审查义务的单位、组织有：本级的人民政府、人民法院、人民检察院、行政区域内的同级党派、社会团体及其他组织，下级的权力机关。送交权力机关备案审查的内容是：上述机关、组织所制定的行政法规、决定、决议、命令和其他规范性文件。

目前，地方各级人大机构对这种备案审查制度尚不健全，有的是备而不审或审而不查，没有发挥人大的应有职能作用。以地方立法规划的工作为例，从程序上看，普遍地缺乏报送省级人大审议或向人大常委会备案的程序。省级政府往往只是征求一下人大常委会的意见，有的便由政府部门自行决定，使立法规划缺乏必要的约束力。

根据《检察院组织法》及检察院内部有关规定，下级检察机关所作出的逮捕、不捕决定和起诉、不诉决定须报上级检察机关备案审查。上级检察机关发现下级机关所作的决定不妥或有错误时，有权进行纠正或撤销。

这种备案审查制度不仅适用于检察机关的上下级业务监督，而且还适用于其他执法、司法部门的上下级内部监督程式，同时，还适用检察机关对监改场所的法律监督。因为人民检察院监所检察的工作范围很广，既有对刑事案件的法定时限检察，又有对监狱、改造场所的执法规范和安全防范措施等情况的检察。可以这样说，从罪犯依法羁押之日起，到判处刑罚执行完毕止，贯穿着监所检察的特殊任务。这样广泛的监督面，如果没有一套完备的实体审查制度，监所检察就很难完成其法定的监督任务。

第三单元　法律监督中的效率规律

任何工作都有一个效率问题，效率至关重要，失去效率也就等于失去工作的基本意义，法律监督工作更不例外。当然，法律监督的效率又是因人因时因地而异，其间有着绝妙的规律，我们必须重视和运用。这些规律包含时间、空间和能力三种效率。具体分述如下：

一、时间效率

对于法律监督工作来说，很讲究时间性，即在不同的时间、不同的阶段，实施法律监督会产生不同的效果。失去了这个时间，也就失去了监督的主动性，留下的只是补救和被动。因此，法律监督机关必须根据不同的监督内容，实行不同阶段的监督：

(1)事先监督，即通过审批方能生效的监督。例如，法律规定，省、自治区人民政府所在地的市和经国务院批准的较大的市的人大及其常委会制定的地方性法规，自治州、自治县人民代表大会制定的自治条例和单行条例，须报省、自治区人大常委会批准后才能生效；公安机关逮捕人犯须提请检察机关批准逮捕决定后才能执行。这种监督的优点是防“违法”于未然,确保宪法、法律的正确贯彻和执行。

(2)事中监督,也即同步监督。例如,检察机关出席法庭支持公诉,对人民法院的审判活动是否合法实行监督;检察机关派员进驻看守所和监狱场所,对监管活动是否合法实行监督;检察机关对执行死刑枪决进行临场监督,等等。这种监督在司法机关的具体司法操作过程中进行,具有显著的约束力,能够确保执法机关按规程操作,确保当事人享有法律规定的权利。

(3)事后监督,例如,权力机关对有关国家机关及团体组织的规范性文件、决定、决议是否合法进行审查,对违反宪法和法律的应予撤销或部分撤销;检察机关对公安机关移送审查公诉的案件实行审查,然后决定起诉、不起诉,等等。这种监督是与法律监督机关的法定处置权紧密相连的,一旦发现违法,即可行使其职权,予以纠正或处理,以实现法律执行的严肃性及法律监督的权威性。

同时,法律监督者要有效地实行法律监督,必须树立严格的法律时效观念。法律时效包括:

(1)诉讼时效。诉讼时效即是指权利人在法定期间内不行使权利,从而丧失了请求司法机关保护其正当权益的法律制度。例如,民事案件的当事人受损失3年后不向当地法院起诉,或自诉刑事案件的原告人在超过追诉期后起诉,则视为失去诉讼时效,法律就不会支持其诉讼请求。

诉讼时效是一项重要的法律制度,在人们社会生活和经济交往中有着重要的现实意义,它不仅有利于促进社会经济秩序的稳定和社会生活的安定,减少无谓的争讼,而且还有利于促使权利人及时地行使自己的正当权利,以保证自己的合法权益不受侵犯。

(2)追诉时效。追诉时效就是依照《刑法》的规定,对犯罪分子追诉刑事责任的有效期限,超过了这个期限,就不再对犯罪分子提起诉讼。

关于追诉的有效期限,《刑法》第87条作了4款规定:最低的追5年,最高的一般追20年。法定最高刑为无期徒刑、死刑的,如果20年以后认为必须追诉的,经最高人民检察院核准,也可以追诉。追诉期限的长短与犯罪分子的罪行相适应,罪越重的刑越重,追诉期限也越长,个别的,可以追诉20年以上。追诉期限的计算,是以法定最高刑为标准,不是以可能判处的刑罚为标准。

在追诉时效期间,如果犯罪分子又犯新罪,前罪的追诉期限就中断了,前罪的追诉期限应以后罪实施之日起计算。例如,张三于1970年1月犯了数额巨大、情节严重的贪污罪,追诉时效为15年,过了4年,在1974年1月,他又犯了盗窃罪,在这种情况下,贪污罪的追诉期限应当从盗窃犯罪之日起重新开始计算。这就是说,张三的贪污罪不是追诉 15 年,而是实际上追诉 19 年。犯罪分子在追诉期限内又犯新罪,说明他怙恶不悛,有必要采取时效中断的规定,对其制裁。

犯罪分子在人民法院、人民检察院和公安机关采取强制措施以后(如逮捕、拘留、监视居住、取保候审、拘传)逃避侦查审判的,不受追诉期限的限制,任何时候都可以对他追诉,这体现了对抗拒者从严的精神。

(3)办案期限。办案期限是指公安、检察、法院在办理刑事案件,进行刑事诉讼中,必须遵守刑事诉讼每一个阶段办案时限规定,对每一个人犯从羁押之日起,到最后从看守所放出,不能超过时限。否则,检察机关就应履行职责,直接通知或通过看守所及时通知有关办案单位,提请在法定时限内办结。法定的具体时限是:

公安刑事拘留人犯最多不能超过 30 天,如果报检察院提请逮捕,检察院必须在 7 日内作出批准逮捕的决定。

被告人在侦查期间的羁押时限不得超过 2 个月,需要延长的要办理延长羁押手续。

人民检察院审查起诉的案件,必须在一个半月内作出起诉或不起诉的决定。

补充侦查的案件,无论是检察院自行补充侦查还是退回公安机关补充侦查,一次不能超过一个月。

人民法院审理的公诉案件应在一个月内宣判,最多不超过一个半月。

第二审人民法院受理的上诉、抗诉的案件,应在一个月内审结,最多不超过一个半月。

一审人民法院退回检察院补充侦查的案件,应在一个月内办结;如果案件审判管辖权发生了改变,那么起诉的检察机关也应改变,如需要对案件重新进行审查,其时限不得超过一个半月。

(4)抗诉期限。抗诉期限是指人民检察院认为人民法院的判决、裁定确有错误时要求原审法院的上级人民法院审理纠正的诉讼期限。按照《刑事诉讼法》第 230 条规定,对于确有错误的判决的抗诉期限为 10 天,对于确有错误的裁定的抗诉期限为 5 天,都是从接到判决书或裁定书的第 2 日起算。

审判监督程序是对已经发生法律效力的判决或裁定的抗诉,所以是没有期限的限制。

二、空间效率

所谓法律监督的空间效率,就是指法律监督者发挥亲临现场的优势,产生权威性的监督效力。一般来说,由于法律监督者所处的空间、地位的不同,在行使监督职权中产生不同的效应。

(1)空间差所产生的效应。如上所述,事中监督(同步监督)是一种在执法机关执法操作过程中进行的,具有较强的制约力。它之所以有着较强的制约力,是因为它是一种现场监督,是一种法律监督者通过耳闻、目睹、口问所进行的直觉监督。这种监督较之于依靠审查材料、听取汇报等远距离的监督更具有直接性,准确性和真实性,效率也更佳。因此,我们应该提倡法律监督者多深入执法司法第一线,进行考察、视察、巡监、检查等多种形式的法律监督活动,确保法律监督权的有效行使。

(2)为了更好地发挥权威性的监督效力,通常采用以下直接空间监督形式:

①考察、视察。考察、视察本是领导机关和组织作为了解面上工作的一项常规手段和正常工作,但对法律监督机关来说却有其特殊的含义。如人大代表或常委会委员组织对某一法律贯彻实施情况的视察,检察机关对相对不诉人员或五种人犯(假释、缓刑、剥夺政治权利、监外执行、管制)的执行情况的考察工作。这都是法律监督机关就某一专项内容,有目的进行的一项法律监督行为。这种考察、视察工作有其特定的内容、目标和任务,考察、视察之后一般都要写报告,对不符要求的,发出建议书或决定书,具有特定的法律效力。

②巡监、检查。巡监或检查是指人大代表或检察机关对看守所和监狱场所人犯关押情况和执法情况进行了解和观察,旨在督促司法机关贯彻人道主义精神和落实安全防范措施。

③提前介入案件。"提前介入"是指检察机关在审查批捕、起诉之前,对一部分尚未移送批捕、起诉的案件,提前到侦查阶段了解案情、熟悉证据,为案件移送后及时、准确地批捕、起诉做好准备,并通过提前介入,积极帮助侦查人员严格依法办案。

根据司法实践,提前介入的案件主要有:特别重大的案件;重大集团案件以及其他影响大、危害严重的重大案件;影响大的反革命案件;涉外案件;县处级以上干部犯罪的案件;突发事件和专项打击中的严重犯罪案件。提前介入的方式是参与现场勘查;参与预审;参加侦查机关对案件的讨论;提前查阅侦查机关的侦查、预审卷宗。这四种方式在一个案件中,可以同时使用,也可以部分使用,主要根据案情情况的需要而定。在参与现场勘查或预审中,如出现有违法情况,应依法及时提出意见,督促侦查机关及时纠正,以履行检察机关法律监督的职能。

④级别差所产生的效应。现实中人们所注重的都是行政的级别,而很少有人

理解法律的管辖级别,因而在现实生活和具体诉讼过程中出现了许多令人啼笑皆非的事件。例如,一个地区机关某干部犯贪污罪,县检察院审查起诉,在检察人员讯问他时,他以县检察院无权管地级干部为由拒绝检察人员讯问。又如,某一省级国有企业因防范措施不力屡屡失窃,市区检察院在办案过程中向该单位发出检察建议书,被嗤之以鼻,置之不理。这些足以说明,由于公民法律意识的不强,行政级别差观念的效应对法律监督工作的影响是存在的,也是在所难免的。因此,为了排除这种级别差对法律监督效力的影响,我们必须一方面大力宣传和普及法律知识,使人们知道司法机关办理案件的管辖是根据法定级别和区域性划分的,而不是根据行政级别划分的,法定级别管辖有:《刑事诉讼法》第 20 条至第 23 条作了明确规定,即最高人民法院管辖全国性的重大刑事案件。高级人民法院管辖全省(直辖市、自治区)性的重大刑事案件。中级人民法院管辖:第一,危害国家安全、恐怖活动案件;第二,可能判处无期徒刑、死刑案件。基层人民法院划分地区管辖的主要原则一是犯罪地原则;二是几个同级法院都有权管辖的案件,为最初受理原则。另一方面,作为法律监督机关本身,也应充分注意到这种已经存在的客观实际,在发检察建议时,应抄送一份给其主管行政机关,借助其主管行政力量,配合法律监督效力的实现。在对不同级的司法机关发检察建议时,也应提请上级检察机关代行检察建议权为妥,以确保法律监督效力的产生。

三、能力效率

能力效率,不是能力和效率的并列,也不是能力和效率的相加,而是相乘,因此,称能力也是效率。只有具备较强的法律监督能力才能有较高的法律监督效率。前者的权重越大,后者的指数就会倍数增加。所以,加强检察官和监察官的法律监督能力建设,对提高法律监督效率至关重要。

法律监督能力是国家能力的重要组成部分,个别法律监督工作者对群众反映的问题不重视,办事效率低下;监督流于形式,从不讲求效率;“不求有功、但求无过”;对群众所反映的问题长期无故拖延、互相推诿,使国家、集体和人民的利益受损。党的十八大之后,中央出台“改进工作作风,密切联系群众”的八项规定,对会风、文风、路风、政风一一提出明确具体的要求,也为法律监督能力建设指明了方向。

法律监督能力的构成,就是法律监督者履行职能应当具备的具体本领要求,它决定了法律监督能力建设的基本内容和任务。[①] 具体将由以下五类能力要求构

---

① 王兴建:《树立科学律法观,加强法律监督能力建设》,载《检察日报》2004 年 12 月 7 日。

成:打击刑事犯罪,维护社会稳定的能力;依法惩治和预防职务犯罪,促进廉政建设的能力;正确处理群众诉求,化解矛盾纠纷,促进社会和谐的能力;敢于监督、善于监督、规范监督,促进严格执法和公正司法的能力;强化自身监督和制约,严格、公正、文明执法的能力。这五项能力涵盖了法律监督工作的各个方面。对于法律监督能力构成,又可以从不同的角度去分类,如从主体角度去考察,检察官的法律监督能力表现为检察官从事法律监督工作所必备的法律逻辑思维能力,收集、判断和运用证据能力,洞察应变能力,语言文字表达能力等个人法律素养方面的能力;对领导班子来说主要是组织、领导、指挥、协调、创新等检察管理方面能力的构成;对检察监督职能来说,如检察机关的发现案件能力及约谈能力,检察机关的刑检部门的审查案件和出庭公诉能力等;从政治、社会功能角度考察,则有维护社会稳定、构建和谐社会、促进廉政建设、服务经济大局等能力要求。

总之,法与时转则治,治与世宜则有功。《刑事诉讼法》和《检察院组织法》的修订,对打造高效便捷的法律监督环境,建设高素质法律监督队伍具有重要意义。《转变中的法律和社会》一书的作者诺内特·塞尔兹尼克(美)说过:“法律是一门艺术,在一个人能够获得对它的认识之前,需要长时间的学习和实践。”法律监督能力建设是一个系统工程,也需要有一个探索渐进的过程。

第三章　法律监督的社会学意义及其素质要求

导读3

法律监督活动是一种社会化的活动，它不可避免地要同社会的各个阶层、各个社会团体、政党和国家机关发生必然、或然的联系。那么，法律监督在社会的政治舞台和生活舞台的地位如何，且发挥怎样的作用和价值呢？

记者聚焦

浙江省检察机关首次发布年度《十大法律监督案例》中：林某某于2017年2月23日向孙某某购买30克左右的甲基苯丙胺，随后分两次卖给罗某某共计2.22克甲基苯丙胺。一审法院认定孙某某、林某某分别贩卖甲基苯丙胺30克、2.22克，判处孙某某有期徒刑10年10个月、林某某有期徒刑1年6个月。为什么林某某购入的毒品数量没被认定为贩毒数量？经台州市检察院提请抗诉，浙江省检察院进一步夯实证据体系，于2018年4月13日向浙江省高级人民法院提出抗诉。

浙江省高级人民法院采纳抗诉意见，指令台州市中级人民法院再审。同年8月8日，台州市中级人民法院作出终审判决，将林某某刑罚由原来的"有期徒刑1年6个月"改判为"有期徒刑8年"。

记者了解到，2018年，浙江检察机关共督促立案2737人，督促撤案810人；追加逮捕320人、追加起诉1070人，纠正侦查活动违法1215件；审查刑事、民事、行政判决、裁定4105件，对认为确有错误的刑事裁判，提起抗诉269件，法院改判160件，同比分别上升42.3%和80%；对认为确有错误的民事、行政裁判，提起抗诉268件，再审检察建议326件，法院改判和采纳344件，同比分别上升30.7%、254%和50.2%；审查减刑、假释、暂予监外执行案件20820件，监督纠正315件；监督民事行政执行案件994件，提出检察建议844件，法院采纳821件。①

① 选摘自中国新闻网，记者胡哲斐。

第一单元　法律监督与国家政治生活的关系

法律监督与法律一样,具有鲜明的阶级性,与政治密不可分。它与政治的关系主要体现在以下方面。

一、法律监督与执政党的关系

法律监督必须接受党的领导,而党必须在宪法和法律内活动。这是一个最简单的辩证关系,正确而无疑。但在具体应用中却又十分复杂、艰难。因此,我们有必要厘清。

(1)《宪法》中确定的领导地位之法律效力问题。《宪法》"序言"中明确写出:"中国各族人民将继续在中国共产党领导下,在马克思列宁主义、毛泽东思想、邓小平理论、'三个代表'重要思想、科学发展观、习近平新时代中国特色社会主义思想指引下,坚持人民民主专政、坚持社会主义道路……健全社会主义法治……"可见,中国共产党在国家政治生活及政治组织系统中的领导地位,是由《宪法》规定的。

宪法作为我国的根本大法,具有最高的法律效力。它首先表现在具有最高的法律权威。《宪法》郑重宣告:"全国各族人民、一切国家机关和武装力量、各政党和社会团体、各企业事业组织,都必须以宪法为根本的活动准则,并且负有维护宪法尊严、保证宪法实施的职责。"其次,它是制定其他一切法律、法规的依据,《宪法》规定:"国家维护社会主义法制的统一和尊严,一切法律、行政法规和地方性法规都不得同宪法相抵触。"一切同宪法相抵触的法律、法规以及决定、决议都是无效的,应予依法撤销。

因此,中国共产党的领导地位写入宪法,它同样具有最高的法律权威,谁违背了党的领导,谁就违背了宪法,必须依法追究其刑事责任,并予以撤销、撤职等处分。一切国家机关、武装力量、各政党和社会团体、各企业事业组织,都必须以宪法为根本活动准则,把维护宪法的尊严,坚持中国共产党的领导作为自己的职责。

(2)党的政策与法律的协调关系的问题。对党的政策与国家法律的区别,我们可以从以下四方面来认识:一是从意志的体现者来说,政策是党的意志的体现,法律是国家意志的体现。二是从强制力的程度来说,政策是依靠广泛的宣传教育贯彻执行,法律则是靠国家强制力保证执行。三是从表现形式来说,政策比较原则、概括,而法律则比较具体化、条文化,规定得比较详细明确。法律规范一般包含假定、处理和制裁三个基本组成部分。四是从稳定性程度来说,政策比较具有灵活性,变化性较大。法律是由党领导国家机关,并经过一定的法定程序制定的,一旦制定,就具有相对的稳定性,其变化性较小。

总结我国政策与法律相互关系的具体实践,用“政策是法律的初型,法律是政策的定型化、规范化”来概括较为适合。从政策到法律制定过程来看,党和国家领导人民为了实现某一目标,总是先提出或制定政策,以指导革命或建设的实践,然后再总结执行政策的经验。把实践证明行之有效的正确政策,根据需要,按照法定程序,经过国家立法机关制定为法律。例如,1957 年中共中央在公布《1956 年到 1967 年全国农业发展纲要》修正草案时有一个注解,指出:“这个纲要草案是中国共产党中央委员会在 1956 年 1 月间提出的,在实际生活中已经起了积极的作用。现在根据两年来的一些事实的变化和工作经验,作了一些必要的修改和补充,提交农民和全体人民展开讨论,再作修改,准备提交中国共产党全国代表大会通过,然后提交国务院讨论通过,最后提交全国人民代表大会讨论通过,作为正式文件公布。”党中央的这一注解,虽然不是普遍适用于一般政策到法律的制定过程,但它却能说明,党和国家的某些政策,在未经国家立法机关讨论通过之前,实际上在起着法律草案或法律初型的作用。但只有经过国家立法机关讨论通过,才能定型化为正式的法律文件。

(3)党的领导与法律监督的关系问题。《中国共产党党章》明确规定:“党必须在宪法和法律的范围内活动。”

在我国,党领导人民制定宪法和法律,党也领导人民遵守、执行宪法和法律。坚持党的领导,遵从人民意志,严格依法办事,三者是一致的、统一的。党的各级组织和广大党员模范地遵守和执行宪法和法律,并同全国各族人民一道,共同维护宪法和法律的尊严,并保证宪法和法律的实施。这是宪法规定的基本要求,也是党的一贯主张。在革命战争年代,由于历史条件的限制,我们党没有条件制定能够在全国范围内适用的、相对稳定的法律,而主张依靠党制定政策、发布命令,来实行对国家的领导。现在我们已进入大规模的社会主义现代化建设时期,国家的经济工作和其他各项工作纷繁复杂,千头万绪。在这种情况下,我们就应从依靠政策办事,逐步过渡到不仅依靠政策,而且必须建立和健全法制,依靠法律办事。新中国成立以后,特别是党的十一届三中全会以来,我们党一方面领导人民制定了宪法和许多重要的法律。另一方面又强调包括共产党在内的一切政党都必须在宪法和法律范围内活动,所有党的干部和党员都必须带头遵守宪法和法律。这样做,绝不是削弱和否定党的领导,而恰恰是更好地实现党的领导,更有效地治理国家。

中国共产党是我国政权的领导核心。没有共产党就没有新中国,失去党的领导或脱离党的领导，我们的事业将是一事无成，这是一条颠扑不破的真理，已为半个多世纪的革命和建设实践所证实，并已写入宪法。法律监督机关作为人民民主专政即无产阶级专政的一个国家政权机关，必须在党的领导下，独立行使监督权，这是不容置疑的。党的领导的一个重要原则，就是从政治上保证法律监督机关的独立性，使它们只服从法律。党的机关运用自己的威信的全部力量，使法律监督机关及其维护法制的活动免受任何外来干预。

苏联根据列宁的法律监督理论，规定了党领导检察机关活动的明确形式，使之能保证检察机关不受地方影响。党中央责成各级党委参加挑选检察干部，并且参与检察机关活动的监督，同时还握有解决各地在检察机关建立和工作过程中发生的一切争端的特殊权力。列宁关于按照政治品质和业务能力挑选和配备干部的要求，在党对检察机关活动的领导方面，具有重要的意义。特别重要的是，检察系统的所有环节都由党员检察长领导，他们在妥善地实行最高监督方面，不仅承担国家责任，而且承担党的责任。

党的领导是中国特色社会主义最本质的特征，是社会主义法治最根本的保证。把党的领导贯彻到依法治国全过程和各方面，是我国社会主义法治建设的一条基本经验。习近平总书记指出，抓住了这个根本问题，就是抓住了中国特色社会主义法治的本质和核心。① 习近平总书记的重要论述，为我国社会主义法治建设立下了定海神针，为全面依法治国定下了总根基。中国特色社会主义法治最大的“特”就“特”在这里。

制定和实施宪法，是近代以来中国人民争取民主、走向共和、实现国家独立和民族复兴的美好愿望和长期追求。这一愿望只有中国共产党领导中国人民建立了新中国才有可能变为现实。1949 年中华人民共和国成立后，先后颁布了起临时宪法作用的《中国人民政治协商会议共同纲领》和“五四宪法”“七五宪法”“七八宪法”“八二宪法”四部宪法。“八二宪法”自 1982 年 12 月 4 日公布施行后，在 1988 年首次进行了修正，此后又分别在 1993 年、1999 年、2004 年和 2018 年对宪法进行了修改，形成了 5 个修正案。

其中亮丽之笔是将宪法宣誓制度在宪法中确认下来，将“全国人大法律委员会”更名为“全国人大宪法和法律委员会”，有利于将尊崇宪法、信仰宪法的精神深植于心，进一步完善我国宪法实施的监督保障制度。同时，《宪法》增写“监察委员

---

① 参见袁曙宏：《习近平总书记关于宪法的重要论述和我国宪法的修改》（宪法学习宣传报告摘编），载《人民日报》2018 年 5 月 26 日。

会"一节并作出相关规定,使国家监察体制改革于宪有据、监察法制定于宪有源,体现了全面深化改革、全面依法治国、全面从严治党的有机统一。

二、法律监督与国家政权的关系

人民民主专政是我国的国体。毛泽东曾经说过:"国体问题,从前清末年起,闹了几十年还没有闹清楚,其实,它只是指的一个问题,就是社会各阶级在国家中的地位。"①少数人统治多数人的封建主义国家及资本主义国家所闹不清楚的,其实是他们不敢公布。只有人民当家的社会主义国家才能明确规定。我国《宪法》第1条规定:"我国是工人阶级领导的,以工农联盟为基础的人民民主专政的社会主义国家。"

法律监督既是保障法律正确实施的有效手段,也是巩固国家政权和人民民主专政的重要武器。多年来的实践证明,法律监督工作越是开展得好,法律的统一、正确实施就越有保障。人民民主专政就更加巩固和加强;否则,丢掉法律监督或者削弱法律监督,就将剥削和削弱人民群众维护社会主义法制的重要手段,其结果必然是危害人民民主专政。正如列宁所说的:"极小的犯法行为,极小的破坏苏维埃秩序的行为,都是劳动者的敌人立刻可以利用的漏洞。"因此,社会主义国家必须要有坚强的人民民主专政制度,同时,也应有为了贯彻实施自己的法律而实行的一种专门的法律监督。

三、法律监督与其他监督的关系

所有监督,都是为了实现某种目的而进行的监察、督促的社会化活动。由于目的不同,监督也分为多种。在现代社会里,有行政监督、党纪监督、审计监督、舆论监督、群众监督和法律监督等,构成了宏大的国家监督体系。在诸多的社会化监督活动中,法律监督占有十分重要的地位。

法律监督,在我国是指国家法律监督机关为保障宪法和法律统一、正确实施而对法律的适用和遵守进行的监察督促活动。法律监督机关通过纠正违法,追究犯罪,以实现维护国家法制尊严的职责。最明显的特征是法律监督机关在法律监督活动中作出的决定,是具有法律强制力的,有关部门或公民必须认真接受或执行,并在法定时限内作出相应的答复。法律监督的这一强制力是其他社会监督所不具有的。

---

① 《毛泽东选集》(第二卷),人民出版社1991年版,第637页。

法律监督与其他监督虽然存在监督的对象、监督范围和监督的效力不同,但也有着密切的联系:

第一,发现违法和犯罪,需要群众监督、审计监督和行政监督的配合。即法律监督机关通过其他社会监督的途径获取各类违法犯罪信息,然后行使法律监督权进行查处。

第二,查处各类权力犯罪,需要群众监督的支持,权力犯罪者往往以合法的身份为自己非法的行为作掩护,查处时牵涉面广,阻力大。多方面的权力干扰往往成为监察机关查处权力犯罪的阻力,但是能克服和冲突这些阻力的却是富有正义性的社会舆论。现实中凡是特权代替法权的行为都是在不公开的情况下进行的。因此,监察机关必须增强透明度,将查处权力犯罪公开化,以唤起社会的正义感,借助舆论监督的力量,使查处权力犯罪所向无阻。

第三,对违法犯罪者作最后处理的同时,需要党纪、政纪部门的密切配合。对触犯刑律构成犯罪的,必须开除党籍和公职,绝不能允许以党纪、政纪处理代替刑罚。

第二单元　法律监督的公共关系

法律监督与法律执行、法律实施一样,是一种动态性的活动,它是在公共互动中产生影响,树立形象,发挥作用。

一、公共关系的必要性

法律监督从广义上来说,是指国家监督机关依照法定权限和法定程序对所有国家机关、政党、社会团体、企事业单位和公民适用和遵守国家法律的情况实施监督、督促等产生法律后果的行为。这一行为,在与社会各阶层广泛接触中,必然形成一定的公共关系状态。如果法律监督机关片面地强调业务,把自己禁锢在就案办案的狭小圈子里,或者以监督者自居,势必形成社会公众对法律监督的不了解和不理解,甚至敬而远之。因此,法律监督机关也必须自觉地开展公共关系活动,使公众关系状态合理化、正常化,在公众中树立良好的形象,才能有效地开展法律监督。

这不仅是提高法律监督机关的知名度和透明度的需要,更是在新形势下做到为政清廉的需要。目前,监察体制改革后,检察机关部分职能转隶后,人民群众对此还不知晓,对一些案件的举报还不畅通,必然影响工作效率。同时,法律监督机关的工作人员做到清正廉明,树立"刚正不阿,执法如山"和"两袖清风,一身正气"的形象,更需要在公共关系互动中自觉接受人民群众的监督。

二、公共关系的特征、原则和范围

公共关系所追求的目标是“内求团结,外求发展”,其关系状态是双向沟通,呈网状的。其结果追求整体利益,树立整体形象。这里着重就检察机关的公共关系特征和原则谈些意见:

第一,从对象上看,法律监督公共关系的对象,是与法律发生一定关系的社会组织和公民。在这些对象中,按照接触范围又分为“知晓对象”和“潜在对象”。其中,“知晓对象”是指与业务发生直接关联,同检察机关保持长期的经常的往来的社会组织和公民,如党委、人大常委会、政府各部门、新闻单位等和临时直接与维护法律统一实施有关的公民成员。“潜在对象”是指享受法律权利,并按法律规定承担相应义务的各种社会组织和社会阶层,他们受检察机关依法保护同时也是检察机关依法监督的对象和服务对象。因此,检察机关公共关系的对象具有普遍、长久、稳定的特点。

第二,从活动方式上看,检察机关开展公共关系活动具有监督与服务的统一性。检察机关在执法活动中,担负着打击敌人,惩治犯罪,保护公民合法权益的双重任务。一方面,要求所有公共关系和对象,必须在法律范围内进行活动;另一方面,要树立“公仆”意识,对所有公共关系对象进行真心实意的法律帮助和保护,也就是提供法律服务。

第三,从目的上看,检察机关开展公共关系活动,是为了保证法律的正确统一实施,就是紧密围绕检察机关的性质、职能和任务,通过扩大交往,双向沟通,树立检察机关的良好形象,减少失误,使工作取得更好的社会效果,以保证法律的正确统一实施。

检察机关的公共关系原则有三条:其一,依法、合法的原则。检察机关开展公共关系活动,必须坚持依法办事,绝不可徇情枉法和徇私舞弊,超越法律允许的范围。其二,真诚、信誉的原则。检察机关在同社会公民交往中,必须有真诚的态度,讲求信誉,不能搞政治欺骗,不负责任。其三,平等互利的原则。检察机关在公共关系活动中,不适用工作关系上的领导或服从的关系原则。在态度上都必须以平等的姿态对待社会组织和公民,讲文明礼貌,不能依靠权势欺压对方。互利是在公共关系的双向沟通中追求目标的必然结果,利益包括政治的和物质的两个方面,检察机关在开展公共关系活动中,追求的主要是国家的、整体的政治利益。

检察机关公共关系的范围可分为纵向关系、横向关系、辐射连带关系三类,纵向关系主要指隶属关系和领导关系;横向关系主要包括与检察机关工作发生关系的同级部门，如同级公安、法院、司法等部门和同级检察机关；辐射连带关系，包括检察机关业务职能所涉及的一切社会组织机构和公民。

三、公共关系的重要形式

法律监督建立公共关系的各种形式很多，如接待采访和来访、举办展览、召开座谈会和新闻发布会等。其重要核心内容就是做好对外职能宣传工作：一是宣传监督职能是什么？是如何监督的？近年取得哪些成效？二是说明工作的不足及怎样弥补？只有这样，法律监督在与公共关系的互动中才能树立良好的形象。

在对外宣传中，既有理论宣传，又有案例成果宣传，既有时事新闻，又有历史回顾，其重要形式就是借用各种媒体为法律监督宣传。如何让大众传播媒介主动了解并采集有关信息的过程是一种无须付费的宣传方式，只要传播者肯动脑筋，善于挖掘和策划，把媒介吸引过来，就能收到良好的效果。

为了增强检察机关工作的透明度和加强检察院的公共关系建设，将浙江省检察机关内部改革后的机构设置情况公布于后。

附：最高人民检察院全新业务机构

机构名称	分管职责
第一检察厅	负责对法律规定由最高人民检察院办理的除第二、三、四检察厅承办案件以外的刑事案件的审查逮捕、审查起诉、出庭支持公诉、抗诉，开展相关立案监督、侦查监督、审判监督以及相关案件的补充侦查。办理最高人民检察院管辖的相关刑事申诉案件。
第二检察厅	负责对法律规定由最高人民检察院办理的危害国家安全、公共安全犯罪，故意杀人、抢劫、毒品等犯罪案件的审查逮捕、审查起诉、出庭支持公诉、抗诉，开展相关立案监督、侦查监督、审判监督以及相关案件的补充侦查。办理最高人民检察院管辖的相关刑事申诉案件。负责死刑复核法律监督工作。
第三检察厅	负责对法律规定由最高人民检察院办理的国家监察委员会移送职务犯罪案件的审查逮捕、审查起诉、出庭支持公诉、抗诉，开展相关审判监督以及相关案件的补充侦查。办理最高人民检察院管辖的相关刑事申诉案件。
第四检察厅	负责对法律规定由最高人民检察院办理的破坏社会主义市场经济秩序犯罪案件的审查逮捕、审查起诉、出庭支持公诉、抗诉，开展相关立案监督、侦查监督、审判监督以及相关案件的补充侦查。办理最高人民检察院管辖的相关刑事申诉案件。

续表

机构名称	分管职责
第五检察厅	负责对监狱、看守所和社区矫正机构等执法活动的监督，对刑事判决、裁定执行、强制医疗执行、羁押和办案期限的监督，羁押必要性审查。办理罪犯又犯罪案。负责对法律规定由最高人民检察院办理的司法工作人员利用职权实施的非法拘禁、刑讯逼供、非法搜查等侵犯公民权利、损害司法公正犯罪，以及按照刑事诉讼法规定需要由人民检察院直接受理的其他重大犯罪案件的侦查。
第六检察厅	负责办理向最高人民检察院申请监督和提请抗诉的民事案件的审查、抗诉。承办对最高人民法院民事诉讼活动的法律监督，对审判监督程序以外的其他民事审判程序中审判人员的违法行为提出检察建议，对民事执行活动实行法律监督。开展民事支持起诉工作。办理最高人民检察院管辖的民事申诉案件。
第七检察厅	负责办理向最高人民检察院申请监督和提请抗诉的行政案件的审查、抗诉。承办对最高人民法院行政诉讼活动的法律监督，对审判监督程序以外的其他行政审判程序中审判人员的违法行为提出检察建议，对行政执行活动实行法律监督。办理最高人民检察院管辖的行政申诉案件。
第八检察厅	负责办理法律规定由最高人民检察院办理的破坏生态环境和资源保护、食品药品安全领域侵害众多消费者合法权益等损害社会公共利益的民事公益诉讼案件，生态环境和资源保护、食品药品安全、国有财产保护、国有土地使用权出让等领域的行政公益诉讼案件，侵害英雄烈士姓名、肖像、名誉、荣誉的公益诉讼案件。负责对最高人民法院开庭审理的公益诉讼案件，派员出席法庭，依照有关规定提出检察建议。办理最高人民检察院管辖的公益诉讼申诉案件。
第九检察厅	负责对法律规定由最高人民检察院办理的未成年人犯罪和侵害未成年人犯罪案件的审查逮捕、审查起诉、出庭支持公诉、抗诉，开展相关立案监督、侦查监督、审判监督以及相关案件的补充侦查。开展未成年人司法保护和预防未成年人犯罪工作。
第十检察厅	负责受理向最高人民检察院的控告和申诉。承办最高人民检察院管辖的国家赔偿案件和国家司法救助案件。
法律政策研究室	调查研究国家公布的与检察工作有关的法律、法规、政策的执行情况，提出意见和建议，承办有关检察工作法律案的起草和相关法律法规的修改研究论证工作。承办涉及检察工作的司法协助协定、引渡条约、国际公约等文本草案的研究、谈判工作。指导并组织开展检察理论研究工作，对检察工作适用法律问题提出司法解释意见。负责司法体制改革综合协调相关工作。承担最高人民检察院检察委员会日常工作。承担最高人民检察院对台事务工作。
案件管理办公室	负责案件的统一受理流转、办案流程监控、涉案财物监管、法律文书监管、案件信息公开。统一组织办案质量评查、业务考评和业务统计分析研判。组织指导人民监督员工作。负责业务信息化需求统筹，指导全国检察机关统一业务应用系统的应用。

第三单元　法律监督的公共关系演绎

检察官根据《刑事诉讼法》的规定，以国家公诉人的身份，出席法庭支持公诉，他们是国家公诉人。国家公诉人以国家名义，履行公诉职责，守正义之道，促司法公正。这种法律监督所起到的效果和影响力，是其他监督形式所无可比拟的。

庄严的法庭，公诉人除了监督法庭的审判活动是否合法，更多的是围绕犯罪嫌疑人有罪还是无罪，罪轻还是罪重与辩护人展开辩论。这里既是法律监督的阵地，也是法制宣传的平台，从而展示和演绎法律监督的公共关系。

一、法庭上的公诉人与辩护人

公诉人与辩护人，他们虽然职能不同，但地位平等。根据法律规定，他们都是我国《宪法》和法律的捍卫者，他们都对保证法律的准确、公正执行起着不可替代的作用。他们分工负责、互相制约，也互相配合。公诉人执行控诉职能，辩护人执行辩护职能。双方处于相对应的诉讼地位，有控诉必有辩护，辩护是针对控诉进行的。公诉人应保证及时、准确地查明案情，使犯罪人受到应得的惩罚。而辩护人是根据事实与法律反驳控诉的一部或者全部，使被告人依法从轻、减轻或者免予刑事处分。

当前，在看待公诉人与辩护律师的关系问题上，主要有两种不正确的观点。一种观点叫做“敌对论”，认为公诉人与辩护律师是互相对立水火不容的。另一种观点叫做“演戏论”，认为“辩不辩，照样判”，把法庭辩论看做“走过场”“装样子”“搞形式”。这两种错误观点的存在，都不利于法律监督工作的正常开展。

那么，根据法律规定，应该如何看待公诉人与辩护律师的关系呢？

首先要看到，公诉人与辩护律师之间有一致的方面，具体说他们之间有“五个一致”：一是他们作为社会主义法制卫士的身份一致，公诉人是国家起诉机关和法律监督机关的代表，而律师则是国家的法律工作者。他们都要通过自己的本职工作，保证国家法律的正确实施，维护社会主义法制的尊严。二是他们的根本目的一致，都是为了准确、及时、有力地打击犯罪，保护人民，保卫和促进社会主义四个现代化的建设，巩固和发展安定团结的政治局面，保卫改革、开放、搞活经济政策的贯彻执行。三是他们都要维护被告人的合法权益。《律师暂行条例》规定：“律师担任刑事辩护人的责任，是根据事实和法律，维护被告人的合法权益。”对此，人们比较容易理解。但对公诉人也要维护被告人的合法权益这一点，往往却不理解,甚至很多人不知道。公诉人出席法庭有着双重的任务:一方面,要指控和揭露犯罪,支持人民检察院提起公诉;另一方面,要对法庭审判中出现的违法情况进行法律监督,在后一个任务中,就包括了维护被告人合法权益的内容。四是他们都必须依法办事,都必须坚持以事实为根据,以法律为准绳的刑事诉讼原则,无论是公诉人指控被告人犯罪,还是辩护人替被告人辩护,都离不开客观存在的事实,都必须用法律来衡量。另外,对《刑事诉讼法》规定的其他原则,公诉人和辩护律师都必须遵守,不得违反。五是他们都必须文明辩论,不得讽刺诬蔑,互相攻击;不得盛气凌人,胡搅蛮缠。

问题还有另外的一面,即公诉人与辩护律师确有不同,甚至是对立的方面。这种不同或者对立,主要表现在指控与辩护之间的不同或对立。而指控与辩护的不同或对立,往往又集中在三个问题上:一是罪与非罪的对立。公诉人在法庭上通过宣读起诉书,发表公诉词,指控被告人犯罪,而辩护律师在法庭上则通过发表辩护词,论证被告人的行为不构成犯罪,或者认为犯罪的证据不足,要求法庭判决时予以考虑。二是罪重与罪轻的对立。公诉人对情节严重的犯罪,一般都会在法庭上明确指出来,而辩护律师则往往从罪轻方面进行辩护。三是从重从轻的对立。公诉人对应该从重处罚的被告人,一般都会在法庭上明确地指出来,并讲清从重处罚的理由,要求法庭从重判处。辩护律师则往往会提出从轻或减轻甚至免除刑罚的意见和理由,要求法庭予以考虑。

公诉人同辩护律师在法庭上从不同的角度,发表不同的甚至是对立的意见,是完全必要的。这样就能从有罪与无罪,罪重与罪轻,从重与从轻或者减轻甚至免除刑罚的两个不同方面,反映不同的意见,可以使审判员听到不同的意见,从而把案件事实查得更清楚,把证据掌握得更确实、充分,把性质定得更准确,尽量防止和减少误差。

因此,公诉人与辩护律师在处理关系上,必须遵循以下三条:

一是互相尊重。因为他们维护社会主义法制,打击犯罪,保护人民,维护社会公平正义的目的是一致的,他们之间必须平等相待,互相尊重,文明辩论,不得进行人身攻击。不仅如此,出庭支持公诉的检察人员还应对法庭审判活动中出现侵犯辩护律师的合法权益的行为以国家法律赋予的审判监督职能,向法庭提出纠正意见,以保障辩护律师依法辩护的合法权利不受非法侵害,从而使刑事审判活动按照《刑事诉讼法》的规定进行。

二是坚持原则。对违反事实和法律的辩护意见,公诉人必须摆事实,讲道理,讲法律,有针对性地进行反驳,以支持检察机关提起的公诉。

三是实事求是。公诉人对辩护律师提出的符合事实、符合法律和政策精神的辩护意见，必须予以肯定，接受甚至采纳，不得强词夺理。这样，不但有利于准确地打击犯罪，保障无罪之人不受刑事追究，而且有利于树立法律监督机关公正廉明的形象，取得最佳的公共关系形象。

二、公诉人的形象与能力

国家公诉人的一言一行维系着国家的声誉、人民的众望，因而，对其在法庭上的形象和监督能力都有特殊的要求。

（一）敏捷的洞察力

庄严、肃静的法庭，是正义与邪恶、法与罪较量的战场。在这种特殊的场合，辩护人的不同观点和被告人的强词辩解，都有可能改变审判长的看法和左右观众的情绪。因此，公诉人员必须学会在辩护人洋洋洒洒的辩护发言中捕捉主要观点并开展充分答辩；也必须善于抓住被告人狡辩的要害予以严厉地驳斥。这就需要公诉人员在法庭上有着敏捷的洞察力。

敏捷的洞察力，就是一种思想高度集中，及时发现问题的能力。它主要是通过分析、综合、推理等逻辑思维的手段对对方发言的要害及症结作出快速反应。

第一，它要求公诉人员在法庭上精神高度集中，使自己的反应力始终保持最佳状态，否则无洞察可言，更谈不上敏捷。

第二，要求公诉人员运用正确的逻辑思维方式，对辩护人的发言内容进行由此及彼、由表及里、去粗取精、去伪存真，抓住重点。辩护人在法庭上，有的表达观点拐弯抹角、模棱两可，有的不着边际、没有重点，有的重复累赘、节外生枝，等等。对此，公诉人根据《刑事诉讼法》第 37 条规定："辩护人的责任是根据事实和法律，提出犯罪嫌疑人无罪、罪轻或者减轻、免除刑事责任的材料和意见，维护犯罪嫌疑人、被告人的诉讼权利和其他合法权益。"以冷静的头脑，进行分析、综合、归类；对超出辩护人责任或与案件无关的观点，则予以指明不作答辩，其余则按：(1)无罪；(2)改变定性；(3)罪轻；(4)建议减轻或免除等四方面观点，抓住重点，进行答辩。

第三，要求公诉人员有预感、预测能力。预感或预测是公诉人在法庭辩论之前，通过辩护人的发问或被告人的神态举止等一系列表现得到的反馈。例如，某一抢劫案，是两被告人预谋行窃，在作案过程中，被值班员发现，便用刀将值班员砍伤。案情本来很简单，但是，法庭调查时，律师却将盗窃和伤害两个情节分开来向被告人发问。公诉人则应预感到对本案的定性将是辩论的重点。于是，在辩护人发问之后,公诉人紧接着也向被告人发问,问清两被告人到现场后因见有自行车,估计店内无人,便预谋如被发现就实施暴力的情况。不出所料,到了辩论阶段,律师果然按盗窃、伤害两罪来进行辩护,由于公诉人预先已问清重要情节,抓住证据,指出两被告人是由秘密窃取,转为暴力抢劫的,轻而易举地取得了答辩的主动权。

(二)原则性与灵活性的高度统一

公诉人参加法庭辩论的目的,不是为了争个你高我低,而是为了进一步辨明事实,对案件作出正确的处理,维护法律的尊严。因而,公诉人员在法庭上,对涉及犯罪事实和定罪量刑方面的无理辩解,一定要针锋相对,据理力争,寸步不让。而对辩护人或被告人意见中的合理部分,或与公诉人没有原则分歧的意见,则应实事求是地表示"没有异议",并适当地予以采纳,不强词夺理,表现出法律监督者工作者的忠实于事实、忠实于法律所特有的公正、豁达的高大形象。

根据最高人民检察院一厅《出庭工作试行规定》中"对认定事实、证据、罪名、罪责及适用法律等方面有分歧时必须答辩,不影响定罪量刑的枝节问题不予答辩"的规定,人们在实践中总结出了"五答""五不答"的法庭辩论原则。

五答:(1)对歪曲和否定事实的要答;(2)对案件定性有分歧的要答;(3)对法律、法令、政策作歪曲解释的要答;(4)提出从轻、减轻、免除刑罚的理由不符合法律规定的要答;(5)把客观条件说成是犯罪主要原因的要答。

五不答:(1)与本案无关的问题不答;(2)辩护人提出的问题确有道理的不答;(3)辩护人所提出的问题公诉人已在公诉词或前轮答辩中已明确阐述过的观点不答;(4)辩护人的意见同公诉人没有原则分歧的不答;(5)属于学术争论的问题不答。

在具体法庭辩论时,公诉人除了遵循上述"五答""五不答"的原则外,还须掌握应变问题。

第一,随机应变角度,灵活答辩,切忌一成不变,照本宣科。以变制变,才能处于法庭辩论的主动地位。事先准备较好,答辩提纲缜密周到固然好,但是当辩护人的辩护角度发生改变时,如果不能随之改变,迅速构思出新的答辩方案,而仍按事先准备的提纲照本宣科,其效果适得其反。

第二,有的放矢,反驳有力,切忌自设靶子,盲目进攻。自己立论,再加批驳式的答辩无异于画蛇添足,而且势必给辩护人提供了揣测公诉人意向,寻找漏洞进行反驳的机会,因此是不足取的。在答辩中非先说不可的问题,应只提论点,并作简要阐述，展开辩论应待第二轮再见分晓。对对方的错误观点，则要有的放矢、击中要害、说理透彻、反驳有力。

第三，对未作准备的问题或极为生疏的专门科技理论问题，应相机避让，采用法律和法学理论作答。如辩护人讲出被告人持械伤害对方的力度很少，提出“焦耳”“当量”等专业名词，如不懂，就应及时规避，继而从案件的因果必然性或犯罪构成等方面进行答辩，则效果较好。

第四，不可有问必答，事事解释，而应有选择、有归纳地进行答辩。

第五，科学地运用“但书”语。在法律条文中“但是”或“但”以下的文字称为“但书”，“但书”作为从正面阐述向反面阐述的转折语，在具体使用中，有长处也有短处。“但是”作为一个转折语，一般用于对前说的回护，把两方面的道理都说透，不致偏废，而使主论坚实。在这样的表述方法中，前说是主述，“但”后是回护，起陪述作用。“但是”作为起回护作用的转折语，它的长处是醒目、强调，以补偿“但”后文字的简短。“但书”也有另外一种使用方法，“但”前略作肯定，“但”后充分发挥，变陪说为主述。“但是”的作用，就从回护变为否定，或者表面回护，实则否定。辩论时，只要观点正确，恰当运用“但书”表述，可以收到很强的论战性的效果，即把辩论对立方需要肯定的东西一笔带过，然后作“但”后文章，这样，起回护作用的是在“但”前。所以，科学地动用“但书”，有利于展开辩论，掌握辩论的主动权。

（三）清晰的表达力与雄辩的口才

公诉人与辩护人，站在不同角度，围绕着同一个案件、若干问题展开讨论，即是一场论战，这种论战是通过法庭辩论的形式来实现的。各种不同的、有时是针锋相对的意见，都要在法庭辩论中陈述出来。这种陈述能力虽然是由多种因素构成，比如文化程度、专业知识、逻辑思维能力、认识水平、语言运用能力、口头表达能力等，但关键是需要加强对清晰的表达能力和雄辩口才上的锻炼。

清晰的表达力离不开清晰的思维，雄辩的口才也不单纯是语言技巧问题。雄辩不是表现在声色俱厉、粗声大嗓、滔滔不绝，而在于实实在在、言之有物、言简意赅、逻辑性强。它是一种能力，而不是知识，它需要在实践中炼就，而不能从书本中传授，但它也有其自身的规律和方法。

公诉人在法庭辩论中，要注意用事实和证据说话，做到“周密而有力，雄辩能服众”。因而，根据不同的情况，可采用不同的答辩方法。

第一，针对多题式辩护可采用综合式答辩。当多被告人多辩护人或一被告人一辩护人提出一系列较多的辩护问题时，如若逐题答辩，容易造成主次不分、重点不明、答不胜答、步步被动、效果不好的局面；如盲目地答辩，势必造成答辩的遗漏和混乱，公诉人应该首先将一系列辩护问题，按问题的内容、性质、主次进行归纳综合和分类排队，确定答辩的问题、次序和观点。哪些辩护问题观点重复，哪些辩护问题观点不清或同案件事实及定罪量刑无关而不作答辩，然后按主次轻重依次答辩。

第二，针对派生式辩护采用突破式答辩。辩护一方为了辩护一个问题或观点，有时围绕这个问题或观点，从不同角度罗列了很多方面的理由，实际是从一个总辩护观点衍生出诸多分辩护观点，给公诉人答辩带来较重的负担，这就是派生式辩护。对此，采用突破式答辩较为有力，即公诉人对辩护一方诸多辩护观点不作一一答辩，而是从辩护观点中，以一两个观点为突破点，抓住主要矛盾，集中对突破点的辩护观点进行简练、周密而有力地答辩，突破点的辩护观点被攻克后，其余辩护观点则不攻自破。

第三，针对引借式辩护采用对比式答辩。辩护方面从卷宗证据材料中，选用不符实际的证言、供词或断章取义地引借某些证言、供词，否定起诉书中所认定的某些事实和情节，这种辩护方式常常使公诉人出乎意料，有时还会使旁听观众暂时信服和捧场，这就是引借式辩护。这种辩护，公诉人在答辩中，应该首先针对辩护中所依据的不符实际的证言和供词，逐条相应地比对案卷里其他符合实际的证言或供词，再从分析证据来源的真实性和可靠性的角度，论证辩护人所依据的证言或供词的虚伪和失实，从而否定辩护方面的辩护观点。

第四，针对狡辩式辩护采用迂回式答辩。辩护人有时虚构一些事实和理由，提出一些否定被告人在预审阶段已作供认或未曾提出的辩解，这种辩护在法庭上常常起着混淆是非的作用，公诉人从正面直接答辩往往不力。因此，公诉人应该暂时避免正面同辩护人交锋，而是针对辩护问题，先为正面答辩提供一些准备性证据，如有时可请法庭宣读有关证言、供词，有时可直接讯问被告人或询问证人，或使被告人在回答讯问中不自觉地供认了辩护人所要否认的事实，或使证人直接地证实辩护一方要否定的事实，在此基础上，公诉人再绕回到正面来，借用被告人的供述和证人的证言，剖析辩护问题的虚伪性，进一步揭露和论证辩护人所要否定的问题。

第五，针对歪曲式辩护采用反证式答辩。有时辩护人对某个问题抓住表面形式特征掩盖事实真相，极力否定事实的本质属性，对这种歪曲式辩护，公诉人如以正面答辩论述，往往花费好多口舌也不易揭穿掩盖事实本质的假相。对此，应该采用反证式答辩法，方能达到简练有力地澄清是非的作用，即公诉人答辩时运用否定式假言三段论的演绎推理方法，先把辩护方面观点作为大前提，假定为正确的，再从与正面论述相反的方向进行假言三段论的推理，导出大前提的不成立，从而直接地否定辩护观点的成立，肯定公诉的观点。例如，某抢劫案，主要案情是：被告人乔某路遇两个素不相识的女青年，便用胁迫方法强行查看二人背包内装的东西，并将她们刚买的四条裤子和背包袋拿到一座桥下，两个女青年几次讨还，被告人说："你们到桥下来就给你们，如不下来，把东西扔到桥下。"二人怕到桥下受害，只好离去到派出所报案。被告人归案后，供认了想引诱两个女青年到桥下与其发生性关系，所得背包及裤子已全部卖掉。在法庭辩论中，辩护人一方辩护说："被告人的行为不构成抢劫罪，只想与女方发生关系。因为抢劫罪是以抢取公私财物为目的，被告人已将被害人的财物拿到手，完全可以一走了之，但被告人并没有携带财物离去，而是继续诱使女方到桥下，这是为什么？"对此，公诉人运用推理的方法答辩："如果被告人不想将被害人衣服据为己有，就势必将背包返还或者抛弃，被告人在亲眼看到被害人离去，确信被害人不可能被引诱的情况下，一未将背包返还，二未抛弃，而是将其卖掉。可见，将背包袋据为己有，构成抢劫罪是毫无疑问的。被告人诱引女方到桥下，是在抢劫犯罪基础上，另有不法意图的表现。"经此答辩，辩护方无言以对。

三、辩护人的品质与魅力

聚　焦

2019 年 1 月 10 日，浙江省人民检察院党组书记、检察长贾宇大检察官一行来到省律师协会，就如何构建新型检律关系，与律师面对面的坦诚交流意见。律师建言：在公益诉讼中，可以进一步发挥律师队伍专业及人才优势，邀请更多的专业律师参与其中，发挥部分律师的专长；对民事、行政、检察监督案件增多的情况，检察机关可多与经验丰富的律师交流、探讨。并就畅通信息资源共享渠道，开展检察官与律师的互评工作，以及在检察院设立律师服务中心等方面提出积极建议，为实现检律良性互动献计献策。贾宇检察长认为，检察官和律师都是依法治国的重要力量，都承担维护当事人合法权益、保障法律正确实施、促进社会公平正义的使命。要进一步深化检律协作，在完善优化已有工作制度的同时，积极拓展检律协作的领域，拓宽合作平台载体，在开展公益诉讼、打击虚假诉讼、开展民事行政执行监督等工作中找到新的合作契机。同时，要加强检律在业务交流、人才交流、日常监督中的互动，提升新型检律关系品质。

当前,我们处于新的历史方位,社会主要矛盾的变化对律师职能作用发挥提出了新要求,对整个律师行业提出了新期待。律师是提供公共法律服务的主体,要承担起新时代赋予律师行业的历史责任,牢固树立以人民为中心的法律服务理念,把实现好、维护好、发展好最广大人民的根本利益作为出发点和落脚点,想人民之所想、急人民之所急,使人民群众有更实在、内涵更丰富的获得感、幸福感、安全感。

为维护当事人的合法权利,律师在法庭上的发言,既要依据事实和法律,还必须服从于“无罪和罪轻”的诉讼目的。只有控辩对抗,才有助于法庭的司法公正。只要不危害国家安全、不恶意诽谤他人、未严重干扰法庭秩序,就不应追究律师的法庭言论。

原在检察机关工作(曾被评为全省优秀公诉人),后转行到一大学法学院任教兼刑事辩护(以下简称刑辩)律师学院院长的李永红律师,曾在个人社交平台坦言他对刑辩律师“魅力”的见解,在此摘录与大家分享:

魅力之一,面对舆情,众人皆醉我独醒的职业理性。魅力就在与众不同,卓尔不群。众人皆醉我独醒,刑辩律师不见证据不作评论,没有规范不下结论,保持独有的理性,便是一种。

有真醉,有装醉。是否醉,不仅取决于酒量,还取决于态度。

在互联网时代,热点公案,往往掀起国人皆曰可杀的舆论狂飙。议题设置,就如浓烈的酒,会让人沉醉。

通过为特定的被追诉人辩冤白谤、作无罪辩护而保证潜在的无辜者不会蒙冤进而使大众受益,不但会招来控方不满,而且因你的辩护而受益的大众也不会理解你对特定被告人进行的辩护,公众的直觉总是不自觉地跟着舆情走。

在官僚特权和草根民粹有意无意促成的热点公案中,刑辩的价值在于:律师通过与控方的辩论,让裁判者通过舆论的迷雾看清了事实的真相,阻止了诉讼沿着权力或民意开辟的错误道路狂奔。你不是为了取悦于官僚而战斗,你也不只是停留于维护当事人的权益而辩护,当然你工作的意义也不是一句维护法律和正义所能概括的。

老子曰:“天地不仁,以万物为刍狗;圣人不仁,以百姓为刍狗。”这句常常被望文生义地误解,本意是:天地和圣人价值无涉,一视同仁地对待万物和百姓。正如《陈太史评阅史记序》所说“见善不喜,见恶不怒”,刑辩亦然,这并不是说我们善恶不分,而是说刑辩律师依法履职,价值无涉,服从天下之公器,不存一己之好恶。

无惧人言,做正确的事,救助他人,快乐自己,这就是刑辩的一大乐趣。

魅力之二，面对个案，众人皆专我独博的知识结构。专业化，既是社会分工的结果，又是提高效率的需要。因此，医生被分作内科、外科、儿科和妇科，法庭被分作民庭、刑庭、行政庭和知识产权庭，同样，律师也分作民事、刑事、诉讼和非诉讼。

正如有些疑难杂症的诊治需要各科医生的知识和经验，有些疑难案件的解决，仅靠刑事法律本身不足以准确认定事实、无法公正适用法律。一个经验丰富的刑事律师，他不只是刑事法律专家，他的知识结构比民商、行政法业者至少多了一层。

《刑法》469个罪名，没有一个与民商法、行政法或社会法无关，几乎没有一个疑难案件可以只从刑事法中找到解决问题的答案。

在刑辩道路上走得越远、见识越多，知识结构越完善，技能便会越精湛。一是丰富的背景知识。主要是指法律外的经济、政治、科技和人文等社会知识。那个被称作人民的法官、人民的律师的布兰代斯大法官有句名言：一个不关注经济和社会只研究法条的法律人，极有可能成为人民公敌。用今天的话说，就是我们不能停留于法教义学或分析法学的研究，对疑难案件而言，我们需要进行社会学论证。二是法律内的民商法、行政法和社会法等非刑事法律知识。民庭法官不需要研究刑法，刑庭法官却必须掌握民商法和行政法知识，否则自然犯、法定犯的把握便无法做到形神兼备。三是刑事法律本身。对刑事作业而言，三者不可或缺。

刑事司法中的出入人罪，有时就是因为司法者对社会背景知识和民商行政法律欠缺了解所致。刑辩律师的乐趣正在这里：我们没有教条主义的资本，我们也没有任性的特权，我们赖以立足的只是我们对包括被告人在内的三教九流的全面了解、社会本体的理性把握和对大众生活的深刻同情，基于此，我们善于用法律这个单调的形式来安放生活丰富多彩的内容。

魅力之三，面对诉求，众人皆私我独公的辩护效益。私和公只是相对而言，有时可能只是一个数量问题并无本质的区别，比如针对个体的疫苗品质，由于它触动了每个家庭脆弱的神经，经由网络的传播而成为公共问题。

虽然1982年《宪法》规定国有财产神圣不可侵犯，私人所有的合法财产权不受侵犯，但是2016年中共中央国务院关于保护产权的政策意见确认，非公有制企业产权与国有企业产权同等保护，也就是说，在民法上公有财产同私有财产一样被视为平等保护的民事(私)权利。

所有制意义上的公和私，与法律上的公和私，它们不是相同的概念。刑辩律师为被追诉人辩护，使其无罪或罪轻，辩冤白谤，天经地义。刑辩律师客观上不具有检察官那样积极的客观义务,伦理上也不具有法官那样全面的公正义务。

辩护人的责任就是为被追诉人的无罪或罪轻而工作。既然如此,何来众人皆私我独公?奥妙在于,被害人、公诉人和审判员都能从刑事律师的有效辩护中受益。有人困惑:律师受聘担任犯罪嫌疑人或被告人(统称被追诉人)的辩护人,为其作无罪或罪轻辩护,辩护的受益者自然是作为当事人一方的被追诉人,除此之外,公诉人或者司法官怎么会从中受益呢?

律师的有效辩护尤其是有效的无罪辩护,受益者固然是被追诉人,但对于被害人一方来说,更关乎着他的切身利益以及他所期待的正义。试着一个被害人的家属,因为法院判处了被告人死刑立即执行,犯罪给他造成的伤痛因判决而得以抚慰。可是,10 年甚至 20 年后,原本生活已归于平静,突然亡者归来或真凶再现,其内心一定是崩溃的,愈合的伤口被真相无情地再次撕裂。假如在当初的诉讼中,那个被冤判的被告人能够获得律师的有效辩护,对被害人来说,或许能够避免冤及无辜或者更早通过司法程序来惩罚真凶,他们就不会在被犯罪侵害之后再次因错误的司法而重复受害。

而作为控方的检察官、居中裁判的法官甚至与个案无直接利害关系的社会大众,都会从律师的有效辩护中受益。因为检察官有法律监督职责、客观公正义务,法官更应做到司法公正,大众有获得公正司法的基本权利,而所有这些美好的价值,都需要通过一个能够为被追诉人提供有效辩护服务的司法制度去实现。这正是宪法修正案关于国家尊重与保障人权的题中应有之义。

因此,无论是观念上还是体制中抑或是行动里,不让律师辩护,或者律师不敢辩护,不仅会害了被追诉人,而且可能坑了被害人,最终对警察、检察官和法官甚至全社会都不利。

第四单元　法律监督者的素质要求

法律监督者的素质要求既包括个人品质,也包括业务素质。个人品质即是指一个人在行为、作风方面表现的思想、认识和品性等品质,即内在的外现,具体有政治品质、心理品质、道德品质等。业务素质包括两个方面:一是知识,二是能力。所谓知识,即是指法律监督工作本身所要求的法律专业知识以及与之有关的其他学科知识;所谓能力,一是指口头和文字表达能力,二是指独立工作能力。

一、个人品质要求

(一)政治品质:忠诚、敬业

我们是中国共产党领导下,人民当家做主的社会主义国家,我们法律监督的职责就是维护法律的正确、统一实施。因此,我们必须忠诚、敬业。忠于党忠于人民,忠于法律,忠于社会主义,全心全意地为人民服务,这就是对法律监督者政治品质的基本要求。具体应做到:

(1)要有崇高的理想和无私的觉悟。无产阶级只有解放全人类,才能解放无产阶级自己,这是无产阶级先锋组织的无私胸怀。法律监督者为了维护法律的正确实施,为了国家和人民的利益,不计个人的安危得失,不顾个人的荣辱地位,这就需要崇高的共产主义觉悟和伟大、无私的奉献精神。“心底无私天地宽”。对于法律监督者来说,“无私才能刚正不阿”,法律监督者在任何情况下都要树立全心全意为人民服务,大公无私、公正廉明,做到“贫贱不移,富贵不淫,威武不屈”,不为金钱所诱惑,不为权势所吓倒,不为“关系网”所迷惑,立场坚定,旗帜鲜明。

(2)要有满腔的工作热情。雷锋同志曾说:“对待人民要像春天般的温暖,对待革命工作要像夏天般的火热。”法律监督者如果没有这样一股火热的心和高昂的工作热情,在阻力和困难面前只能是畏惧不前,无所作为。须知,法律监督工作时时处处都是伴随着阻力和困难进行的,只要我们有信心有热情,就会有办法对付阻力和困难。

(3)要有坚定的原则性。法律监督工作是一项原则性很强的工作,没有坚强的原则性,凡事都抱无所谓的态度或遇事绕道走,就不能干好法律监督工作,更谈不上忠实于法律,忠实于社会主义和人民的利益。

为了维护社会主义法制的严肃性,为了维护人民的利益,为了巩固我国人民民主专政即无产阶级专政的制度,法律监督者必须不畏权势,坚持真理,勇于斗争,维护正义,不徇私情,刚正不阿。必要的时候,不惜牺牲个人,以身殉职,表现出无产阶级和共产党人的大无畏精神。这既是法律监督者所应该具有的高尚品德和革命气质,也是宪法和法律赋予的崇高职责。

(二)心理品质:顽强、严谨

有作为的法律监督者,不仅具有高度的政治觉悟,而且还要有良好的心理素质。这种良好的心理素质,就是意志顽强与作风严谨的有机结合,是法律监督者工作中“敢”与“善”的高度统一。“敢”就是要求我们敢字当头,刚正不阿,大胆开展法律监督;"善"就是说在法律监督过程中,要注意方式方法和效果。从心理学的角度来说:"敢"是法律监督主体的一种心理状态,"善"是在该心理状态支配下所产生的行为方式。因此,敢于法律监督需要顽强的意志,善于法律监督需要严谨的工作作风和审慎的态度。

没有顽强的意志、坚定的毅力和耐性,就不可能克服困难,冲破阻力,有效的开展法律监督。前苏联医学心理学家米亚西舍夫说过:"在确定行动的目的与完成行动时,人面临的被意识的困难愈多,就愈表现出行动的意志性,对人提出的要求也愈高。"因此,这就要求法律监督者必须具备坚强的毅力和耐性,在任何情况下,都必须善于控制自己的行为和情感,不退却、不灰心,不管处境多么艰难和复杂,都要坚信:真理和法律永远是在人民这边。正义必定战胜邪恶,法律必定战胜权贵。

法律监督者的这种意志体征应当表现在付诸行动的决心上;对在工作上以扎实、紧张的节奏代替平静的节奏的决心上;以及准备在引起消极情绪的各种条件下所进行的工作上;这种意志特征应当保证能充分处理各种情况和采取切实措施所必需的各种决定。

法律监督者,其职责的重要性,决定了工作的严谨性。这种严谨的工作作风要求权力机关本着对人民负责、对法律负责的精神,深入细致地做好各项法律、法规等规范性文件的审查工作,慎重、准确地作出各种审查结论;要求司法监督人员严格把关,以事实为根据,以法律为准绳,严格审查证据、情节、定性,特别对提供被告人无罪或罪轻的证据材料,要认真听取,正反分析比较。在决定批捕、起诉等重大问题时,要谨慎而果断。

(三)道德品质:秉公、文明

特定的职业,不但要求人们必须具备特定的知识和技能,而且必须具备特定的道德品质。这就是平常人们说的职业道德。职业道德是在社会出现不同职业后才产生的。古希腊哲学家柏拉图早就把道德与职业联系起来。他在"理想国"中归纳了四种道德:即智慧、勇敢、节制和公正。他认为这些不同的道德分属于不同的阶级和职业。智慧是统治阶级的品德,勇敢是军人的品德,节制是商人和工匠的品德,公正为以上三种人各应具备的公德。尽管柏拉图的这种职业道德论是掩盖阶级对立的现实和美化统治者,但他毕竟揭示了职业与道德联系的客观规律。事实上,人们在长期的职业实践中,会逐步形成各自的职业道德观念、职业良心、职业业务感与自豪感等道德情感和道德品质。当然,不同的时代、不同的阶级，对职业道德又有着不同的标准和评价。诸如军人与教师：有人说军人的天职是保卫祖国，也有人说军人的天职是服从；有人说教师的天职是教书育人，也有人说："师者，传道授业解惑也！"

既然军人有军人的天职，教师有教师的天职，那么，社会主义国家的法律监督者的天职（职业道德）应是什么呢？我们的回答是：秉公执法、文明执法。

在法律监督者工作中，法律原则和道德原则是有机联系的。法律原则决定了法律监督者的道德原则，它要求法律监督者必须忠实于国家利益和社会利益。对保障法制负责，对公民怀有人道主义和同情态度。在执法过程中，一要秉公，二要文明。列宁对法律监督者的政治品质和道德品质要求甚高。他认为，要把政治上理论上训练有素的、道德上有威望的共产党员选拔到法律监督工作上来，这些人完全无可非难，他们不会受任何地方的影响，而且能保证建立统一的法制。因而，苏联"检察长监督条例"，检察长和检察机关的"侦查员奖惩条例"，其中包括涉及检察权力执掌者个人品质的规范，都包含有上述要求。

法律监督者在执行法律、遵守法律方面，必须要为人师表，做遵纪守法的模范，绝不能以为自己是国家法律的监督者，就可以把自己置于国家法律之外，或凌驾于国家法律之上，为所欲为，践踏法律，甚至故入人罪，破坏法律。法律监督者为了培养自己的共产主义思想、共产主义风格和自我牺牲精神，预防职业变形的个性及道德品质和心理品质，必须通过自己的实践活动并在这种实践活动中，努力培养自我批评、自我监督的精神，揭露自己的缺点和不足，经常有意识地去完善和发展自己的积极的个性品质，提高职业技能，克服职业上的变形，以确保自己心理的积极进取、充满朝气的自信力量，完成自己的职责。

良好的心理品质，在意志上表现出顽强，在作风上表现出严谨，在风范举止上则表现出沉着稳重，端庄大方，给人以一身浩然正气而又可亲可近的感觉。虽然对于法律监督者的理想形象应该怎样，很难用语言文字描述。但古代留下的"包公"形象却为人民群众所爱戴。这可能有值得现代法律监督者学习的地方！

二、业务素质要求

（一）精通法条，精通法理

只有首先是法律方面的行家，然后才能成为真正的法律监督者，这是对法律监督者的基本素质要求的最好概括。也就是说，精通法理和法律条款的不一定是法律监督者，而法律监督者就必须精通法理和法律条款。

2019 年 4 月 9 日，最高检领导干部业务讲座开讲，最高检党组书记、检察长张军讲授第一课。张军检察长要求全体检察人员要深入思考如何敏于、善于把握和解决好个案背后的深层次问题、社会问题。检察官不仅要做办好案的"工匠",还要努力成为司法检察政策把握运用的"大家"。

在西方国家,被任命或选举为检察官,必须具备一定的资格,而这些资格条件又大都明定于法律,要求比较严格。如美国各州几乎普遍要求检察官是一名律师或精通法律。一个律师只有在所在州取得执行律师业务的执照,并且参加任何一个州的律师协会,才能有被任命担任检察官的条件。在法国、德国,检察官的任命资格一般都比较高,明确规定在其任命之前若干年内曾任辩护律师或法官等职者,才得任命为检察官。

有一位西方学者对检察官的重要位置曾作过这样的评价:如果检察官要能够充分发挥他这个职位的潜力,他必须是一位犯罪学家,而不仅仅是一名检察官,他必须懂得防止犯罪活动的目的和方法,以及刑事侦查的技术。他和他办事处的工作人员在处理案件时必须知道何时可以从宽和何时必须从严,而且,他还必须充分理解采用缓刑和假释的策略和效用。

对法律监督者业务素质的高要求,不仅西方资本主义国家如此,社会主义国家也一样。例如,苏联"检察机关法"规定,苏联总检察长及下属各级检察长和所配备的处理重大案件的侦查员的任命条件是:第一,受过高等教育,具有必要的"政治品质、业务能力和道德品质";第二,被任命为各级检察长的人,其年龄不得小于25周岁;第三,必须经过考核合格。

无论何种社会制度的国家,对法律监督者的业务素质要求都是比较严格的。因为,不精通法律,就不可能有效地开展法律监督,它是开展法律监督的基础之基础。

法律条款是法律监督的依据,法律理论是指导法律监督工作的武器,只有被法律理论武装起来的法律监督者,才有可能是一位有作为的法律监督工作者,它能够拓宽监督者的思维和视野,使法律监督者把握住违法或犯罪的原因和界限,寻究深层的执法不严、违法不究之原因及其对策,最大限度地发挥法律监督者的职能潜力。

(二)谙熟司法操作规程

司法操作规程,在整个法律运行体系中占有重要的地位。不懂得这些规程就无法谈论法律监督,其中,法律文书在规程中有举足轻重的地位。

法律文书分为规范性的和非规范性的两种。所谓规范性的法律文书,是指国家机关在其职权范围内制定的要求人们普遍遵循的行为准则的文书,是法律规范的表现形式,具有法律规范的一般约束力,即我们平时所说的"法规"。所谓非规范性文书,是指国家机关在其职权范围内就个别人或个别事发布的法律文书,它只对特定的对象有效,不具有人人都必须遵守的一般规范性,它是适用法律的结果,是一种法律事实。

作为法律监督机关和具有监督职能的检察官、监察官和人大官员,由于工作需要,必须熟悉并学会使用规范性和非规范的法律文书。这对加强立法、有效地开展法律监督是必不可少的。有的地方权力机关,由于人大官员不熟悉规范性法律文书的操作要领,疏忽了立法监督和立法技术监督,导致不少地方法规对违反法规的行为缺乏相应的制裁措施,或法律规范中含义不清,从而致使部分法规难以完全、准确地执行。有的检察人员,由于不能独立、正确地使用检察工作中的法律文书,从而严重地影响了法律监督工作的正常开展。

那么,法律文书操作的基本要领有哪些呢?

(1)章法要领。由于各类法律文书制作的目的和所要解决的问题不同,其章法结构也是多种多样的。但是,无论其章法结构如何千变万化,还有其自身的规律可循:第一,格式的程式化。规范性法律文书一般分总则、分则或附则等部分。总则部分写明制定该法规的依据及原则性。分则部分对各种行为规范及对违反的制裁措施作出具体的规定。非规范性法律文书一般分首部、正文、尾部三部分。首部要求写明标题、文件号码、有关当事人的身份等基本情况;正文要求写明事实、理由及处理意见等;尾部要写明必要的附注、说明和签署等。第二,内容要素化。不管何种法律文书都要求主体内容具备要素化的特点。比如一个完备的法律规范都应包含假定、处理、制裁三个基本要素。而一般司法文书的首部、正文、尾部又有其特定的构成要素。如果我们拿到一份司法文书就能够知道这一类文书的结构,由于其构成要素的特定,所以首、尾两部一般都容易举一反三,比较复杂的是正文部分。但是正文部分一般都是关于事实的叙述和理由的阐述。事实的叙述要求具备时间、地点、人物、前因、后果、情节等,这是一种要素化;理由阐述方面要求阐明认定事实的理由和适用法律的理由,这也是一种要素化的要求。因此,只有主体内容具备要素化,才能使法律文书达到言赅意明、说服力强的效果。

(2)语言运用要领。法律文书的语言不同于一般的书面语言。它是一种特定的规范性语言,要求准确、简约、朴实。

准确:准确是法律语言最本质又最重要的特色。意大利诗人但丁把法律语言称为"法庭语言",将其看作理想语言的一种,认为它的本质特点是"准确的,经过权衡、斟酌的”。法律语言要求语义的单一性,不可模棱两可或有歧义现象的出现,这样才能付诸实施。

简约:法律语言的庄重、严谨,都需要以简约的语言来表现。简约在法律文书的诸多表达方式(主要有叙事、说理、说明)中得以充分体现,比如叙事即简明完备,约而不失一词,不多一句;说理即精要,简而不缺、疏而不漏;说明即简而得要,一清二楚,明白无疑。

朴实:语言的朴实通俗,是社会主义法律文书语言区别于任何剥削阶级司法文书语言的一个独具的特色。剥削阶级,尤其是奴隶主、地主故意搞“刑不可知,则威不可测”,用深奥的语言愚弄人民。社会主义法律文书则与之相反,非常重视朴实通俗的语言,以达到“三个容易”(容易了解事实道理,容易认字,容易上口诵读)。

(3)表达方式要领。法律文书的表达主要运用记叙、说理、说明这三种表达方式。在多数文字较多的文书中常常是这三种表达方式的综合运用,一部分有特点的文书,可能侧重一种表达方式,如勘验笔录则主要是运用说明的表达方式。公诉词、辩护词等主要是运用说理的表达方式。也还有一部分文书可以结合使用必要的描写的表达方式(如讯问笔录中对被讯问人的精神的描写)。但是,多数具有处理性的文书是几种表达方式的综合运用。无论运用哪种表达方式,各种文书都有明确的主旨。而且处理性的文书,总的都是为了表达处理意见,所以从根本上说,综合运用几种表达方式的文书,其说明和记叙也是为说理服务的,是一种说理的特定形式。

运用记叙的表达方式时,司法文书中的要求应该是:简明扼要,脉络清楚,既要具有概括性,又必要的事实情节必须具体明确。首先,事实的要素要完备,记叙的线索要写清。记叙时应注意写清被告人犯罪的时间、地点,加害人与受害人的情况及相互间的关系,被告人犯罪的目的、动机、行为过程(包括犯罪手段)、造成的后果以及有关的证据等。其次,根据案情的不同,记叙的方法可以多样:有的按事实发展的自然顺序记叙,有的突出主罪详加叙述,有的突出主犯的犯罪事实来叙述,有的适用于多次犯罪进行综合的记叙。无论采用哪种记叙方法,对涉及当事人法律责任和影响案件性质的关键性情节记叙的都要具体,对案件的因果关系必须交代清楚。

说理方式总的要求是,明辨是非,分清罪责,分析事理,有理有据。首先,要注意事理分析。对于被告的罪行所造成的危害后果如何,犯罪手段的恶劣与否,是否具有一贯的犯罪恶性,以及认罪态度的好坏等问题的分析。既是以法律为准绳,衡量罪犯罪行轻重的具体体现,同时也是一种事理的分析。其次,要有针对性。司法文书中的说理要对事实作出分析评价,它要求运用法律评价当事人行为事实的罪与非罪。至于某些论辩性很强的公诉词、答辩词等,其驳辩的针对性就自然不待言了。

关于说明的表达方式,则应遵循一般说明文的写作原则。有条不紊地对物品、现场、尸体、痕迹等予以说明,同样应有一条明晰的说明事物的线索,特别还要注意具体详细地说明与法律有关的事物,并通过这种说明来反映行为的真实性与客观性。

(三)善于驾驭法律监督中的复杂事态

在法律监督活动中,监督与被监督者本身就是一对天然矛盾,这是由法律监督的性质和任务所决定的,任何人都是无法回避的。尽管这一矛盾最终都会在法律前提下得到解决,但是如何处理并解决好在具体的法律监督活动中出现的矛盾和冲突,这不仅需要监督者有良好的个人品质及精湛的法律水平,而且还需要法律监督者的处事能力和工作经验,这就是一种驾驭法律监督的复杂势态的能力。日本特别重视检察官的工作经历,把是否担任过法官职务或在法务省工作 8 年以上作为选用一级、二级检察官的重要条件。

中国各级人大常委会的官员,绝大部分是从党政机关退位下来的德高望重的老同志,他们都有丰富的工作经验和一定的处事协调能力。一般来说,他们在驾驭法律监督中出现的各种复杂问题方面是没有问题的。司法改革后的员额检察官,一般也都是经过书记员、助理检察员等职称升迁途径后再择优录用的。监察官的队伍,也是从纪委监察队伍和检察转隶人员中产生,都有一定的工作经历和业务历练。

但是,经验、经历毕竟不等于能力。能力是一个人的知识、技能、智慧、品德等各方面的综合表现,具备了这种综合表现力就能够善于驾驭法律监督中出现的各种复杂势态。因而,驾驭法律监督中复杂势态的能力,需要在实际工作中多方面逐步培养和训练,既注重理论知识的学习,又要重视实际工作的锻炼。这在法律监督效率规律章节中的能力效率中已经有所涉及,不再阐述。

分 论

一旦法律丧失了力量，一切就都告绝望了；只要法律不再有力量，一切合法的东西也不会再有力量。

——卢 梭

本论精粹

专家寄语：

从宪法和法律的有关规定看，检察法律监督是指运用国家权力，依照法定程序，检查、督促和纠正法律实施过程中严重违法的情况，以维护国家法制的统一、正确实施的一项专门工作。正确履行检察监督权，维护民主法制统一、尊严和权威，广大检察人责无旁贷！

——王盛（全国模范检察官、浙江省台州市人民检察院副检察长）

圈点内容

检察监督的内容，主要是指司法机关及其人员在司法活动中的合法性。这里的合法性包括行为内容和行为程序两个方面。广义上讲监督范围应该包括：对国家机关制定的规范性法律文件的合法性的监督、对行政执法和司法活动的合法性的监督，每一个方面都包括内容和形式是否合法。

最高人民检察院检察长张军在2019年检察工作报告中说："检察监督不是零和博弈，监督与被监督目标一致，都是践行以人民为中心，努力让人民群众在每一个司法案件中感受到公平正义。"

2019年4月17日，张军检察长在中央政法领导干部专题研讨班上表示：刑事检察要做优，民事检察要做强，行政检察要做实，公益诉讼检察要做好。

第四章　刑事法律监督

导读4

刑事法律监督，既包括《刑法》实施的监督，又包括《刑事诉讼法》实施的监督。其根本任务是在准确、及时查明案件事实的基础上，通过履行法律赋予检察机关的各项职能，保护人民，打击敌人，惩罚犯罪，保障刑事诉讼活动的正确进行，保护公民的合法权利，教育公民遵守法律，维护社会主义法制，保卫社会主义现代化建设。刑事法律监督主要是通过对司法机关的侦查监督、审判监督、刑事执行情况监督及对司法人员的职务犯罪监督等四方面进行。

高层声音

在检察机关，以批捕、起诉、刑事诉讼监督、刑事执行监督为主要内容的刑事检察一直是传统的法定职责。新时代，这项工作要努力做得更优。要充分发挥好捕诉一体的优势。批准逮捕、提起公诉这两个职能关联性很强，过去分开行使，影响办案质量和效率，现在调整为捕诉一体，充分体现了"监督中办案、办案中监督"。办案质量提升了，监督的质量、效果自然就体现了出来，最终使执法司法的能力、水平整体得到提升。

要全面落实认罪认罚从宽制度。实践中，检察机关建议适用该程序审理的占98.3%，量刑建议采纳率96%。因此，一些全国人大代表在审议最高检工作报告时说："检察机关要在办理认罪认罚从宽案件中充分发挥主导作用。"这个"主导"，是真真切切的责任。"凌源监狱罪犯脱逃，监狱干警有失职渎职，派驻检察工作也有失职。"派驻监狱检察人员相对固定，导致监督敏感性不强，甚至被"同化"、监督形同虚设。2018年5月起，最高检部署在12个省份开展试点，改"派驻"为"派驻+巡回"。这项制度2018年10月被纳入新修订的《人民检察院组织法》，2019年上半年将在全国全面推开，既发挥"巡"的优势，又发挥"驻"的便利。

监委与检察机关在惩治职务犯罪中既要重视配合,也要落实制约。配合内含政治要求,各级检察机关容易做到。同时,制约不仅是工作层面的问题,也是法定责任,同样必须做实,该退查就退查,该不起诉就依法不起诉,否则就是失职。

——张军在中央政法领导干部专题研讨班上的讲话

案例聚焦

法不可向不法者让步　昆山反杀成防卫名案

当事人:于某某,男,1977年3月18日出生,某酒店业务经理。

2018年8月27日21时30分许,于某某骑自行车在江苏省昆山市震川路正常行驶,刘某醉酒驾驶小轿车(经检测,血液酒精含量87mg/100ml),向右强行闯入非机动车道,与于某某险些碰擦。刘某的一名同车人员下车与于某某争执,经同行人员劝解返回时,刘某突然下车,上前推搡、踢打于某某。虽经劝解,刘某仍持续追打,并从轿车内取出一把砍刀(系管制刀具),连续用刀面击打于某某颈部、腰部、腿部。刘某在击打过程中将砍刀甩脱,于某某抢到砍刀,刘某上前争夺,在争夺中于某某捅刺刘某的腹部、臀部,砍击其右胸、左肩、左肘。刘某受伤后跑向轿车,于某某继续追砍2刀均未砍中,其中1刀砍中轿车。刘某跑离轿车,于某某返回轿车,将车内刘某的手机取出放入自己口袋。民警到达现场后,于某某将手机和砍刀交给处警民警(于某某称,拿走刘某的手机是为了防止对方打电话召集人员报复)。刘某逃离后,倒在附近绿化带内,后经送医抢救无效,因腹部大静脉等破裂致失血性休克于当日死亡。于某某经人身检查,见左颈部条形挫伤1处、左胸季肋部条形挫伤1处。

8月27日当晚公安机关以"于某某故意伤害案"立案侦查,8月31日公安机关查明了本案的全部事实。9月1日,江苏省昆山市公安局根据侦查查明的事实,依据《中华人民共和国刑法》第20条第3款的规定,认定于某某的行为属于正当防卫,不负刑事责任,决定依法撤销于某某故意伤害案。其间,公安机关依据相关规定,听取了检察机关的意见,昆山市人民检察院同意公安机关的撤销案件决定。

江志东：王检察官，这是当前社会关注度比较高的防卫案件，我们讨论的检察机关法律监督问题可否从具体案例入手，你对这个案例怎么认识？

王建华：可以的。你是律师，对案件发表意见是长项，能有很强的说服力。你先说说吧！

江志东：好的，那我就不客气了，先发表一下自己的一些看法。

就这个案件来说，检察机关的意见与公安机关的处理意见一致，我认为该案正当防卫成立。具体理由主要有以下几个方面：一是关于刘某的行为是否属于“行凶”的问题。刘某仅使用刀面击打于某某，犯罪故意的具体内容不确定，不宜认定为行凶。检察论证后认为，对行凶的认定，应当遵循《刑法》第 20 条第 3 款的规定，以“严重危及人身安全的暴力犯罪”作为把握的标准。刘某开始阶段的推搡、踢打行为不属于“行凶”，但从持砍刀击打后，行为性质已经升级为暴力犯罪。刘某攻击行为凶狠，所持凶器可轻易致人死伤，随着事态发展，接下来会造成什么样的损害后果难以预料，于某某的人身安全处于现实的、急迫的和严重的危险之下。刘某具体抱持杀人的故意还是伤害的故意不确定，正是许多行凶行为的特征，而不是认定的障碍。因此，刘某的行为符合“行凶”的认定标准，应当认定为“行凶”。二是关于刘某的侵害行为是否属于“正在进行”的问题。在论证过程中有意见提出，于某某抢到砍刀后，刘某的侵害行为已经结束，不属于正在进行。论证后认为，判断侵害行为是否已经结束，应看侵害人是否已经实质性脱离现场以及是否还有继续攻击或再次发动攻击的可能。于某某抢到砍刀后，刘某立刻上前争夺，侵害行为没有停止，刘某受伤后又立刻跑向之前藏匿砍刀的汽车，于某某此时作不间断的追击也符合防卫的需要。于某某追砍两刀均未砍中，刘某从汽车旁边跑开后，于某某也未再追击。因此，在于某某抢得砍刀顺势反击时，刘某既未放弃攻击行为也未实质性脱离现场，不能认为侵害行为已经停止。三是关于于某某的行为是否属于正当防卫的问题。在论证过程中有意见提出，于某某本人所受损伤较小，但防卫行为却造成了刘某死亡的后果，二者对比不相适应，于某某的行为属于防卫过当。论证后认为，不法侵害行为既包括实害行为也包括危险行为，对于危险行为同样可以实施正当防卫。认为“于某某与刘某的伤情对比不相适应”的意见，只注意到了实害行为而忽视了危险行为，这种意见实际上是要求防卫人应等到暴力犯罪造成一定的伤害后果才能实施防卫，这不符合及时制止犯罪、让犯罪不能得逞的防卫需要，也不适当地缩小了正当防卫的依法成立范围，是不正确的。本案中，在刘某的行为因具有危险性而属于“行凶”的前提下，于某某采取防卫行为致其死亡，依法不属于防卫过当，不负刑事责任，于某某本人是否受伤或伤情轻重,对正当防卫的认定没有影响。公安机关认定于某某的行为系正当防卫,决定依法撤销案件的意见,完全正确。

王建华:江律师分析得入情入理,与检察机关的论证也比较一致。

下面我也从法律依据上发表一些看法。《刑法》第20条第3款规定:"对正在进行行凶、杀人、抢劫、强奸、绑架以及其他严重危及人身安全的暴力犯罪,采取防卫行为,造成不法侵害人伤亡的,不属于防卫过当,不负刑事责任。"司法实践通常称这种正当防卫为"特殊防卫"。

江志东:《刑法》作出特殊防卫的规定,目的在于进一步体现"法不能向不法让步"的秩序理念,同时肯定防卫人以对等或超过的强度予以反击,即使造成不法侵害人伤亡,也不必顾虑可能成立防卫过当因而构成犯罪的问题。司法实践中,如果面对不法侵害人"行凶"性质的侵害行为,仍对防卫人限制过苛,不仅有违立法本意,也难以取得制止犯罪,保护公民人身权利不受侵害的效果。

王建华:是的。适用本款规定,"行凶"是认定的难点,对此应当把握以下两点:一是必须是暴力犯罪,对于非暴力犯罪或一般暴力行为,不能认定为行凶;二是必须严重危及人身安全,即对人的生命、健康构成严重危险。在具体案件中,有些暴力行为的主观故意尚未通过客观行为明确表现出来,或者行为人本身就是持概括故意予以实施,这类行为的故意内容虽不确定,但已表现出多种故意的可能,其中只要有现实可能造成他人重伤或死亡的,均应当认定为"行凶"。

江志东:正当防卫以不法侵害正在进行为前提。所谓正在进行,是指不法侵害已经开始但尚未结束。不法侵害行为多种多样、性质各异,判断是否正在进行,应就具体行为和现场情境作具体分析。判断标准不能机械地对刑法上的着手与既遂作出理解、判断,因为着手与既遂侧重的是侵害人可罚性的行为阶段问题,而侵害行为正在进行,侧重的是防卫人的利益保护问题。所以,不能要求不法侵害行为已经加诸被害人身上,只要不法侵害的现实危险已经迫在眼前,或者已达既遂状态但侵害行为没有实施终了的,就应当认定为正在进行。

王建华:是的,需要强调的是,特殊防卫不存在防卫过当的问题,因此不能作宽泛的认定。对于因民间矛盾引发、不法与合法对立不明显以及夹杂泄愤报复成分的案件,在认定特殊防卫时应当十分慎重。

一、侦查监督

人民检察院对公安机关的侦查监督,是指对公安人员在刑事案件的侦查过程中是否遵守法律规定实行监督。《刑事诉讼法》第100条规定:"人民检察院在审查批捕工作中，如果发现公安机关的侦查活动有违法情况，应当通知公安机关予以纠正，公安机关应当纠正情况通知人民检察院。”第113条规定：“人民检察院认为公安机关对应当立案侦查的案件而不立案侦查的，或者被害人认为公安机关对应当立案侦查的案件而不立案侦查，向人民检察院提出的，人民检察院应当要求公安机关说明不立案的理由。人民检察院认为公安机关不立案理由不能成立的，应当通知公安机关立案，公安机关接到通知后应当立案。”

(一)侦查监督意义

在当今新媒体迅猛发展的时代背景下，面对犯罪的新型化、智能化、组织化等发展特点，面对人民群众对国家安全和社会安定的新期待，面对广大百姓对公平正义的新要求，侦查监督作为检察机关法律监督工作的重要组成部分，在维护国家安全、社会安定和司法公正方面具有重要意义和作用。侦查监督通过发挥审查逮捕、立案监督、侦查活动监督等职能，实现有效打击犯罪、切实保障人权、防范冤假错案、促进司法公正，维护国家安全和社会稳定。

侦查监督处在检察机关刑事诉讼的第一道关口，肩负着惩治犯罪和保障人权的重任。在惩治犯罪方面，侦查监督一方面能够通过发挥审查逮捕职能，通过批捕犯罪嫌疑人，直接维护人民群众生命财产安全、维护社会治安秩序稳定、维护国家安全。审查逮捕中，通过对逮捕条件及社会危险性的判断，通过对犯罪案件逮捕标准的研判，在宽严相济刑事政策指导下，科学适用逮捕措施；对危害国家安全、危害人民群众切实利益和安全感的严重刑事犯罪，通过快速反应、迅速批捕犯罪嫌疑人的高压态势，实现对社会安定的维护。特别是近期，对于人民群众反映强烈、关注度高和百姓关系密切的案件，如电信网络诈骗、危害食品药品安全、非法集资、暴力伤医以及证券期货犯罪等案件，检察机关及时批捕犯罪嫌疑人、提前介入引导侦查取证，可以有效遏制犯罪蔓延，有力打击犯罪分子的嚣张气焰，挽回人民群众的经济损失。而对轻微刑事案件，对可能危及经济稳定和社会活力的案件，如非公企业负责人涉刑事案件，检察机关通过慎重采取逮捕措施和慎重公开诉讼信息等方式，保护非公企业的稳定运行和社会声誉，在当前我国经济下行的情况下，为国家经济稳定、健康发展发挥了重要作用，也为老百姓的就业稳定、生活安定提供了司法保障。同时，侦查监督还通过发挥立案监督职能，对有案不移、有案不立的案件和违法插手经济纠纷的案件进行监督。特别是近年来人民群众对危害食品药品安全和破坏环境资源犯罪案件深恶痛绝，这些案件由于因果关系证明困难、取证难度大等特点，有案不立的情况时有发生，侦查监督部门通过专项行动的形式采取重点监督、挂牌监督,促进了这些案件的及时立案查办,让这些犯罪无处遁形,使老百姓对身边食品安全和环境改善有了更真切的感受。

(二)侦查监督作用

一是充分发挥连接侦查与公诉的监督引导衔接作用,提升办案质量。办案质量如何,最终要在法庭经受检验。依法治国要求坚持证据裁判原则、排除非法证据原则和疑罪从无原则,以审判为中心的诉讼制度改革的核心是证据问题,证据是案件的基础。为了准确有效惩治犯罪,确保证据经得起法庭检验,确保案件最终经得起法律考验,侦查监督在侦查初期的把关、监督、引导作用就尤为重要。侦查监督一边直接与侦查对接,首先接触侦查机关移送的证据,有对证据合法性、证明力审查的职责,也有对非法证据排除的义务。另一边与公诉相连,并与公诉共同担负着打击犯罪与诉讼监督的职能,侦查监督案件的办理情况直接影响着公诉案件的质量。经过侦查监督的首道筛选,将不合格证据予以排除,可以避免打击偏差,防止出现冤错案件;再通过引导侦查依法及时收集证据,真正实现准确惩治犯罪。检察机关在打击犯罪方面通过介入侦查、引导取证等方式与侦查机关配合,从逮捕标准的法律视角引导侦查、纠正偏误,往往能取得更好的效果。通过引导侦查取证,使证据达到逮捕标准、起诉标准,甚至通过引导侦查发现真凶的案件在实践中并不鲜见。因此,需要检察机关充分发挥监督引导职能,从源头上防止问题证据、瑕疵案件"带病"进入审判,提升办案质量,这是对打击犯罪最有效的保障。

二是防范纠正冤假错案,有力维护社会安定与司法公正。有效惩治犯罪、公平公正判决是群众对平安稳定的社会环境的期盼,是我国法治建设的基本要求,冤假错案对国家法治建设的打击和司法公信力的破坏是巨大的。侦查监督处在刑事诉讼的前沿,可以通过严把逮捕质量关、强化侦查活动监督等法律监督职能的发挥,在诉讼程序入口处及时纠错,守住关口,防止错误传导、错上加错。此外,侦查监督还以程序公正这种看得见的形式来彰显司法公正。侦查权行使具有相对封闭性,容易引起对其公正性的疑虑,但侦查监督的有效运行,可以使人们基于对监督程序的信赖,达到信任侦查权公正运行的效果。

(三)侦查监督方式

坚守法治理念、运用法治思维应当成为未来侦查监督发展的基本遵循。检察机关作为国家的法律监督机关,更应成为坚守法治、尊崇法治的推动者。推动侦查监督工作要在坚持人权保障理念和程序公正理念下进行。对于刑事司法程序中的犯罪嫌疑人而言,只有其基本权利受到尊重,才会对司法给予尊重,对法治产生信仰,才会相信所有公民的权利能够得到有效保障。这是现代法治社会和谐稳定、人民幸福感获得感的来源。这要求侦查监督部门在审查逮捕时要充分听取、重视犯罪嫌疑人辩解和辩护人的辩护意见,保障犯罪嫌疑人及证人等诉讼参与人应有的诉讼权利。程序公正是实现司法公正的重要途径,是防止冤假错案的重要屏障。侦查监督应当在程序公正原则下精细化、规范化,构建"兼听则明"、具有司法性质的逮捕审查机制;构建严格规范的非法证据调查、核实、排除程序;建立与行政执法信息的合理衔接机制,规范犯罪线索移转程序等。

侦查监督在维护国家安全和社会安定中有着不可替代的作用和无可比拟的优势。检察机关应当充分完善、积极发挥侦查监督职能,使其在我国法治国家建设中发挥应有的作用,实现打击犯罪与保障人权的统一。

(四)侦查监督内容

刑事案件的侦查具体包括公安机关的立案、搜查、羁押、讯问被告人、询问证人、现场勘验、检查、扣押物证书证、鉴定、收集证据以及执行各种强制措施等活动。侦查监督包括立案监督和侦查活动监督。

立案监督的主要内容是公安机关有无应立不立的案件及不该立而立的案件。

侦查活动监督的主要内容是:

(1)有无刑讯逼供、指供、诱供行为;

(2)有无涂改、伪造、隐匿证据材料的行为;

(3)有无徇私舞弊,放纵包庇罪犯或有意制造冤假错案的行为;

(4)有无违反赃款、赃物保管处理规定的行为;

(5)执行强制措施是否合法,是否执行检察机关的批捕决定,有无非法关押的行为。

侦查监督的重点是错案、漏案,刑讯逼供、非法拘禁等严重违法活动以及徇私枉法造成严重后果的案件。

在侦查监督中,发现公安人员的违法行为的来源主要有以下几个方面:一是从审阅案件材料中发现问题,对拘留、搜查、现场勘查、口供证言、批捕等项内容进行认真审查,保证严格依法办案。二是从讯问犯罪嫌疑人或被告人、询问证人或被害人中发现问题,案卷中反映出来的问题,在这里则可能发现。三是从群众的来信来访中发现问题,一方面是群众对公安人员的违法行为强烈不满而检举、控告;另一方面是被告人的家属反映的情况。四是通过参与重大案件的现场勘查和预审工作,发现违法情况,及时予以纠正。

对侦查中的违法行为,检察机关可根据不同情况,采取不同的方式予以解决。既可以要求有关部门对纠正情况予以答复,又可以建议有关部门对直接责任人员予以纪律处分。对徇私枉法,包庇犯罪,有意制造错案、漏案、冤枉无辜,放纵罪犯的,应依法追究其刑事责任。

案例聚焦

利用平台融资金　构成犯罪终后悔

【基本案情】被告人周某,男,1982 年 2 月出生,原系浙江省衢州市中宝投资有限公司(以下简称中宝投资公司)法定代表人。

2011 年 2 月,被告人周某注册成立中宝投资公司,担任法定代表人。公司上线运营"中宝投资"网络平台,借款人(发标人)在网络平台注册、缴纳会费后,可发布各种招标信息,吸引投资人投资。投资人在网络平台注册成为会员后可参与投标,通过银行汇款、支付宝、财付通等方式将投资款汇至周某公布在网站上的 8 个其个人账户或第三方支付平台账户。借款人可直接从周某处取得所融资金。项目完成后,借款人返还资金,周某将收益给予投标人。

运行前期,周某通过网络平台为 13 个借款人提供总金额约 170 万余元的融资服务,因部分借款人未能还清借款造成公司亏损。此后,周某除用本人真实身份信息在公司网络平台注册 2 个会员外,自 2011 年 5 月至 2013 年 12 月陆续虚构 34 个借款人,并利用上述虚假身份自行发布大量虚假抵押标、宝石标等,以支付投资人约 20% 的年化收益率及额外奖励等为诱饵,向社会不特定公众募集资金。所募资金未进入公司账户,全部由周某个人掌控和支配。除部分用于归还投资人到期的本金及收益外,其余主要用于购买房产、高档车辆、首饰等。这些资产绝大部分登记在周某名下或供周某个人使用。2011 年 5 月至案发,周某通过中宝投资网络平台累计向全国 1586 名不特定对象非法集资共计 10.3 亿余元,除支付本金及收益回报 6.91 亿余元外,尚有 3.56 亿余元无法归还。案发后,公安机关从周某控制的银行账户内扣押现金 1.80 亿余元。

【指导要旨】网络借贷信息中介机构或其控制人,利用网络借贷平台发布虚假信息,非法建立资金池募集资金,所得资金大部分未用于生产经营活动,主要用于借新还旧和个人挥霍，无法归还所募资金数额巨大，应认定为具有非法占有目的，以集资诈骗罪追究刑事责任。

【指控与证明犯罪】2014 年 7 月 15 日，浙江省衢州市公安局以周某涉嫌集资诈骗罪移送衢州市人民检察院审查起诉。

审查起诉阶段，衢州市人民检察院审查了全案卷宗，讯问了犯罪嫌疑人。针对该案犯罪行为涉及面广，众多集资参与人财产遭受损失的情况，检察机关充分听取了辩护人和部分集资参与人的意见，进一步核实了非法集资金额，对扣押的房产等作出司法鉴定或价格评估。针对辩护人提出的非法证据排除申请，检察机关审查后发现，涉案证据存在以下瑕疵：公安机关向部分证人取证时存在取证地点不符合《刑事诉讼法》规定以及个别辨认笔录缺乏见证人等情况。为此，检察机关要求公安机关予以补正或作出合理解释。公安机关作出情况说明：证人从外地赶来，经证人本人同意，取证在宾馆进行。关于此项情况说明，检察机关审查后予以采信。对于缺乏见证人的个别辨认笔录，检察机关审查后予以排除。

2015 年 1 月 19 日，浙江省衢州市人民检察院以周某犯集资诈骗罪向浙江省衢州市中级人民法院提起公诉。6 月 25 日，衢州市中级人民法院公开开庭审理本案。

法庭调查阶段，公诉人宣读起诉书指控被告人周某以高息为诱饵，虚构借款人和借款用途，利用网络 P2P 形式，面向社会公众吸收资金，主要用于个人肆意挥霍，其行为构成集资诈骗罪。对于指控的犯罪事实，公诉人出示了 4 组证据予以证明：一是被告人周某的立案情况及基本信息；二是中宝投资公司的发标、招投标情况及相关证人证言；三是集资情况的证据，包括银行交易清单，司法会计鉴定意见书等；四是集资款的去向，包括购买车辆、房产等物证及相关证人证言。

法庭辩论阶段，公诉人发表公诉意见：被告人周某注册网络借贷信息平台，早期从事少量融资信息服务。在公司亏损、经营难以为继的情况下，虚构借款人和借款标的，以欺诈方式向不特定投资人吸收资金，自建资金池。在公安机关立案查处时，虽暂可通过“拆东墙补西墙”的方式偿还部分旧债维持周转，但根据其所募资金主要用于还本付息和个人肆意挥霍，未投入生产经营，不可能产生利润回报的事实，可以判断其后续资金缺口势必不断扩大，无法归还所募全部资金，故可以认定其具有非法占有的目的，应以集资诈骗罪对其定罪处罚。

辩护人提出:一是周某行为系单位行为;二是周某一直在偿还集资款,主观上不具有非法占有集资款的故意;三是周某利用互联网从事P2P借贷融资,不构成集资诈骗罪,构成非法吸收公众存款罪。

公诉人针对辩护意见进行答辩:第一,中宝投资公司是由被告人周某控制的一人公司,不具有经营实体,不具备单位意志,集资款未纳入公司财务进行核算,而是由周某一人掌控和支配,因此周某的行为不构成单位犯罪。第二,周某本人主观上认识到资金不足,少量投资赚取的收益不足以支付许诺的高额回报,没有将集资款用于生产经营活动,而是主要用于个人肆意挥霍,其主观上对集资款具有非法占有的目的。第三,P2P网络借贷,是指个人利用中介机构的网络平台,将自己的资金出借给资金短缺者的商业模式。根据中国银行业监管委员会、工业和信息化部、公安部、国家互联网信息办公室制定的《网络借贷信息中介机构业务活动管理暂行办法》等监管规定,P2P作为新兴金融业态,必须明确其信息中介性质,平台本身不得提供担保,不得归集资金搞资金池,不得非法吸收公众资金。周某吸收资金建资金池,不属于合法的P2P网络借贷。非法吸收公众存款罪与集资诈骗罪的区别,关键在于行为人对吸收的资金是否具有非法占有的目的。利用网络平台发布虚假高利借款标募集资金,采取借新还旧的手段,短期内募集大量资金,不用于生产经营活动,或者用于生产经营活动与筹集资金规模明显不成比例,致使集资款不能返还的,是典型的利用网络中介平台实施集资诈骗行为。本案中,周某采用编造虚假借款人、虚假投标项目等欺骗手段集资,所融资金未投入生产经营,大量集资款被其个人肆意挥霍,具有明显的非法占有目的,其行为构成集资诈骗罪。

法庭经审理,认为公诉人出示的证据能够相互印证,予以确认。对周某及其辩护人提出的不构成集资诈骗罪及本案属于单位犯罪的辩解、辩护意见,不予采纳。综合考虑犯罪事实和量刑情节,2015年8月14日,浙江省衢州市中级人民法院作出一审判决,以集资诈骗罪判处被告人周某有期徒刑15年,并处罚金人民币50万元。继续追缴违法所得,返还各集资参与人。

一审宣判后,浙江省衢州市人民检察院认为,被告人周某非法集资10.3亿余元,属于刑法规定的集资诈骗数额特别巨大并且给人民利益造成特别重大损失的情形,依法应处无期徒刑或者死刑,并处没收财产,一审判决量刑过轻。2015年8月24日,向浙江省高级人民法院提出抗诉。被告人周某不服一审判决,提出上诉。其上诉理由是量刑畸重,应判处缓刑。

本案二审期间,2015 年 8 月 29 日,第十二届全国人大常委会第十六次会议审议通过了《刑法修正案(九)》,删去《刑法》第 199 条关于犯集资诈骗罪"数额特别巨大并且给国家和人民利益造成特别重大损失的,处无期徒刑或者死刑,并处没收财产"的规定。《刑法修正案(九)》于 2015 年 11 月 1 日起施行。

浙江省高级人民法院经审理后认为,《刑法修正案(九)》取消了集资诈骗罪死刑的规定,根据从旧兼从轻原则,一审法院判处周某有期徒刑 15 年符合修订后的法律规定。上诉人周某具有集资诈骗的主观故意及客观行为,原审定性准确。2016 年 4 月 29 日,二审法院作出裁定,维持原判。终审判决作出后,周某及其父亲不服判决提出申诉,浙江省高级人民法院受理申诉并经审查后,认为原判事实清楚,证据确实充分,定性准确,量刑适当,于 2017 年 12 月 22 日驳回申诉,维持原裁判。

【指导意义】是否具有非法占有目的,是正确区分非法吸收公众存款罪和集资诈骗罪的关键。对非法占有目的的认定,应当围绕融资项目真实性、资金去向、归还能力等事实、证据进行综合判断。行为人将所吸收资金大部分未用于生产经营活动,或名义上投入生产经营,但又通过各种方式抽逃转移资金,或供其个人肆意挥霍,归还本息主要通过借新还旧来实现,造成数额巨大的募集资金无法归还的,可以认定具有非法占有的目的。

集资诈骗罪是近年来检察机关重点打击的金融犯罪之一。对该类犯罪,检察机关应着重从以下几个方面开展工作:一是强化证据审查。非法集资类案件由于参与人数多、涉及面广,受主客观因素影响,取证工作易出现瑕疵和问题。检察机关对重大复杂案件要及时介入侦查、引导取证。在审查案件中要强化对证据的审查,需要退回补充侦查或者自行补充侦查的,要及时退查或补查,建立起完整、牢固的证据锁链,夯实认定案件事实的证据基础。二是在法庭审理中要突出指控和证明犯罪的重点。要紧紧围绕集资诈骗罪构成要件,特别是行为人主观上具有非法占有目的、客观上以欺骗手段非法集资的事实梳理组合证据,运用完整的证据体系对认定犯罪的关键事实予以清晰证明。三是要将办理案件与追赃挽损相结合。检察机关办理相关案件,要积极配合公安机关、人民法院依法开展追赃挽损、资产处置等工作,最大限度地减少人民群众的实际损失。四是要结合办案开展以案释法,增强社会公众的法治观念和风险防范意识,有效预防相关犯罪的发生。(根据最高检例第 40 号整理)

【相关规定】1.《中华人民共和国刑法》第192条;2.《最高人民法院关于审理非法集资刑事案件具体应用法律若干问题的解释》第4条;3.《最高人民检察院、公安部关于公安机关管辖的刑事案件立案追诉标准的规定(二)》第49条。

二、审判监督

如果重刑(刑事)轻民(民事)是当今中国社会的民众普遍意识的话,那么,重法律制裁,轻诉讼监督,则是当前司法机关的习惯性思维,它将成为法律监督工作中遭遇困局的重要原因之一。因而,长期以来,各级检察机关往往以打击犯罪为主要工作目标,过于注重追求惩治犯罪的效果,而往往忽略诉讼监督。

(一)如何认识审判监督

为了促进检察机关对自身权力进行合理认知和重新配置,以进一步发挥检察机关强化法律监督、维护公平正义的作用,更好地维护社会的稳定发展和保障公民的合法权益,有必要搞清审判监督权及与检察权和诉讼监督权的逻辑联系。

检察权,是检察机关行使的特别监督权力,它由国家权力机关产生,并受它监督,对其负责。检察机关同审判机关、行政机关平行设置,互相独立,互不隶属,从而保证了检察机关真正独立行使检察权。

我国的检察权应该比较接近于法律监督权的权能。检察权是一种具有独立存在价值的法律监督权,而非行政权或司法权。检察权是检察机关根据《宪法》和《刑事诉讼法》等基本法律的规定,在行使刑事、民事及行政检察职能时,所拥有的基本权能,其实质上是一种依托在宪法之下的法律监督权。正所谓"检察权"即法律监督权,是检察机关在国家政治体制和司法体制中所承担的特定职能和责任。检察权贯穿于检察工作的始终,检察机关的各项权力如侦查权、公诉权、诉讼监督权等,均是检察权的具体内容,也是检察权在检察实务各个具体领域的诠释。

诉讼监督权是检察权的一部分,也是检察权在诉讼实体领域和诉讼程序领域所具体展示的形态。诉讼监督权不是和检察权并行的两种权力,而是置于检察权之下的,由检察权这一基本权力派生出来的具体权力属性。之所以这么定义,是因为"法律监督是检察机关的重要职能,而诉讼监督是检察机关的主要监督方式,所以诉讼监督是法律监督的主要方式"。由此看来,诉讼监督和法律监督既是目的与手段的关系,也是大权力与小权力的从属关系。没有检察权这一法律监督权的大前提,诉讼监督权就无从谈起。

审判监督权是诉讼监督权在司法审判活动中的具体权属，从检察实务的角度来讲，审判监督权主要指刑事审判监督权和民事行政审判监督权两类。总体来说，检察权为基本，诉讼监督权为主要方面，审判监督权为具体应用。三者不可分割，也不可混淆其次序。

（二）审判监督的先天不足

宪法和法律规定了检察机关独立行使法律监督权，意味着检察机关是法律监督机关，其不同于行政机关和司法机关。当前，针对我国检察权的立法主要有《宪法》和《刑事诉讼法》，以及《人民检察院组织法》等，虽然时代在进步，立法也在逐渐完善，但是就当前我国的法律体系来看。检察权的立法缺陷仍比较严重，刑事案件审判监督权，长期以来存在立法过于笼统和概括，具体实施细则不明，法律设置不到位等问题。

首先，立法没有保证检察机关审判监督权的终局权威性。由于法律规定的先天不足，使得检察机关只拥有审判监督程序的启动权，至于该程序启动之后的结果如何，则不在检察机关的控制范围之内。这就导致了审判监督权是有限和不稳定的，极易被其他方面的因素所干扰和破坏。其次，我国现行刑法体系中，对于审判监督权的立法，立法缺陷问题的另一个表现就在于立法过于原则性和笼统性，缺乏具体实施审判监督权的程序细则和技术保障，审判监督权可操作性不强。落后的立法与先进的检察业务实践之间的矛盾无法避免，检察机关的审判监督权最终仍不免流于形式，无法取得应有的监督效果。总的来说，我国《刑事诉讼法》没有保障审判监督权的终局权威性和可操作性，导致了我国当前检察机关审判监督权存在很大的局限性，既在实际工作中难以操作，又难以保证达到预期效果，最终导致了审判监督权手段单一，效果有限。

（三）审判监督的内容

审判监督包括两个方面的内容：

一是对审判活动是否合法的监督；二是对审判机关所作出的判决、裁定是否正确的监督，前者是程序法内容的监督，后者是实体法内容的监督。

对审判活动实行监督具体包括以下内容：

(1) 合议庭的组成人员是否合法；

(2) 审理案件是否依照法律规定的程序进行；

(3) 当事人和其他诉讼参与人的诉讼权利是否依法得到保障；

(4)审理案件过程中就程序问题所作的决定是否合法;

(5)有无徇私枉法、放纵犯罪或挟嫌报复的行为和其他违反刑事诉讼法的行为。

对审判机关的错误判决和裁定的监督,主要包括:(1)在认定事实上有错误的判决和裁定;(2)在适用法律上有错误的判决和裁定;(3)由于违反诉讼程序后影响正确判决和裁定的。

检察机关一般是通过以下途径实行审判监督的:一是提起公诉,出庭支持公诉时,发现有违法行为的,可提出纠正意见;二是审查刑事案件的判决和裁定确有错误的,应依法提出抗诉;三是列席人民法院审判委员会会议,对讨论的案件,如发现问题或发现严重违法现象时,提出暂缓执行的意见;四是接待群众的控告、申诉,了解和发现审判活动中的违法行为,依法进行处理。

在审判监督中,抗诉包括二审抗诉和再审抗诉。二审抗诉是人民检察院在法定期限内,对同一级人民法院作出的确有错误的一审判决和裁定提出重新审理的诉讼要求。检察机关的二审抗诉,既包括对检察机关公诉的案件所作的错误判决、裁定,也包括对人民法院直接受理的自诉案件所作的错误判决和裁定。

再审抗诉又称审判监督程序的抗诉,是指人民检察院对于已经发生法律效力的判决和裁定,认为确有错误的时候,依法提出的抗诉。《刑事诉讼法》第 254 条第 3 款规定:“最高人民检察院对各级人民法院已经发生法律效力的判决和裁定,上级人民检察院对下级人民法院已经发生法律效力的判决和裁定,如果发现确有错误,有权按照审判监督程序向同级人民法院提出抗诉。”所谓已经发生法律效力的判决和裁定,是指已经超过法定期限没有上诉或者抗诉的地方第一审法院所作的判决和裁定;终审的判决和裁定,即第二审人民法院作出的判决和裁定;最高人民法院作出的判决和裁定;按照死刑复核程序,由最高人民法院核准的死刑案件。为了维护法律的严肃性,一方面要求保持判决和裁定的相对稳定性,非经特殊程序,任何个人和单位都不得随意改动;另一方面坚持有错必纠的原则,法律上对此规定了严格的审判监督的抗诉程序。对已发生法律效力的判决和裁定按审判监督程序予以纠正,其目的和二审抗诉一样,都是为了维护正确的判决和裁定,纠正错误的判决和裁定。

再审抗诉与二审抗诉,虽然在案件正确或错误的实质问题上没有区别,但在诉讼程序的要求上是不相同的。第一,所抗诉的判决和裁定的法律效力和抗诉的期限不同。二审抗诉是对于未发生法律效力的判决和裁定提出的,故其抗诉期限为判决和裁定生效之前,抗诉期限等同于上诉期限,判决为 10 日(或 3 日),裁定为5日。抗诉后,不能将判决和裁定交付执行,再审抗诉是对已经发生法律效力的判决和裁定,没有期限的限制。而且抗诉后在法院没有改变原裁判以前不能停止其执行。第二,提出抗诉的机关不同。按照审判监督程序提出的抗诉只能由上级人民检察院和最高人民检察院提出,同级人民检察院则无权提出,只能报请上一级人民检察院审查决定是否提起抗诉。第三,审理的程序不同。对于二审抗诉,除发回原审法院重新审理外,都是按照第二审程序审理,所作的判决不能抗诉。对于再审抗诉,如果原来是第一审案件,应当按照第一审程序进行审判,所作的判决、裁定可以抗诉;如果原来是第二审案件,应当依照第二审程序进行审判,所作的判决、裁定都是终审的判决、裁定。

案例聚焦

贩卖毒品被追诉,5名漏犯判处重刑

2008年10月至2009年4月,被告人任某某、李某、冯某某、张某某、董某某、王某某、代某等人为牟取暴利,单独或共同出资从四川成都被告人万某某、顾某某等人处购得冰毒、麻古等毒品,由被告人冯某某、张某某负责运送到浙江贩卖给陈某等吸贩毒人员。被告人陈某则与被告人朱某某、周某某、郭某某、陈某某、韩某某、何某等人结伙,由陈某发放工资、提供生活开支,安排朱某某主要负责毒资交付、毒品接送及保管、贩卖;由周某某主要负责后期毒品接送、保管、贩卖和毒资交付;纠集郭某某多次参与毒品接送、贩卖。所购得毒品除一部分被查扣及用于自吸外,其余均已被陈某、朱某某、周某某、郭某某、何某、夏某某等人直接或通过被告人林某某、管某、彭某某介绍、帮助贩卖给罗某某、吴某、杨某某、金某某、金某某、杨某某、叶某某等人。被告人罗某某、吴某、杨某某等人购得毒品后又向他人进行贩卖。其中,被告人李某参与贩卖毒品19次,共计贩卖冰毒3997.7克、麻古400粒;被告人任某某参与16次,贩卖冰毒3497.7克。被告人万某某、陈某、张某某均参与贩卖冰毒3000克以上,被告人朱某某、冯某某、周某某、郭某某均参与贩卖冰毒1000克以上,其余15名被告人涉案毒品10克至135.3克不等。

被告人陈某、朱某某、郭某某三人还非法拘禁张某某并逼迫其自断手指一根,经法医鉴定,张某某的伤情构成轻伤。被告人冯某某还私藏枪支一把及4发子弹。

该案由三门县公安局侦查终结，以任某某等 19 人涉嫌贩卖毒品等罪名移送审查起诉，在我院审查过程中，发现另有万某某(绰号“万哥”)、顾某某(绰号“顾老二”“谢老二”)、王某某(董某某表妹)、代某、韩某某(绰号“三门小胖”)等多人均涉嫌贩卖毒品犯罪，遂向侦查机关提出追诉意见。经补充侦查，上述五人陆续被抓获归案并移送审查起诉。

本案由浙江省台州市中级人民法院一审，浙江省高级人民法院二审。最高人民法院对本案进行了死刑复核。一审法院审理认为：被告人任某某、李某、张某某、冯某某结伙购买、运输、销售毒品，其行为均已构成运输、贩卖毒品罪；被告人万某某、陈某、朱某某、周某某、郭某某、顾某某、吴某、杨某某、代某、董某某、王某某、何某、陈某某、韩某某、罗某某、夏某某、管某某、林某某、彭某某为牟取暴利而向他人购买毒品或出售毒品，其行为均已构成贩卖毒品罪；被告人金某某多次容留他人吸毒，其行为构成容留他人吸毒罪；被告人陈某、朱某某、郭某某非法限制他人人身自由，殴打他人并逼近他人自砍手指，造成轻伤后果，其行为均已分别构成非法拘禁罪、故意伤害罪；被告人冯某某非法私藏枪支弹药，其行为构成私藏枪支弹药罪。其中任某某、李某、陈某、万某某、张某某、朱某某、冯某某、周某某贩卖毒品均在 1000 克以上，被告人任某某、张某某、冯某某还系累犯，分别判处：

任某某、李某、万某某、陈某、张某某、朱某某、冯某某、周某某死刑；郭某某死缓；顾某某无期徒刑；吴某、杨某某有期徒刑 15 年；董某某、王某某、陈某某有期徒刑 14 年；韩某某、夏某某有期徒刑 13 年；何某、罗某某有期徒刑 12 年；管某有期徒刑 10 年；代某有期徒刑 8 年；林某某有期徒刑 6 年；彭某某有期徒刑 5 年；金某某有期徒刑 1 年 2 个月。

经二审，浙江省高级法院改判李某、朱某某为死缓。经最高人民法院死刑复核，改判张某某、冯某某、周某某为死缓，决定执行任某某、万某某、陈某 3 人死刑。2013 年 1 月 25 日，罪犯任某某、万某某、陈某被执行死刑。

该案是新中国成立以来至 2010 年间发生在台州的最大的一起团伙贩毒案，涉案人数众多，分工明确，涉案毒品数量巨大。在该案审查起诉过程中，台州市检察院成功追诉 5 名漏犯且全部判处重刑，在台州检察史尚属首次，追诉成果被《检察日报》报道，此案承办人王某先后荣获“守望正义——群众最喜爱的检察官”“浙江省劳动模范”“全国模范检察官”等荣誉称号。

三、刑事执行监督

刑事执行监督即对刑事判决、裁定的执行情况实行监督，它主要是对发生法律效力的人民法院的刑事判决、裁定所确定的内容付诸实施的活动所进行的监督。具体由人民检察院监所检察部门负责监督。

（一）加强对刑事执行监督的认识和定位

刑事执行法律监督工作是保障刑事执行公平公正的重要手段，是社会公平正义的重要组成部分。检察机关应当准确把握新形势、新任务，依法履行刑事执行法律监督职能，确保国家法律在刑事执行中全面正确实施，切实维护刑事执行领域的公平公正。

要深刻认识、准确把握刑事执行检察工作面临的新形势、新任务、新要求。在统一思想的基础上，切实转变刑事执行检察工作理念，切实增强做好刑事执行法律监督工作的使命感和责任感，着重在工作思维、工作主线、工作模式、监督重点、监督场所、监督方式、监督节点、工作目标等八个方面进行转变。

1. 思维方式从传统的监所检察思维向刑事执行检察思维转变。要坚持维护刑事执行公平公正、维护刑事被执行人合法权益、维护刑事执行场所监管秩序稳定、维护社会和谐稳定有机统一的工作理念，更加重视刑事被执行人合法权益的保障。

2. 工作主线从“强化刑罚执行和监管活动监督”向“强化刑事执行监督，强化人权司法保障”转变。工作部署安排，必须多从强化刑事执行监督、强化人权司法保障的角度考虑和谋划，全面加强对刑事执行各个环节的监督。依法受理在押犯罪嫌疑人、被告人和服刑人员的控告、举报和申诉，及时发现和推动纠正冤假错案。

3. 工作模式从以“办事”为主向以“办案”为主转变。《刑事诉讼法》修改后，很多新增重要职能如减刑、假释、暂予监外执行同步监督、羁押必要性审查、社区服刑人员脱管、漏管检察等，都必须作为案件来办理和管理，必须确立以办案为主的工作模式。

4. 监督重点从传统业务向新增业务与传统业务并重转变，既要坚持原来刑罚执行、监管活动监督和查办职务犯罪案件等常规业务重点，又要把刑罚变更执行同步监督、羁押必要性审查、社区矫正监督等新增业务作为重点强力推进。

5. 监督场所从重监内轻监外向监内与监外执行监督并重转变。目前，刑事执行检察部门监督的场所已经不限于大墙内,大墙内和大墙外的监督任务都同样重要。

6. 监督方式从派驻检察向派驻、巡回、巡视检察相结合转变。在继续坚持现有派驻检察模式的基础上,适应非监禁刑在我国刑罚中所占比重增大等新情况,建立完善巡回检察模式。同时,上级检察机关刑事执行检察部门要继续坚持巡视检察模式。通过派驻检察、巡回检察、巡视检察等监督方式的合理安排,构建既节约人力资源,又能有效履行职责的工作模式。

7. 监督节点由被动监督、事后监督向主动监督、同步监督转变。既要继续加强对刑罚变更执行的同步监督,又要主动加强对刑罚交付执行等环节的监督,真正把各个刑罚执行机关和刑罚执行各个环节都纳入监督的视野。

8. 工作目标从重形式轻实效向更加重视监督实效转变。对于检察建议、纠正违法通知书等不能一发了之,必须强化效果意识,一盯到底。同时,还要向被监督单位的上级主管部门、当地人大、党委政法委报告情况,协调各方面的力量督促纠正,确保取得良好的监督效果。

(二)坚持机制创新,健全监督体系

各级检察机关在加强内部监督制约与协调的同时,要处理好监督主体与监督对象的关系,加强与刑事执行机关的沟通配合,支持他们的工作。刑事执行机关也要充分认识监督的必要性,自觉接受检察机关的监督,共同保障法律的正确实施。一是加强检察机关内部各部门之间的沟通衔接。刑事执行检察部门、侦查监督部门、公诉部门在开展羁押必要性审查时,要根据案件进展互相沟通信息,以便对有无羁押必要性作出准确的判断。继续推动完善刑事执行检察部门与职务犯罪侦查部门之间的信息通报制度,职务犯罪侦查部门要按照规定及时将指定居所监视居住等刑事执行情况通报刑事执行检察部门,主动接受监督。刑事执行检察部门要采取切实措施,加强对职务犯罪侦查部门的监督,依法纠正刑事强制措施执行违法行为。二是健全完善各司法机关之间执行信息的沟通协调机制。检察机关、法院、公安机关、司法行政机关要共同推进建立减刑、假释、暂予监外执行多部门的网上协同办案平台,全面推动驻监所检察机构与监狱的信息联网,促进信息共享。检察机关要积极探索应用司法行政机关的社区矫正罪犯信息共享平台建设,通过这些信息平台的建设,基本实现社区服刑人员基础数据和工作情况在网上流转衔接,基本做到社区矫正法律监督底数清、情况明、信息及时。

随着司法改革步伐的有序推进,刑事执行检察部门也面临着机构职责调整。

各级检察机关要结合检察改革,继续加大刑事执行检察工作的规范建设和机制健全工作。首先,建立健全同步监督机制。建立并健全刑事执行事前、事中、事后的同步监督机制是促进刑事执行检察人员积极履职的措施之一。在事前监督中,检察机关有权查阅刑事被执行人的考核、奖惩等案卷材料,可以约见被执行人,受理申诉、检举和控告,查办执行机关职务犯罪案件;在事中监督中,检察机关可以进行调查了解执行情况,对执行机关启动执行程序的提请活动进行监督和建议;在事后监督中,检察机关对审判机关作出的裁定可以提出书面意见。其次,有效落实检察监督责任制,通过完善刑事执行检察人员考评机制、奖惩机制、内部制约机制和责任机制,明确刑事执行检察人员的权利和义务、承担责任的范围和形式、责任追究的主体和方式等。

(三)赋予检察机关刑事执行监督手段应有的法律效力

首先,细化刑事执行检察监督权力。为了保证刑事执行人员能够监督、敢于监督,需要在规范意义上赋予刑事执行检察人员各项监督权力。如调查权、阅卷权、询问权,同时还需规定监管部门有配合检察机关进行调查取证、查阅刑事执行卷宗档案、询问被执行人的义务。在刑事变更执行中,新修订的《刑事诉讼法》已经赋予检察机关可以向审判机关提起刑事执行方式变更的建议权,但还需赋予检察机关对适用不当的减刑、假释裁定的抗诉权。

其次,完善刑事执行检察监督程序。监督权的有效行使需要完备的程序予以保证。法律应对每一项刑事执行内容的监督程序进行规范,做到刑事执行监督的每一个步骤、措施都有法可依。如重点完善检察机关启动检察监督的程序、决定是否立案的程序、对刑事执行行为合法性审查的程序、做出检察监督处理结果的程序及刑事执行机关提出异议和检察机关处理异议的程序等。

最后,强化刑事执行检察监督力度。为保证刑事执行监督措施富有刚性,提高刑事执行检察人员监督的积极性,应该赋予检察机关纠正违法通知书的强制力。如检察机关发现监管机关、执行机关有不当或违法行为的,在向被监督单位发出纠正违法通知书、检察建议后,被监督单位对纠正违法通知书、检察建议置若罔闻,既不纠正不当或违法行为,又不说明理由的,检察机关可以按程序要求执行机关进行整改和纠正。

(四)刑事执行监督内容

根据刑事执行工作的新发展,围绕创新工作机制,加强监督检查等方面聚焦发力,切实提升刑事执行检察监督作用和效果。一是完善刑事执行监督、刑事强制措施执行监督和强制医疗执行监督工作机制,加强对监管场所的检查监督,对监管机构工作中的违规行为提出规范羁押管理检察建议,要求对存在的问题认真整改,切实防止小问题演变成为大问题,及时消除安全隐患,为监管场所安全保驾护航。二是深入开展羁押必要性审查,加强与相关部门的沟通联系,特别是加强与办案人员的协调,对不需要继续羁押的犯罪嫌疑人变更强制措施,保障在押人员的合法权益。三是认真做好社区矫正检察监督工作,经常性地走访,认真查阅社区矫正人员信息台账,对社区矫正人员脱矫、漏矫的,依法予以监督收监执行,确保得到真实有效地执行,更加体现检察监督的刚性和权威性。

刑事执行监督的主要内容有:对判处死刑及缓期 2 年执行、无期徒刑、有期徒刑、拘役的判决的执行,实行监督,即对判处死刑缓期 2 年执行的罪犯,如果发现有立功表现,应依法予以减刑,如发现有抗拒改造,情节恶劣,需要执行死刑的,应提出建议,依法报请有关法院裁定或核准。对判处徒刑,应送往监狱、劳改机关执行惩罚的罪犯,应建议按照规定及时送达,不得拖延或私送。对服刑的罪犯,经检察发现有悔改或立功表现,应依法提出减刑或假释意见,并建议监狱、劳改机关提请有关人民法院裁定。对服刑期满的犯人应督促按期释放,如果没有按期释放,则应提出纠正。

对判处在社会上执行刑罚的罪犯,实行监督并进行考察。在社会上执行刑罚的罪犯是:

(1)判处管制的;

(2)判处剥夺政治权利的;

(3)判处徒刑宣告缓刑的;

(4)判处徒刑监外执行的;

(5)被假释的。

被判处剥夺政治权利的罪犯,由公安机关执行。被判处管制、宣告缓刑、假释或者暂于监外执行的罪犯,依法实行社区矫正,由社区矫正机构负责执行。检察机关的职责主要是监督执行机关是否负起了对被监督对象进行考察和教育的责任,而不能代替执行机关的工作。但可以有重点地考察被监管人员是否认罪守法的情况,如发现有重新犯罪的情况,应由公安机关查明犯罪事实后,移送检察机关批准逮捕和审查起诉。检察机关进行检察监督的目的是加强对这几种罪犯的监督改造,防止重新犯罪,维护社会治安。

对法院执行死刑(立即执行)的判决,实行监督。这里有两种情况应当分清,即人民法院判处社会上的犯罪分子以死刑，立即执行的，根据人民检察院的内部分工，执行死刑临场监督任务的，应由刑事检察部门派员；而只有人民法院判处正在服刑的罪犯以死刑，立即执行的，其中也包括判处死刑缓期2年执行的罪犯核准执行死刑的，在交付执行时才由监所检察部门派人临场监督。

案例聚焦

公众人物发布虚假信息 构成操纵证券市场罪

【基本案情】被告人朱某某，男，1982年7月出生，原系国开证券有限责任公司上海龙华西路证券营业部（以下简称国开证券营业部）证券经纪人，上海电视台第一财经频道《谈股论金》节目（以下简称《谈股论金》节目）特邀嘉宾。

2013年2月1日至2014年8月26日，被告人朱某某在任国开证券营业部证券经纪人期间，先后多次在其担任特邀嘉宾的《谈股论金》电视节目播出前，使用实际控制的3个证券账户买入多只股票，于当日或次日在《谈股论金》节目播出中，以特邀嘉宾身份对其先期买入的股票进行公开评价、预测及推介，并于节目首播后1个至2个交易日内抛售相关股票，人为地影响前述股票的交易量和交易价格，获取利益。经查，其买入股票交易金额共计人民币2094.22万余元，卖出股票交易金额共计人民币2169.70万余元，非法获利75.48万余元。

【指导要旨】证券公司、证券咨询机构、专业中介机构及其工作人员违背从业禁止规定，买卖或者持有证券，并在对相关证券作出公开评价、预测或者投资建议后，通过预期的市场波动反向操作，谋取利益，情节严重的，以操纵证券市场罪追究其刑事责任。

【指控与证明犯罪】2016年11月29日，上海市公安局以朱某某涉嫌操纵证券市场罪移送上海市人民检察院第一分院审查起诉。

审查起诉阶段，朱某某辩称：(1)涉案账户系其父亲朱某实际控制，其本人并未建议和参与相关涉案股票的买卖；(2)节目播出时，已隐去股票名称和代码，仅展示K线图、描述股票特征及信息，不属于公开评价、预测、推介个股；(3)涉案账户资金系家庭共同财产，其本人并未从中受益。

检察机关审查认为，现有证据足以认定犯罪嫌疑人在媒体上公开进行了股票推介行为，并且涉案账户在公开推介前后进行了涉案股票反向操作。但是，犯罪嫌疑人与涉案账户的实际控制关系，公开推介是否构成“抢帽子”交易操纵中的“公开荐股”以及行为能否认定为“操纵证券市场”等问题，有待进一步查证。针对需要进一步查证的问题，上海市人民检察院第一分院分别于2017年1月13日、3月24日二次将案件退回上海市公安局补充侦查，要求公安机关补充查证犯罪嫌疑人的淘宝、网银等IP地址、MAC地址（硬件设备地址，用来定义网络设备的位置），并与涉案账户证券交易IP地址做筛选比对；将涉案账户资金出入与犯罪嫌疑人个人账户资金往来作关联比对；进一步对其父朱某在关键细节上作针对性询问，以核实朱某某的辩解；由证券监管部门对本案犯罪嫌疑人的行为是否构成“公开荐股”“操纵证券市场”提出认定意见。

经补充侦查，上海市公安局进一步收集了朱某某父亲朱某等证人证言、中国证监会对朱某某操纵证券市场行为性质的认定函、司法会计鉴定意见书等证据。中国证监会出具的认定函认定：2013年2月1日至2014年8月26日，朱某某在《谈股论金》节目中通过明示股票名称或描述股票特征的方法，对15只股票进行公开评价和预测。朱某某通过其控制的3个证券账户在节目播出前1个至2个交易日或当天买入推荐的股票，交易金额2094.22万余元，并于节目播出后1个至2个交易日内卖出上述股票，交易金额2169.70万余元，获利75.48万余元。朱某某所荐股票次日交易价量明显上涨，偏离行业板块和大盘走势。其行为构成操纵证券市场，扰乱了证券市场秩序，并造成了严重社会影响。

结合补充收集的证据，上海市人民检察院第一分院办案人员再次提讯朱某某，并听取其辩护律师意见。朱某某在展示的证据面前，承认其在节目中公开荐股，称其明知所推荐股票价格在节目播出后会有所上升，故在公开荐股前建议其父朱某买入涉案15只股票，并在节目播出后随即卖出，以谋取利益，但对于指控其实际控制涉案账户买卖股票的事实予以否认。

针对其辩解，办案人员将相关证据向朱某某及其辩护人出示，并一一阐明证据与朱炜明行为之间的证明关系。(1)账户登录、交易IP地址大量位于朱某某所在的办公地点，与朱某某出行等电脑数据轨迹一致。例如，2014年7月17日、18日，涉案的朱某证券账户登录、交易IP地址在重庆，与朱某某的出行记录一致。(2)涉案3个账户之间与朱某某个人账户资金往来频繁，初始资金有部分来自朱某某账户，转出资金中有部分转入朱某某银行账户后由其消费，证明涉案账户资金由朱某某控制。经过上述证据展示，朱某某对自己实施“抢帽子”交易操纵他人证券账户买卖股票牟利的事实供认不讳。

2017年5月18日，上海市人民检察院第一分院以被告人朱某某犯操纵证券市场罪向上海市第一中级人民法院提起公诉。7月20日,上海市第一中级人民法院公开开庭审理了本案。法庭调查阶段,公诉人宣读起诉书指控被告人朱某某违反从业禁止规定,以“抢帽子”交易的手段操纵证券市场谋取利益,其行为构成操纵证券市场罪。对以上指控的犯罪事实,公诉人出示了4组证据予以证明:

一是关于被告人朱某某主体身份情况的证据。包括:(1)国开证券公司与朱炜明签订的劳动合同、委托代理合同等工作关系书证;(2)《谈股论金》节目编辑陈某等证人证言;(3)户籍资料、从业资格证书等书证;(4)被告人朱某某的供述。证明:朱某某于2013年2月至2014年8月担任国开证券营业部证券经纪人期间,先后多次受邀担任《谈股论金》节目特邀嘉宾。

二是关于涉案账户登录异常的证据。包括:(1)证人朱某等证人的证言;(2)朱某某出入境及国内出行记录等书证;(3)司法会计鉴定意见书、搜查笔录等;(4)被告人朱某某的供述。证明:2013年2月至2014年8月,“朱某”“孙某”“张某”3个涉案证券账户的实际控制人为朱某某。

三是关于涉案账户交易异常的证据。包括:(1)证人陈某等证人的证言;(2)证监会行政处罚决定书及相关认定意见、调查报告等书证;(3)司法会计鉴定意见书;(4)节目视频拷贝光盘、QQ群聊天记录等视听资料、电子数据;(5)被告人朱某某的供述。证明:朱某某在节目中推荐的15只股票,均被其在节目播出前1个至2个交易日或播出当天买入,并于节目播出后1个至2个交易日内卖出。

四是关于涉案证券账户资金来源及获利的证据。包括:(1)证人朱某的证言;(2)证监会查询通知书等书证;(3)司法会计鉴定意见书等;(4)被告人朱某某的供述。证明:朱某某在公开推荐股票后,股票交易量、交易价格涨幅明显。“朱某”“孙某”“张某”3个证券账户交易初始资金大部分来自朱某某,且与朱某某个人账户资金往来频繁。上述账户在涉案期间累计交易金额人民币4263.92万余元,获利人民币75.48万余元。

法庭辩论阶段,公诉人发表公诉意见:第一,关于本案定性。证券公司、证券咨询机构、专业中介机构及其工作人员,买卖或者持有相关证券,并对该证券或其发行人、上市公司公开作出评价、预测或者投资建议,以便通过期待的市场波动取得经济利益的行为是“抢帽子”交易操纵行为。根据《刑法》第182条第1款第4项规定,属于“以其他方法操纵”证券市场,情节严重的,构成操纵证券市场罪。第二,关于控制他人账户的认定。综合本案证据,可以认定朱某某通过实际控制的“朱某”“孙某”“张某”3 个证券账户在公开荐股前买入涉案 15 只股票,荐股后随即卖出谋取利益,涉案股票价量均因荐股有实际影响,朱某某实际获利 75 万余元。第三,关于公开荐股的认定。结合证据,朱某某在电视节目中,或明示股票名称,或介绍股票标识性信息、展示 K 线图等,投资者可以依据上述信息确定涉案股票名称,系在电视节目中对涉案股票公开作出评价、预测、推介,可以认定构成公开荐股。第四,关于本案量刑建议。根据《刑法》第 182 条的规定,被告人朱某某的行为构成操纵证券市场罪,依法应在 5 年以下有期徒刑至拘役之间量刑,并处违法所得 1 倍以上 5 倍以下罚金。建议对被告人朱某某酌情判处 3 年以下有期徒刑,并处违法所得 1 倍以上的罚金。

被告人朱某某及其辩护人对公诉意见没有异议,被告人当庭表示愿意退缴违法所得。辩护人提出,考虑被告人认罪态度好,建议从轻处罚。

法庭经审理,认定公诉人提交的证据能够相互印证,予以确认。综合考虑全案犯罪事实、情节,对朱某某处以相应刑罚。2017 年 7 月 28 日,上海市第一中级人民法院作出一审判决,以操纵证券市场罪判处被告人朱某某有期徒刑 11 个月,并处罚金人民币 76 万元,其违法所得予以没收。一审宣判后,被告人未上诉,判决已生效。

【指导意义】证券公司、证券咨询机构、专业中介机构及其工作人员,违反规定买卖或者持有相关证券后,对该证券或者其发行人、上市公司作出公开评价、预测或者提出投资建议,通过期待的市场波动谋取利益的,构成“抢帽子”交易操纵行为。发布投资咨询意见的机构或者证券从业人员往往具有一定的社会知名度,他们借助影响力较大的传播平台发布诱导性信息,容易对普通投资者交易决策产生影响。其在发布信息后,又利用证券价格波动实施与投资者反向交易的行为获利,破坏了证券市场管理秩序,违反了证券市场公开、公平、公正原则,具有较大的社会危害性,情节严重的,构成操纵证券市场罪。

证券犯罪具有专业性、隐蔽性、间接性等特征,检察机关办理该类案件时,应当根据证券犯罪案件特点,引导公安机关从证券交易记录、资金流向等问题切入,全面收集涉及犯罪的书证、电子数据、证人证言等证据,并结合案件特点开展证据审查。对书证,要重点审查涉及证券交易记录的凭据,有关交易数量、交易额、成交价格、资金走向等证据。对电子数据,要重点审查收集程序是否合法,是否采取必要的保全措施,是否经过篡改,是否感染病毒等。对证人证言,要重点审查证人与犯罪嫌疑人的关系，证言能否与客观证据相印证等。

办案中，犯罪嫌疑人或被告人及其辩护人经常会提出涉案账户实际控制人及操作人非其本人的辩解。对此，检察机关可以通过行为人资金往来记录，MAC地址（硬件设备地址）、IP地址与互联网访问轨迹的重合度与连贯性，身份关系和资金关系的紧密度，涉案股票买卖与公开荐股在时间及资金比例上的高度关联性，相关证人证言在细节上是否吻合等入手，构建严密证据体系，确定被告人与涉案账户的实际控制关系。非法证券活动涉嫌犯罪的案件，来源往往是证券监管部门向公安机关移送。审查案件过程中，人民检察院可以与证券监管部门加强联系和沟通。证券监管部门在行政执法和查办案件中收集的物证、书证、视听资料、电子数据等证据材料，在刑事诉讼中可以作为证据使用。检察机关通过办理证券犯罪案件，可以建议证券监管部门针对案件反映出的问题，加强资本市场监管和相关制度建设。（根据最高检例第39号整理）

【相关规定】1.《中华人民共和国刑法》第182条；2.《最高人民检察院、公安部关于公安机关管辖的刑事案件立案追诉标准的规定（二）》第39条。

四、司法人员的职务犯罪监督

2018年10月26日，第十三届全国人民代表大会常务委员会第六次会议审议通过了《关于修改〈中华人民共和国刑事诉讼法〉的决定》。修改后的《刑事诉讼法》第19条第2款规定："人民检察院在对诉讼活动实行法律监督中发现的司法工作人员利用职权实施的非法拘禁、刑讯逼供、非法搜查等侵犯公民权利、损害司法公正的犯罪，可以由人民检察院立案侦查。"为做好人民检察院与监察委员会案件管辖范围的衔接，对在诉讼监督中发现的司法工作人员利用职权实施的侵犯公民权利、损害司法公正的犯罪依法履行侦查职责，作出以下规定。

（一）管辖范围

人民检察院在对诉讼活动实行法律监督中，发现司法工作人员涉嫌利用职权实施的下列侵犯公民权利、损害司法公正的犯罪案件，可以立案侦查：

（1）非法拘禁罪（《刑法》第238条）（非司法工作人员除外）；

（2）非法搜查罪（《刑法》第245条）（非司法工作人员除外）；

（3）刑讯逼供罪（《刑法》第247条）；

（4）暴力取证罪（《刑法》第247条）；

(5)虐待被监管人罪(《刑法》第248条);

(6)滥用职权罪(《刑法》第397条)(非司法工作人员滥用职权侵犯公民权利、损害司法公正的情形除外);

(7)玩忽职守罪(《刑法》第397条)(非司法工作人员玩忽职守侵犯公民权利、损害司法公正的情形除外);

(8)徇私枉法罪(《刑法》第399条第1款);

(9)民事、行政枉法裁判罪(《刑法》第399条第2款);

(10)执行判决、裁定失职罪(《刑法》第399条第3款);

(11)执行判决、裁定滥用职权罪(《刑法》第399条第3款);

(12)私放在押人员罪(《刑法》第400条第1款);

(13)失职致使在押人员脱逃罪(《刑法》第400条第2款);

(14)徇私舞弊减刑、假释、暂予监外执行罪(《刑法》第401条)。

(二)级别管辖和侦查部门

修改后的《刑事诉讼法》规定所列犯罪案件,由设区的市级人民检察院立案侦查。基层人民检察院发现犯罪线索的,应当报设区的市级人民检察院决定立案侦查。设区的市级人民检察院也可以将案件交由基层人民检察院立案侦查,或者由基层人民检察院协助侦查。最高人民检察院、省级人民检察院发现犯罪线索的,可以自行决定立案侦查,也可以将案件线索交由指定的省级人民检察院、设区的市级人民检察院立案侦查。

规定所列犯罪案件,由人民检察院负责刑事检察工作的专门部门负责侦查。设区的市级以上人民检察院侦查终结的案件,可以交有管辖权的基层人民法院相对应的基层人民检察院提起公诉,需要指定其他基层人民检察院提起公诉的,应当与同级人民法院协商指定管辖,依法应当由中级人民法院管辖的案件,应当由设区的市级人民检察院提起公诉。

(三)线索移送和处理

人民检察院立案侦查上述犯罪时,发现犯罪嫌疑人同时涉嫌监察委员会管辖的职务犯罪线索的,应当及时与同级监察委员会沟通,一般应当以监察委员会为主调查,人民检察院予以协助。经沟通,认为全案由监察委员会管辖更为适宜的,人民检察院应当撤销案件,将案件和相应职务犯罪线索一并移送监察委员会;认为由监察委员会和人民检察院分别管辖更为适宜的,人民检察院应当将监察委员会管辖的相应职务犯罪线索移送监察委员会,对依法由人民检察院管辖的犯罪案件继续侦查。人民检察院应当及时将沟通情况报告上一级人民检察院。沟通期间,人民检察院不得停止对案件的侦查。监察委员会和人民检察院分别管辖的案件,调查(侦查)终结前,人民检察院应当就移送审查起诉有关事宜与监察委员会加强沟通,协调一致,由人民检察院依法对全案审查起诉。

人民检察院立案侦查上述所列犯罪时,发现犯罪嫌疑人同时涉嫌公安机关管辖的犯罪线索的,依照现行有关法律和司法解释的规定办理。

(四)办案程序

(1)人民检察院办理本规定所列犯罪案件,不再适用对直接受理立案侦查案件决定立案报上一级人民检察院备案,逮捕犯罪嫌疑人报上一级人民检察院审查决定的规定。

(2)规定所列犯罪案件,人民检察院拟作撤销案件、不起诉决定的,应当报上一级人民检察院审查批准。

(3)人民检察院负责刑事检察工作的专门部门办理本规定所列犯罪案件,认为需要逮捕犯罪嫌疑人的,应当由相应的刑事检察部门审查,报检察长或者检察委员会决定。

(4)人民检察院办理规定所列犯罪案件,应当依法接受人民监督员的监督。

(五)应该注意的问题

(1)立案侦查的案件范围把握问题。应该从主体和罪名两个层面上进行:一是主体仅限于司法工作人员。即法律规定有侦查、检察、审判、监管职责的工作人员。二是罪名主要涉及侵犯公民权利、损害司法公正的犯罪。具体包括 14 个罪名:非法拘禁罪;非法搜查罪;刑讯逼供罪;暴力取证罪;虐待被监管人罪;司法人员的滥用职权罪和玩忽职守罪;徇私枉法罪;民事、行政枉法裁判罪;执行判决、裁定失职罪;执行判决、裁定滥用职权罪;私放在押人员罪;失职致使在押人员脱逃罪;徇私舞弊减刑、假释、暂予监外执行罪。

(2)检察机关与监察机关的管辖分工问题。修改后《刑事诉讼法》规定“可以由人民检察院立案侦查”,一方面,“可以”暗含条文的政策导向性,即由检察机关侦查,因为检察机关更贴近诉讼,更容易发现诉讼过程中司法人员相关职务犯罪,同时,查办这类职务犯罪,往往涉及证据合法性判断和诉讼走向,因此,由检察机关立案查办这些案件更为便捷,也有利于及时判断证据合法性,保障诉讼顺利进行。发现、遇到此类须立案查办的案件线索，检察机关不能推诿，而应当依职责开展立案侦查工作。另一方面，“可以”也意味着并非必然一定由检察机关侦查。检察机关在立案侦查司法工作人员相关职务犯罪过程中，发现犯罪嫌疑人还涉嫌监察委员会管辖的职务犯罪线索的，应当及时与监察委沟通，认为全案由监察委员会管辖更为适宜的，人民检察院应当撤销案件，将案件和职务犯罪线索一并移送监察委员会，并及时报告上一级人民检察院。沟通期间，人民检察院不得停止对案件的侦查。

(3)人民检察院立案侦查的级别管辖和内部分工问题。主要涉及两个：一是级别管辖。省级人民检察院认为，司法工作人员利用职权实施的这 14 个罪名的案件，由市级人民检察院立案侦查。基层检察院发现犯罪线索的，应当由市级人民检察院决定立案侦查。市级人民检察院也可以将案件交由基层人民检察院立案侦查，或者由基层人民检察院协助侦查。省级以上人民检察院发现犯罪线索的，可以自行决定立案侦查，也可以将案件线索交由指定的省、市级人民检察院立案侦查。侦查终结后，应当按照《刑事诉讼法》的规定，交由有管辖权的检察院审查起诉。二是部门分工。至于人民检察院内部由哪个部门来具体承担侦查职能，目前由于机构改革没有到位，名称暂无法统一，原则上由负责诉讼监督职责的刑事检察部门行使，现有人员力量不足的，要调整补充。同时各地可灵活运用专门办案组模式，抽调人员集中办理此类案件，检察长、分管检察长要带头作为主办检察官直接办案。

案例聚焦

浙江检察首例立案侦查监狱民警涉嫌虐待被监管人案件

2018 年 10 月 26 日，十三届全国人大常委会第六次会议审议通过了《关于修改〈中华人民共和国刑事诉讼法〉的决定》。修改后《刑事诉讼法》第 19 条第 2 款规定：“人民检察院在对诉讼活动实行法律监督中发现的司法工作人员利用职权实施的非法拘禁、刑讯逼供、非法搜查等侵犯公民权利、损害司法公正的犯罪，可以由人民检察院立案侦查。”

2018 年 11 月 26 日，浙江省湖州市检察院依据修改后《刑事诉讼法》的规定，对湖州监狱民警钱某涉嫌虐待被监管人罪一案立案侦查。该案是 2018 年 10 月《刑事诉讼法》修改后，浙江省检察机关立案查处的第一起司法工作人员涉嫌侵犯公民权利、损害司法公正的职务犯罪案件。据了解,这也是媒体公开报道的第一起检察机关依据修改后刑诉法规定查办的司法人员职务犯罪案件。

湖州市检察院派驻湖州监狱检察室在日常检察中发现监狱民警钱某有殴打服刑人员的行为。经前期调查,并对相关证据予以收集固定后,该院以涉嫌虐待被监管人罪对钱某立案侦查。检察机关初步查明犯罪嫌疑人钱某在执行职务过程中,多次以电警棍电击以及手铐锁铐、扇耳光等方式对多名服刑人员实施体罚虐待行为,造成了极坏影响。

第五章　民事法律监督

导读5

民事诉讼与人民群众关系密切，量大面广，法院的判决是否公平公正，百姓十分关注。多年以来，对法院的民事判决裁定，法律监督机关限于多种原因，很少参与监督。而检察机关对民事诉讼活动是否合法实行监督，是法律监督职权的重要组成部分。

高层声音

要在精准监督上下工夫。民事抗诉不是越多越好，要优先选择在司法理念方面有纠偏、创新、进步、引领价值的典型案件，抗诉一件促进解决一个领域、一个地方、一个时期司法理念、政策、导向的问题，发挥对类案的案例指导作用。还要坚持不懈监督、支持民事执行工作，既监督纠正个别执行活动中出现的违法情形，又有力支持法院依法执行。

——张军在中央政法领导干部专题研讨班上的讲话

案例聚焦

虚假诉讼扰乱司法秩序　检察介入追究法律责任

【案情回顾】2016年1月26日，徐某某、章某、林某、夏某、陶某某、陈某某、丁某某、李某某、尹某、王某1、吕某某、胡某1、王某2、傅某某、郑某某、胡某2等人向浙江省临海市人民法院起诉台州轩翔彩印包装有限公司（下文简称台州轩翔公司），声称台州轩翔公司拖欠其工资，故向临海市人民法院起诉，以上16起案件涉案金额总计1,244,179.5元。

2017年3月3日，临海市人民法院作出（2016）浙1082民初659－673号、

680 号共计 16 份民事调解书,均以原告诉讼请求达成调解协议。

2017 年 4 月,临海市农商银行向临海市检察院反映,临海市人民法院作出的台州轩翔公司与其职工徐某某、章某、林某等 16 人的民事调解书系傅某某(台州轩翔公司法定代表人)与该 16 人恶意串通,虚构欠薪事实,以达到减少该行执行分配款的不法目的,要求检察机关立案查处。

【诉讼过程和结果】浙江省临海市检察院在对该立案之后立即着手调查取证,认为本案系一起以虚构工资为手段的虚假诉讼串案。经向临海市人民法院调取了 16 起案件的审判卷宗,了解作为原告的 16 人的起诉请求与证据,以及在庭审过程中诉称的案件事实。该 16 起案件均以调解结案,且案件原、被告双方无任何争议,调解数额也与原告起诉时数额一致,确实不合情理。进一步调查取证,发现该公司实际发放工资与起诉状上所提的诉讼请求并不相符,足以认定本案系台州轩翔公司的法定代表人傅某某与其职工徐某某、章某、林某等 16 人互相串通,虚构工资数额,虚增欠薪时间,最后通过诉讼手段,达成调解,以达到逃避债务的目的。

2017 年 4 月 17 日,临海市检察院将傅某某、徐某某、章某、林某等 18 人以及调查取得的相关证据作为虚假诉讼线索移送本市公安机关,并督促公安机关及时对本案相关人员予以立案侦查。

11 月 7 日,傅某某、徐某某、章某、林某等 17 人被临海市人民检察院以虚假诉讼罪向临海市人民法院提起公诉,同年 12 月 8 日,临海市人民法院作出(2017)浙 1082 刑初 1125 号刑事判决,傅某某、徐某某、章某等 17 人因虚假诉讼罪获有罪判决。

2017 年 9 月 22 日,临海市检察院向临海市人民法院发出再审检察建议,建议法院对徐某某、章某、林某等 16 人的劳动争议纠纷案予以再审。12 月 26 日,临海市人民法院作出民事裁定书,撤销原 16 件民事调解书,并驳回徐某某、章某、林某等 16 人的起诉。

【监督要旨】虚假诉讼是当事人一方或者双方恶意串通,采取伪造证据,虚假陈述等手段,捏造民事法律关系,虚构民事纠纷,向人民法院提起民事诉讼的行为。本案为公司的法定代表人与职工恶意串通,捏造公司债务,从而损害了其他合法债权人的利益的犯罪案件。虚假诉讼严重扰乱了正常的司法秩序,损害司法公信力。人民检察院在对人民法院生效民事裁判结果进行监督时,发现生效民事裁判涉嫌虚假诉讼犯罪,移送公安机关立案侦查,依法追究行为人刑事责任，同时对因为当事人虚假诉讼而致使法院作出错误的民事裁判，依法提出抗诉或者发出再审检察建议，予以纠正。

【相关规定】1.《民事诉讼法》第208条；2.《最高人民法院、最高人民检察院关于办理虚假诉讼刑事案件适用法律若干问题的解释》第1～3条。

一、民事法律监督的必要性

民事法律是调整一定范围财产关系和人身关系法律规范的总称。它主要规定由于经济利益而形成的权利和义务关系，是社会生活经济条件在法律上的表现。随着社会经济的发展，民事法律对社会的财产关系的调整范围越来越大，适用频率越来越高。民法在资本主义社会中已成为最重要、最发达的法律部门，但它是建立在资本主义私有制基础上并为其服务的。在社会主义社会，特别是在改革、开放中，民事法律越来越受重视，社会主义民法是以维护社会主义市场经济秩序、保护民事主体合法权益为原则，它的调整范围包括：关于财产权利主体的规范，国家集体和公民财产所有权的规范，买卖、赠与、承揽、信托、保管、运送、租赁、借贷等规范，财产继承以及姓名权、名誉权等人身权的规范。

为了保证民事法律的正确实施，确保民事主体的财产和地位的平等，我们必须有效地加强对民事诉讼活动的法律监督。但是，毋庸讳言，当前的民事诉讼活动存在的问题不少，主要有：一是民事案件的审理成为法院"独家经营"。"独家经营"极易受不正之风的干扰，"案子一上门，两方都托人"，送礼的，说情的，作"指示"的不乏其人；二是民事审判干部的大多数，政治和业务素质是好的和比较好的，但是，由于缺少完整的制度保障和明确的责任规定，有的为人情、礼物所打动，有的畏惧权势而徇私枉法，此类事情时有发生。17世纪法国法学家马布利曾精辟指出："如果立法者一开始就不集中注意力去建立公民的财产和地位的平等，那么，他的一切努力将徒劳无益。"因此，加强民事诉讼的法律监督，保证民事诉讼中的公平、合理、合法，已是民事司法的重要选择。

从我国检察机关的性质、任务以及有关现行法律的规定来看，检察机关参加民事诉讼活动是必要的。

(1)我国的检察机关是法律监督机关，它不仅具有打击敌人，惩罚犯罪，维护社会秩序的职能，而且还负有保护国家财产、集体财产和公民个人的合法财产，保卫社会主义现代化建设顺利进行的任务。检察机关要全面地履行其职能，有效地实现上述任务，仅对《刑法》和《刑事诉讼法》的实施实行监督是不够的，检察机关参加民事诉讼活动，是完善我国社会主义法治的需要，也是进一步发挥检察机关在国家政治、经济生活中的作用，建设具有中国特色社会主义检察制度的需要。

(2)在改革、开放不断深入的情况下，经济形势发展很快，各种民事、经济法律纠纷越来越繁杂，不少民事和经济法律行为牵扯到国家、集体和公民的重大利益。为了保证民事和经济法律规范的正确实施，保护国家、集体和公民的合法权益，维护正常的经济秩序和社会秩序，促进社会主义建设事业沿着正确的轨道健康发展，检察机关有必要代表国家干预民事诉讼活动。

(3)当前，因民事纠纷未得到及时正确处理，矛盾激化、转化为刑事案件的比重很大。从预防犯罪，维护社会治安这个角度来看，检察机关参与民事诉讼活动也是十分必要的。

(4)《民事诉讼法》第 14 条规定："人民检察院有权对民事诉讼活动实行法律监督。"同时，《人民检察院组织法》第 20 条第 5 项规定对诉讼活动实行法律监督，检察机关就应该充分发挥这一职能，把参与民事诉讼活动，实行民事诉讼监督的任务逐步承担起来。

民事法律监督是国家干预原则的体现。1922 年，列宁首先提出了社会主义"检察权"的概念，他认为"检察权"是对刑事、民事和行政违法实行全面的法律监督。列宁主张检察机关参加民事诉讼，干预民事关系和民事案件。他在写给苏俄司法人民委员德·伊·库尔斯基的信中明确指出："我们不承认任何'私法'，在我们看来，经济领域的一切都属于公法范围，而不属于私法范围。我们容许的只是国家资本主义……由此只是扩大国家干预'私法'关系的范围，扩大国家废除'私人'合同的权力，不是把罗马法典而是把我们的革命意识运用到'公民法律关系'上去。"列宁还指出："我们的政权愈巩固，民事流转愈发展，就愈加迫切需要提出实施更多的革命法制的坚决口号。"列宁的这些论述确立了国家干预民事法律关系的基本原则，为社会主义国家干预民事活动奠定了理论基础。它表明当事人对民事权利及其诉讼权利的自由处分是相对的，有限制的。如果其行为违反法律，侵害了国家、社会、集体和他人的合法权益，国家必须对其进行干预。

根据列宁的法律监督理论，我国民事诉讼立法实行当事人自行处分和国家、社会干预相结合的原则。这与资本主义国家相比有根本的不同。资本主义国家的民事诉讼法强调"不干涉主义"。从诉讼程序开始进行到终止，均以当事人的意思为准，司法机关不加干涉。它们之所以强调"不干涉主义"，是由社会性质决定，因为它们维护剥削，把私权看得至高无上。为了保护私权的目的，就任当事人主张,国家不予干涉。而我国是社会主义国家,不存在人剥削人的不合理制度,国家、集体、人民三者的利益一致,一切从整体出发,故采取自行处分和国家干预结合的原则,规定当事人的处分权必须在法律许可范围内行使,并不得损害公共利益和他人合法权益,否则无效。这种国家干预的直接体现者应是法院和检察机关。其中法院干预只能体现在案件的审理期间。对于那些应诉未诉事关重大的民事案件,作为法律监督机关的人民检察院,不仅有权对民事审判活动实行法律监督,还有权提起或者参加民事诉讼。可见,国家干预民事活动的重要方式之一,就是检察机关参与民事诉讼活动。这种对民事诉讼活动的干预,在我国建立健全社会主义市场经济制度中尤为重要。

二、民事法律监督的历史状况

1949 年 2 月制定的《最高人民检察署试行组织条例》第 5 条规定:"对于全国社会与劳动人民利益有关之民事案件及一切行政诉讼,均得代表国家公益参与之。"这一规定表明,检察机关站在国家和劳动人民的立场上,参与全国社会和劳动人民利益有关的重大民事案件,而不是参与一般民事案件。这种参与是检察机关的权利,它有权根据案件的具体情况和主客观条件,决定其是否参与。

1951 年 9 月制定的《最高人民检察署暂行组织条例》第 3 条第 6 项和《各级地方人民检察署组织通则》第 2 条第 6 项规定:"代表国家公益参与有关社会和劳动人民利益之重要民事案件及行政诉讼。"它与 1949 年的规定基本相同。

1954 年 9 月制定的《人民检察院组织法》第 4 条第 6 项规定:"对于有关国家和人民利益的重要民事案件有权提起诉讼,或者参加诉讼。"比以前的规定又有发展,增加了提起民事诉讼的权利,完善了参加民事诉讼的内容。

根据法律规定,在 20 世纪 50 年代初、中期,检察机关即初步开展了参与民事案件的活动,分别采取了调解、提起民事诉讼、参与民事诉讼和抗议(抗诉)等方式。对于控告到检察机关的一般民事纠纷,进行调解;对于有关国家、集体和人民利益的重大民事案件,主动提起诉讼。当时检察机关处于程序意义上的原告地位,享有原告的诉讼权利,承担原告的诉讼义务。但它不同于一般民事原告,因为它不是民事权利的主体,对争议诉讼标的没有自身的利害关系。它是站在国家法律的立场上来监督民事审判活动依法进行,保护当事人的正当民事权利,制止非法的侵害,所以它实际上仍起着法律监督作用;对于当事人已经开始的民事诉讼,检察机关在必要的情况下,可以参与。它是以法律监督者的身份来监督民事诉讼活动依法进行,并对案件的是非曲直发表意见。因此,它既可以支持原告,也可以支持被告，从而保证正确地执行法律，维护当事人的合法权利；对于法院的错误判决和裁定，检察机关可以抗议（抗诉）纠正。对于法院未生效的错误裁判，按照上诉程序提出抗诉，对于已经生效的错误裁判，则按照审判监督程序提出抗议。

我国检察机关当时开展参与民事诉讼活动，主要是借鉴苏联的经验。虽对这项职能实施较少，但它对于维护法律的正确实施，调整人民内部关系，已起到一定作用。实践证明，检察机关参与民事诉讼活动十分有益，完全必要。但是，从1957年开始，由于“左”倾思想影响，在对待检察机关职能这一问题上，片面强调只应对敌人实行专政，而忽视保护人民民主、保护公民的民事合法权益，于是放弃了检察机关对民事诉讼的监督职权。这个影响一直持续到1979年修正《人民检察院组织法》时尚未得到消除，仍然删去了1954年《人民检察院组织法》关于提起和参与民事案件的规定。直到1982年制定《民事诉讼法》（试行）时，由于对检察机关参与民事诉讼的意义缺乏深刻的认识，检察机关又强调自身无力承担这项任务，以致在该法中仅作出“人民检察院有权对人民法院的民事审判活动实行法律监督”（第12条）的原则性规定。1991年《民事诉讼法》修订，明确规定人民检察院通过抗诉方式对民事审判活动实行法律监督。民事检察法律监督在全国全面开展，最高人民检察院制定了多个抗诉案件审查程序文件，民事检察法律监督步入正常发展阶段。2007年《民事诉讼法》再度修订，对人民法院审理抗诉案件的审级和审限作了细化，使再审案件的审理更加规范。但是这一阶段《民事诉讼法》的规定仍然不能满足检察机关对民事诉讼实行法律监督的实际需要。2012年《民事诉讼法》修订，明确人民检察院对民事诉讼活动实行法律监督的原则，增加了对法院执行的监督，民事调解的监督，规定检察机关可以通过检察建议的方式进行监督。对审判活动违法行为的监督和检察机关的调查核实权，大大丰富了检察监督的范围、方式，强化了检察监督的保障，从而构建起多元化立体式的民事诉讼监督体系。

三、如何有效地实行民事法律监督

有效地开展民事法律监督，必须搞清民事法律监督中的以下问题。

（一）监督者的法律地位

人民检察院在民事诉讼中应处于何种地位，在理论和实践上争议颇大。占比较多数的有两种观点：一是双重地位说。双重地位说认为人民检察院在提起诉讼中既具有法律监督者身份，又具有原告身份，但只是程序意义上的原告，因为诉讼是由人民检察院提起而开始的，人民检察院理所当然是原告。但人民检察院对争议的标的没有直接的利害关系，不享有实体上的民事权利，故应是程序上的原告。同时，人民检察院还负有对整个民事诉讼活动实行监督的职责，是法律监督者，所以，其法律地位应是双重的。二是公诉人地位说。公诉人地位说认为人民检察院在提起诉讼时并非以原告身份提起，而是代表国家机关提起诉讼。因此，应处于民事公诉人的法律地位。

实际这两种观点都有失偏颇。第一，人民检察院在提起民事诉讼中集程序意义上的原告和法律监督者于一身，容易混淆原告与人民检察院的关系和性质，造成认识上的错误。在民事诉讼中，当事人的诉讼地位和权利义务是平等的，人民检察院提起诉讼是为了有效地对民事诉讼实行法律监督，它与原被告是监督与被监督的关系。在诉讼中，人民检察院并非特定的支持当事人一方（既有可能是原告方，也有可能是被告方），如果人民检察院以原告身份起诉，很容易使人误以为人民检察院与原告是密切相关的一方，从而削弱了人民检察院在民事诉讼中的地位和作用，也容易给人造成一种原告与被告地位不平等的感觉，不利于保证民事法律的正确实施。第二，人民检察院提起公诉是因为被告人的行为构成犯罪，依法应当追究刑事责任而提请人民法院审判的一项刑事诉讼活动。人民检察院提起的民事诉讼是对于无人提起的严重的民事违法案件提交人民法院进行民事调解或裁判，从而对民事诉讼实行法律监督的一种活动。在法庭上，公诉人与被告人的立场是相对立的，而人民检察院在民事审判活动中与双方当事人是监督与被监督的法律关系，它并非一定和被告对立，原、被告双方谁有理就支持谁。如果人民检察院在刑事诉讼、民事诉讼中都采用公诉人的称谓，容易使二者在认识上混淆。

检察机关参加民事诉讼，是指在与争讼标的有利害关系的当事人之间的诉讼开始后，检察机关为保障法律正确实施，保护国家、集体利益或公民的重大合法权益而参加到该诉讼中来的活动。在这个活动过程中，检察机关既不同于共同诉讼人，也不同于诉讼代理人，既不同于第三人，又不同于当事人，而始终处于法律监督者的地位。它既可以支持原告的全部或一部分诉讼请求，在双方都违法的情况下都不支持，而依法发表自己的见解，提出处理意见。

中国法律监督的理论权威王桂五先生在《试论检察机关在民事诉讼中的法律地位》中以“国家监诉人”的称呼来命名这种特殊的法律地位，他认为“国家监诉人”的概念可以包含检察机关对诉讼活动实行监督的全部内容，即一方面对人民法院审判活动是否合法及其审理结果是否正确实行监督,另一方面包含了对诉讼参加人的诉讼活动是否合法实行监督。监诉人可以不受某一具体的诉讼立场的限制,既可以支持原告一方,也可以支持被告一方。如果情况发生了变化,它也可以由支持一方转向支持他方,但检察机关的国家立场则是始终不变的。监诉人可以适用于检察机关介入民事诉讼的各种场合。检察机关主动提起民事诉讼,或者参加当事人已经提起的民事诉讼,都是实现法律监督的形式。

(二)监督的范围

人民检察院作为国家法律监督机关,从理论上讲,它参加民事诉讼的范围不受任何限制。但从目前实际情况看,它不可能参加所有的民事案件,对一般民事案件而言,由法院进行审理就是依法保护当事人的利益,没有必要由检察院加以监督。所以,检察机关参加民事诉讼的范围不宜过宽,可以规定两个原则界限:一是只限于涉及国家和社会重大利益的民事案件,其余则不必参加;二是检察机关认为有必要参加的民事案件。同时,还应规定赋予检察机关参加民事诉讼的权利,不把参加民事诉讼作为其应尽的职责。权利可以行使,也可以不行使,主动权在检察院,并不发生检察院不干预民事诉讼就是违法失职的问题。这样,检察机关就可以根据自己的任务和主、客观条件,决定是否对某些案件行使此项权利,也不影响和削弱检察机关的其他各项任务。至于何为重大民事案件,由于目前司法中还缺乏这方面的实践,究竟应该有哪几种,立法尚不宜作列举式规定,只能加以原则规定。在具体执行上,可由立法机关暂时授权检察院,由其根据案件的性质,对国家和社会利益的影响程度,以及国际国内的社会影响、群众反映等因素来确定。

西南政法大学王洪俊先生在其著的《检察学》一书中,就检察机关参与民事诉讼的范围曾提出自己的看法,他认为检察机关参与民事诉讼的范围应当是:

(1)涉及国家经济计划,与国家下达的指令性、指导性计划有直接联系的重大经济合同纠纷,情节重大的案件。

(2)以合法形式掩盖非法的民事行为,或者恶意串通,实施损害国家、集体的民事行为;组织或者个人侵占、哄抢、私分、截留和破坏国家财产;非法买卖土地,肆意侵占良田、水面,侵占国家山林、水利资源等严重损害国家、集体和公民权益的案件。

(3)违反国家保护环境防止污染的规定,污染环境,或者产品质量不合格造成他人财产、人身损害的重大公害案件。

(4)重大的涉外民事、经济诉讼,以及严重侵犯人身权和重大知识产权的案件。

(5)当事人不愿诉,不敢诉的影响重大的案件,以及检察机关认为应当参与的案件。

(三)监督的方式

检察机关以“国家监诉人”的身份参与民事诉讼活动,他可以采用多种方式行使监督职权:

第一,强制当事人参诉。在人民检察院提起的民事诉讼中,实体的原告人正是他欲保护的一方当事人,在人民检察院提起诉讼后,应强制他参加进来,成为完全意义上的原告人。这样,案件中的被告人,无论是提出反诉还是提出上诉,都只能针对争议标的实体法的主体,即实体义务的承担者,而人民检察院不可能成为被反诉人或被上诉人。

第二,参与并审查诉讼活动。检察机关在参加民事诉讼活动中,既不是民事实体权利的享有者,也不是民事实体义务的承担者,它之所以参加诉讼,是为了通过对民事诉讼活动的干预,揭露和制止当事人一方或双方严重违反民事法律,造成他方重大损失的行为,协助法院查明案件事实,分清责任,并监督法院的审判活动是否合法,使法院能对案件作出正确的处理。

检察机关在参加民事诉讼活动中所处的这种特殊的法律地位,要求它在诉讼中应依法进行广泛的活动。比如,审查诉讼主体有无诉讼请求权;审阅案卷;鉴别、审查证据;对某些事实和证据要进行必要的实地调查;在法庭审理时,要进行有针对性的发问、查证,并阐明支持或不支持的理由和根据,发表依法解决争执和各方应负何种法律责任的意见。

第三,审查民事判决、裁定及其执行情况。检察机关对民事审判活动实行监督同对刑事审判活动实行监督一样,既要看案件事实是否清楚,证据是否确实、充分,也要看适用法律是否适当;监督的方式主要是对错误的裁判提出抗诉或者发出再审检察建议。其中对于枉法裁判的监督,具有两方面的内容:一方面对枉法作出的裁判提出抗诉;另一方面对枉法裁判构成犯罪的,要依法治罪。此外检察机关还有权对审判程序违法情形和执行活动违法情形提出检察建议,予以纠正,即使没有提起和参加民事诉讼,检察院仍然有权对法院的审判活动实行法律监督,同样处于民事诉讼监督者的地位。这主要体现在对法院的民事判决和裁定的正确与否进行监督,即对第一审法院作出的有错误的民事裁判,有权按照上诉审理程序提出抗诉;对已生效的民事裁判,如果发现在认定事实上或适用法律上确有错误,有权按照监督程序提出抗诉。

第六章　行政法律监督

导读6

行政法律监督的目的和意义在于监督行政机关依法行政，推动法治政府建设。当前监督的核心应该是强化行政诉讼法律监督，主要包括对生效裁判结果监督、审判人员违法行为监督和执行活动监督等三项内容。因而，本章着重就行政诉讼法律监督进行论述。《行政诉讼法》作为行政相对人维护自身合法权益的重要法律，其实施状况在很大程度上反映一个国家的法治水平。我国《行政诉讼法》自1990年实施以来，一是法院一审受理案件量少、判决结案少、原告胜诉少；二是撤销案件多、上诉案件多、非诉执行案件多；三是告状难、审判难、执行难。这“三少三多三难”反映出我国行政法律实施状况堪忧，与依法治国形势极不适应，需要引起足够的重视。在这样的状况下，行政诉讼中的法律监督已显得十分必要和迫切，但它又是一门全新的课题，需要在国家法制化的进程中探索、完善和强化。

高层声音

行政检察“一手托两家”，既维护司法公正，又监督和促进依法行政，这是双重责任。各级检察机关要以内设机构改革为契机，一方面加强行政检察办案力量，另一方面着力提升行政检察工作水平。行政检察案件规模小，更要做到精准监督。“今年政府工作报告强调‘政府工作人员要自觉接受法律监督、监察监督和人民监督’，这是第一次。我们要与行政机关、人民法院一起努力探索、做好。”

——张军在中央政法领导干部专题研讨班上的讲话

案例聚焦

提起行政公益诉讼　监督行政权力乱作为

2017年,山西省曲沃县人民检察院查实临汾市三泰高新建材有限公司(以下简称三泰公司),于2008年竞得曲沃县面积为76,700平方米的国有土地使用权后,尚欠土地出让金345万元,且曲沃县国土资源局(以下简称曲沃国土局)证明确有其事。同年9月27日,曲沃检察院向曲沃国土局发出诉前检察建议书,建议采取有效措施向三泰公司追缴345万元土地出让金及利息、滞纳金,或者按照法律规定收回国有土地使用权,并要求曲沃国土局在收到检察建议后一个月内将处理结果书面回复。在规定期限内,曲沃国土局未予书面回复。直至2017年11月,曲沃国土局才向曲沃检察院出具证明一份,证明:截至目前,三泰公司交纳土地出让金共计393.32万元,土地使用权没有收回。2018年4月4日,曲沃检察院向侯马市人民法院提起行政公益诉讼。对此,法院判决曲沃国土局在判决生效后60日内依法向三泰公司履行收缴土地出让金的法定义务。

山西省高院行政庭庭长方建霞认为,该案中,三泰公司欠缴土地出让金事实清楚,曲沃检察院依法行使监督权向曲沃国土局发出检察建议,在其拒不履行法定职责而国家利益仍处于受侵害状态的情况下,依法提起行政公益诉讼。法院在查清事实的基础上,依法支持曲沃检察院提起行政公益诉讼,判令曲沃国土局在判决生效后60日内履行法定职责,保障了土地管理秩序的有序性,维护了国家利益不受侵害,取得良好的法律效果和社会效果。

该案是行政公益诉讼制度确立后,山西省基层人民法院审理的首批行政公益诉讼案件之一。检察机关对行政机关提起行政公益诉讼,突破了行政诉讼传统的“民告官”模式,通过“官告官”的方式进一步拓展了行政诉讼新领域,开启了检察机关和审判机关“合力”监督行政权力运行新模式,有力促进行政机关依法行政新发展。

一、我国行政诉讼制度的确立

行政诉讼是公民、法人或非法人单位因行政机关和公务员在行使行政权力时做出的违法和不当的行政行为侵犯其合法权益而依法向人民法院提起诉讼的活动。

在我国,新中国成立以来,由于政府工作习惯于按政策办事,不习惯依法办事。尽管各级国家行政机关也先后制定颁布了不少行政管理方面的法律、法规和具有行政法效力的规范性文件，但由于人们普遍缺乏行政法制观念，不理解“依法行政”的重要意义，因而，在各级政府行政部门工作中，有法不依，执法不严，违法不究的现象相当普遍。与此相适应，当我国公民、法人和其他社会组织受到国家行政机关或国家工作人员的违法侵害时，一般都只能通过信访或上访的方式诉诸国家机关、纪检机关、新闻舆论机关乃至国家领导人。而这些部门既无法定受理程序，又无法律裁定权，因此，信访部门所受的案件往往久拖不决，公民最终还是告状无门。据中央有关部门调查，信访部门处理来信来访反映的行政纠纷，95%至99%转至同级有关部门或基层单位处理，由于处理不力而造成重复来信、来访的比例高达50%至60%。

但是随着社会主义民主和法治建设的不断完善，依法办事日益成为人们的普遍要求，法院在人们心目中的地位也越来越重要，不少当事人特别是有些公民依靠“上访”长期不能妥善解决其问题，便纷纷到法院去告状。

为了顺乎民情，合乎民心，1982 年，我国的行政诉讼制度相应建立，这年颁布的《民事诉讼法》（试行），在中国法制史上第一次用法律条文明确规定，人民法院受理法律规定可以起诉的行政案件。以后，我国有 120 多个法律和法规规定当事人不服行政机关处罚和某些处理决定的，可以向人民法院起诉。

1985 年颁布的《治安管理处罚条例》，使我国行政诉讼制度进入了一个新的发展阶段。这个条例规定，当事人如果对上一级公安机关的裁决仍然不服，可以依照《民事诉讼法》（试行）的规定，作为告公安机关的行政案件，向法院提起诉讼。继而，法院受理的行政案件涉及土地、林业、草原、城市规划、工商、矿产、渔业、计量、税务、邮政等 20 多个行政管理部门。

1989 年 3 月，《行政诉讼法》（草案）提交第七届全国人民代表大会第二次会议并获得通过。最高人民法院院长任建新说，我国行政管理将逐步走上法律化轨道，公民和法人不服主管行政机关的行政处罚决定或其他行政处理决定，依法可以向人民法院提起诉讼。行政诉讼制度的建立，是社会主义民主政治和社会主义法制建设的重要发展，是促进和保障行政机关依法行政的一个手段。实际也是对公正、准确执行行政法律的有效监督。

2014 年第十二届全国人民代表大会常务委员会第十一次会议通过了关于修改《行政诉讼法》的决定，对《行政诉讼法》进行了第一次修订。2017 年 6 月 27 日第十二届全国人民代表大会常务委员会第二十八次会议通过了《关于修改行政诉讼法》的决定，对《行政诉讼法》进行第二次修订。经过两次修订，《行政诉讼法》从 75 个条文增加到 103 个条文。行政诉讼“立案难、审理难、执行难”等实践中存在的突出问题得到一定程度的缓解,当事人的诉讼权利得到进一步保障,诉讼管辖、诉讼参与人、诉讼程序等得到进一步完善。

二、行政诉讼的标准、范围、依据及其审判结果

(一)行政诉讼的标准

行政诉讼是以行政行为为诉讼对象的一种诉讼活动。行政机关的一切行为并非都可以诉之于法院,行政机关的许多行为并不具有可以提起行政诉讼的性质。那么,可以提起行政诉讼或人民法院对行政案件管辖权的标准是什么?对于这个问题的分析,我们必须从诉讼活动的性质入手。诉讼活动的本质是裁决社会生活中产生的纠纷,从而维护整个社会秩序的稳定。因此,诉讼总是和纠纷、侵权行为相联系。在社会生活中,凡是侵犯他人权利,给他人的权益造成损害的行为,不论行为者是公民、企事业组织,或者国家机关,都可以通过诉讼的途径加以解决。行政活动是国家行政机关行使权力,对国家事务进行管理的活动。行政机关拥有履行职责的全部手段,他不但可以命令、指挥企事业组织、公民从事一定活动,而且可以采取处罚、强制执行等措施实现所要求的状态。在这种不平等的活动中,就有可能给企事业组织和公民造成损害,国家设置行政诉讼,就是留给企事业组织、公民以救济的途径,当侵权行为发生后,使其可以通过人民法院的裁决得到补救。因此,行政机关的活动,只要是对企事业组织、公民造成一定的损害,就可以而且应当允许提起行政诉讼。从行政行为的结果看,无论是行政机关抽象地制定规章的行为,还是具体地采取措施的行为,只要是该行为造成,或者可能造成一定的后果,都可以成为行政诉讼的对象,有关当事人或者实际受到不利影响的人都可以到人民法院对该行为提起诉讼,要求人民法院依法对该行为进行审查,决定撤销与否。应该看到,公民对行政行为提起诉讼,并不单纯是一种意愿的表示,更为重要的是对行政行为实际效果的争议,是出于维护自己合法权益的目的。立法之所以确定某种行政行为应当接受人民法院的审查,就是为了制止不适当的行政行为,维护公民的合法权益,以寻求行政机关与公民在法律上的平衡。

(二)行政诉讼的范围

明确人民法院对行政诉讼的受案范围,也是界定行政诉讼的范围,《行政诉讼法》第 12 条采取列举的方式,规定了十二种情形的具体行政行为,公民、法人或者其他组织可以提起诉讼。这十二种情形是:(1)对拘留、罚款、警告、暂扣或者吊销许可证和执照,责令停产停业,没收违法所得、没收非法财物等行政处罚不服的;

(2)对限制人身自由或者对财产的查封、扣押、冻结等行政措施和行政执行不服的;(3)申请行政许可,行政机关拒绝或者在法定期限内不予答复,或者对行政机关作出的有关行政许可的其他决定不服的;(4)申请行政许可,行政机关拒绝或者在法定期限内不予答复,或者对行政机关作出的有关行政许可的其他决定不服的;(5)对行政机关作出的关于确认土地、矿藏、水流、森林、山岭、草原、荒地、滩涂、海域等自然资源的所有权或者使用权的决定不服的;(6)征收、征用决定及其补偿决定不服的;(7)认为行政机关侵犯其经营自主权或者农村土地承包经营权、农村土地经营权的;(8)认为行政机关滥用行政权力排除或者限制竞争的;(9)认为行政机关违法集资、摊派费用或者违法要求履行其他义务的;(10)认为行政机关没有依法支付抚恤金、最低生活保障待遇或者社会保险待遇的;(11)认为行政机关不依法履行、未按照约定履行或者违法变更、解除政府特许经营协议、土地房屋征收补偿协议等协议的;(12)认为行政机关侵犯其他人身权、财产权等合法权益的。此外,人民法院还受理法律、法规规定可以提起诉讼的其它行政案件。《行政诉讼法》第2条规定公民、法人或者其他组织认为行政机关和行政机关工作人员的行政行为侵犯其合法权益,有权依照本法向人民法院提起诉讼。行政行为,包括法律、法规、规章授权的组织作出的行政行为。行政诉讼受案范围不再限于具体行政行为,也包括抽象行政行为,如对规范性文件的附带审查,对行政合同案件的受理等。

(三)行政诉讼中合法审查的依据

对于行政诉讼中合法审查的依据,在以往的理论和实践中有三种观点:第一种观点认为,合法审查的依据只能是法律和行政法规,行政规章不能作为依据;第二种观点认为,合法审查的依据既可以是法律和行政法规,也可以是行政规章;第三种观点认为,合法审查的依据是法律和行政法规并可参照行政规章。第一种观点把行政规章排除在合法审查的依据之外,其理由是,现在政府的各个职能部门都颁发了大量的规则、章程、命令、指示等,政出多门,如果把行政规章与法律和行政法规放在同等的位置上,有悖于宪法的有关规定,给法制建设造成混乱,故不同意将行政规章作为合法审查的依据。第二种观点在肯定法律和行政法规是合理审查的依据的前提下,肯定了行政规章也纳入合法审查依据的范畴。其理由是现在政府各职能部门发布的规章大多有较严格的程序,并且,这些职能部门都是依照这些规章从事行政活动的,如果否定了行政规章作为合法审查的依据,也就否定了这些大量的行政规章的法律效力,不利于行政法制建设。第三种观点承认合法审查的依据是法律和行政法规,并同时认为人民法院审理行政案件时也可参照行政规章,而不是依照行政规章。其理由是,根据宪法的有关规定,法律和行政法规制定和发布的机关、程序与行政规章有严格的区别,其法律地位不同,效力也不一样。"依照"与"参照"虽只有一字之差,但却有天壤之别,不仅仅是文字表述问题。《行政诉讼法》从我国的国情出发,第 62 条明确规定了人民法院审理行政案件,以法律和行政法规,地方性法规为依据。地方性法规只适用于本行政区域内发生的行政案件。人民法院审理民族自治地方的行政案件,以该民族自治地方的自治条例和单行条例为依据。根据《宪法》的有关规定,国务院部、委以及省、自治区、直辖市和省级人民政府所在地的市和经国务院批准的较大的市的人民政府可以根据法律和国务院的行政法规制定和发布在本区域内施行的行政规章和措施。《行政诉讼法》第 63 条第 3 款规定了人民法院审理行政案件参照这些行政规章和措施。所以,根据《行政诉讼法》的有关规定,合法审查的依据有两个:第一,依照法律和行政法规;第二,参照行政规章和行政措施。

(四)行政诉讼中合法审查的结果

这是指人民法院对于行政案件审理后,根据不同情况,分别作出的判决。由于《行政诉讼法》规定了审理行政案件实行两审终审制,因此合法审查的结果实际上就是一审、二审人民法院进行合法审查后作出的判决。在一审程序中,人民法院必须根据行政行为是否合法的程度作出不同的判决,概括起来,有以下几种情形:行政行为全部正确的,判决予以维持;行政行为全部错误的,判决予以撤销,行政机关违法不作为或不当延误的,判决限期履行;行政行为部分正确、部分错误的,判决部分维持、部分撤销;行政行为含有错误因素,仅仅通过撤销难以解决争议的,判决予以变更。《行政诉讼法》第 77 条第 1 款明确规定了行政处罚明显不当,或者其他行政行为涉及对款额的确定、认定确有错误的,人民法院可以判决变更。《行政诉讼法》第 71 条还规定了人民法院判决行政机关重新作出行政行为时,行政机关不得以同一事实和理由作出与原行政行为基本相同的行政行为。

从二审程序来看,《行政诉讼法》规定,当事人不服第一审判决的,有权在 15 日内向上一级人民法院提起上诉。二审人民法院审理上诉案件时,分情况作出处理:原判决事实清楚,适用法律、法规正确的,判决驳回上诉,维持原判;原判决认定事实清楚,但适用法律、法规错误,依法改判,原判决认定基本事实不清,证据不足,或者由于违反法定程序的,裁定撤销原判,发回原审法院重审,也可查清事实后改判。当事人对重审案件的判决、裁定,可以上诉。除一审、二审程序外,本着有错必纠的原则,《行政诉讼法》还规定了审判监督程序,以保护诉讼主体的合法权益。

三、检察机关参与行政诉讼的意义和作用

上述表明,行政诉讼本身实际就是一种对第三层次法律(行政法)的正确实施和执行的有效监督。在诉讼过程中,行政机关始终是被告,当事人双方在诉讼的法律关系上则是处于平等的法律地位。但是,由于行政机关在依法行使其职权中,同行政相对人包括公民、法人或非法人单位是处于管理和被管理的不平等地位。这种由纵向关系的不平等地位到横向关系的平等地位的行政诉讼,就更加要求人民法院在审理中依法切实保护双方当事人平等地行使合法的诉讼权利和责令双方当事人履行应尽的诉讼义务,真正贯彻执行"在法律面前人人平等"的宪法原则。因此,这就必须要求检察机关参与行政诉讼,监督并保证行政诉讼的平等、合法的进行。

检察机关参与行政诉讼,既不同于法院的作用,也不同于一般当事人的地位。它参与行政诉讼的主要意义有:

第一,有利于检察机关全面履行法律监督职能。检察机关既然依法履行法律监督职能,参与刑事、民事诉讼,保证刑事法律和民事法律的正确执行,就必须同样要加强对行政诉讼的监督,保证行政法律的正确执行。因为行政诉讼是与民事诉讼、刑事诉讼并列的国家三大诉讼之一,是当代社会的重要法律制度。我们要健全社会主义制度,就必须完善对这三方面的法律监督。

第二,有利于加强对公共利益的保护。除了法院可能错判而导致对公共利益的损害情形外,还存在一些公共利益受到损害而无人起诉的情形。例如,行政机关非法对某区域居民免征工商税,对不具备专利或许可条件的人授予专利或颁发许可证等,让检察机关参与行政诉讼,就有利于弥补这一法律上的漏洞,加强对公共利益的保护。

第三,有利于加强对公民、法人权利、利益的保护。在我国,经常存在老百姓不敢告行政机关的现象。因此,检察机关参与行政诉讼可以帮助法院减少错误,消除来自行政机关的不正当阻力,促进行政诉讼的开展。

四、行政诉讼中的国家监诉人制度

在"民事法律监督"一节中已谈及"国家监诉人"的概念。监诉人不是诉讼当事人,而是诉讼参加人或参与人。"监诉人"的概念在目前我国现存法律中虽然尚

无规定,但它却较为准确地概括了检察机关参加诉讼的法律地位。监诉即监督诉讼,指检察机关参与不便起诉、上诉等方式的诉讼参与,其作用是依据检察机关的法律监督职能,加强对法院行政审判活动的监督,加强对公共利益或重要私人利益的保护。

目前,世界各国对检察机关参与行政诉讼活动的法律地位、作用的规定各不相同。联邦德国《行政诉讼法》规定了"公共利益代表人制度"。联邦德国最高检察官作为联邦公共利益代表人,参与联邦最高行政法院,州、地方行政法院的行政诉讼。他们是诉讼参加人,参加大多数行政诉讼的审理过程,既不代表原告,也不代表被告,而是依法代表"社会公共利益"。在前南斯拉夫,检察机关在行政诉讼中享有广泛的权利:(1)根据1977年的南斯拉夫的《行政纠纷法》规定,检察机关有权对虽未直接侵害公民或法人的合法权益,但侵犯了国家或社会公共利益的行政文件,向法院提出行政诉讼,要求行政法院撤销不合法的行政文件;(2)对行政诉讼提出维护法制的要求。对没有管辖权的法院的判决,由共和国或自治省检察院向其主管法院提出;对违反联邦法律的判决,联邦检察院向联邦法院提出保护合法性的请求。

我国检察机关的性质与职能决定它应当参与行政诉讼。

我国行政诉讼,从根本上说,一方面,是法院通过审理案件保护公民、组织的合法权益;另一方面,是为了纠正违法行政行为,使行政机关正确地进行国家行政管理。检察机关负有维护法制、保护公民合法权益的任务。随着国家法治的健全和完善,检察机关作为国家监诉人的身份参与行政诉讼活动,已成为客观的必然。

《行政诉讼法》第11条确定了人民检察院有权对行政诉讼实行法律监督的基本原则。具体而言,第93条规定,最高人民检察院对各级人民法院已经发生法律效力的判决、裁定,上级人民检察院对下级人民法院已经发生法律效力的判决、裁定,发现有本法第91条规定情形之一,或者发现调解书损害国家利益、社会公共利益的,应当提出抗诉。地方各级人民检察院对同级人民法院已经发生法律效力的判决、裁定,发现有本法第91条规定情形之一,或者发现调解书损害国家利益、社会公共利益的,可以向同级人民法院提出检察建议,并报上级人民检察院备案;也可以提请上级人民检察院向同级人民法院提出抗诉。各级人民检察院对审判监督程序以外的其他审判程序中审判人员的违法行为,有权向同级人民法院提出检察建议。

第七章　公益诉讼法律监督

导读7

公益诉讼法律监督，就是检察机关有权通过提起公益诉讼的形式对造成国家和社会公共利益损害的责任人进行法律监督。这种公益诉讼是针对行为损害的是国家和社会公共利益，而没有直接损害原告的利益，因而与起诉人自己没有直接利害关系的诉讼。公益诉讼包括民事公益诉讼和行政公益诉讼，这是按照适用的诉讼法的性质或者被诉对象（客体）的不同划分的。诉讼法理论认为，利益受到了损害，受害者就有权向法院起诉，请求司法救济。按照提起诉讼的主体公益诉讼可以划分为检察机关提起的公益诉讼、其他社会团体和个人提起的公益诉讼，前者称为民事公诉或行政公诉，后者称为一般公益诉讼。

高层声音

2019 年全国人大常委会将听取和审议公益诉讼检察工作情况报告，要以此为契机，努力把工作做得更实更好。2018 年，全国检察机关向行政机关发出检察建议 101,254 件，97.2% 得到采纳，发挥了很大作用。有没有未能真正落实的？上半年，最高检会同省级院组织“回头看”。省级检察院要实地去一些地方看看，市、县级院更要一件一件去审视。“如果发现虚假落实或者回潮的，向上级检察院和本地党委政府报告，有的就要依法直接诉至法院。”张军认为，探索拓展公益诉讼范围要采取稳妥、慎重、积极的态度。“为什么？法律明确授权的四个方面，加上涉英烈权益保护，检察机关还有大量工作没做到、没做到位，贪多会‘消化不良’。”

——张军在中央政法领导干部专题研讨班上的讲话

案例聚焦

刑事附带民事公益诉讼　对非法倾倒废物者“亮剑”

2018年7月16日，安徽省芜湖市镜湖区检察院以涉嫌污染环境罪，就社会关注的“1·26”长江安徽段跨省非法倾倒固废案中李某等12名被告人提起公诉，同时对该起污染案中的12名被告人及9家源头企业提起刑事附带民事公益诉讼。这在安徽省检察机关属首次。2018年12月25日，该案入选全国检察机关公益诉讼十大典型案例。

2017年1月，李某在无固体废物处置资质的情况下，成立某环保服务公司，与黄某、张某等人共同实施工业污泥的跨省非法转移和处置。2017年10月中下旬，李某从江苏、浙江等9家企业收集工业污泥共计2500余吨，黄某通过联系运输船主高某、沈某、张某，先后两次将污泥运至安徽铜陵长江边，吴某、林某、朱某、查某联系浮吊老板潘某，将污泥直接倾倒于铜陵市江滨村江滩边，造成长江生态环境严重污染。经鉴定，倾倒的污泥等固体废物中含有重金属、石油溶剂等有毒、有害物质，倾倒区域的地表水、土壤和地下水环境介质均受到了不同程度的损害，造成包括应急监测、应急清运和应急处置等公私财产损失共计790余万元，生态环境修复费用310余万元。此外，被告人李某、黄某、张某等人还涉嫌非法倾倒4410余吨工业污泥未遂。

案件发生后，检察机关提前介入此案，完善固定了长江生态环境受污染、破坏的证据。同时引导公安机关调查取证，有力地证实了涉案企业主观上存在过错，客观上存在违法违规的行为。2018年7月16日，镜湖区检察院以被告人李某等12人犯污染环境罪向法院提起公诉，同时对上述被告人及9家源头企业提起了刑事附带民事公益诉讼，要求其共同赔偿因非法倾倒污泥造成环境污染所产生的应急处置、环境损害修复、鉴定评估费用等各项赔偿共计1302万余元。2018年10月15日，镜湖区法院作出一审判决：以污染环境罪分别判处各被告人有期徒刑1年6个月至6年不等，各并处罚金1万元至20万元不等。判处涉案9家源头企业与各被告人在各自非法处置污泥的数量范围内承担相应的环境侵权损害赔偿责任，并在省级媒体上向社会公开赔礼道歉。目前，涉案9家企业赔偿金1302万元已经全部支付到位。

一、公益诉讼制度的法理分析

公益诉讼不是一种单独的诉讼形式，而是一种以诉讼目的为基准界定的概念，旨在描述检察机关、公益性团体或个人所进行的具有公益性质的诉讼活动。与维护个人和组织自身的合法权益的私益诉讼相比较，公益诉讼的诉讼目的是维护国家利益和社会公共利益。公民、法人或其他组织经法律授权，可依法行使诉讼权利，并保证人民法院查明事实、分清是非、正确适用法律、及时审理违法案件、确认权利义务关系，制裁违法行为，以保护国家和社会公共利益。公益诉讼当事人中的原告既可以是直接受到违法行为侵害的社会组织和个人，也可以是没有直接受到违法行为侵害的社会组织和个人。即只要行为人的违法行为侵害了国家利益或者社会公共利益，对国家或不特定的人的合法权益构成损害或具有潜在的损害可能，任何组织或个人都有权代表国家起诉违法者，以保护国家利益和社会公共秩序。无直接利害关系的人之所以有权起诉违法侵害国家利益、社会公共利益的行为，主要因为，原告作为国家主人，有权利也有义务维护国家利益和社会公共利益。同时，国家、社会和个人（或组织）的利益是一致的，三者的关系是整体与部分的关系，既相互依存又相互独立。侵害国家和社会公共利益，必然有个体利益受到损害。因此，维护国家利益、社会公共利益实际上是维护个体利益。如果一个诉讼是出于维护公益的目的而提起的，既实现了公共利益，同时也满足了当事人的愿望，这样的诉讼也应该属于公益诉讼范畴。

无论在大陆法系还是英美法系，关于民事公益诉讼原告的具体制度规定上有或多或少的差异，但有一点是共同的，即在民事公益诉讼中的原告资格上并未采取一元化即只能由直接利害关系人提起诉讼，而是多元化的，除了直接利害关系人外，非直接利益关系人也可以成为原告。具体而言，检察机关作为原告提起民事公益诉讼是一种通用形式，与案件无利害关系的一般民众或社会组织、社会团体，在很多国家也具有原告资格代表他人提起诉讼，并且在一些国家，对基于公共利益而提起的私人诉讼或民众诉讼有一定的奖励。这些共同点一方面说明了在民事公益诉讼领域中立法实行原告的多元化已成为近现代民事公益诉讼的基本趋势；另一方面也为中国关于民事公益诉讼原告制度的设计提供了蓝本。

比较发达的美国、日本、英国等国相关立法，可以看出，相对于私益诉讼，公益诉讼有其明显的特征：

一是公益诉讼的原告是不特定的人，一般仅指无利害关系的人，但古罗马法亦包括有利害关系的人，且如果原告为多人，可由裁判法官选择适宜的人作为原告;二是原告起诉的出发点在于维护社会公共利益,法律尊严及社会公平正义,而非个人一己私利;三是公益诉讼涉及的案件范围宽泛,可以是民事侵权行为,也可以是行政违法、刑事犯罪活动;四是公益诉讼的地位是对国家机关执法能力不足的补充与协助,而非取代国家机关进行执法活动;五是原告在胜诉后往往受到一定的物质奖励。

公益诉讼制度在美国的发展相对健全,尤其在美国《反欺骗政府法》及反垄断法规中都有相关的详细而完备的权利规定及程序设计,为人们今天研究公益诉讼制度的构建提供了一个比较好的参考。

党的十八届四中全会通过的《中共中央关于全面推进依法治国若干重大问题的决定》是加快建设社会主义法治国家的纲领性文件。该决定要求在依法治国建设进程中,检察机关要承担起更加重要的责任,明确提出"探索建立检察机关提起公益诉讼制度"。近年来,随着依法治国理念的深入,社会主义法治国家建设步伐的加快,公民的法治意识已经有了极大提高。当前,经济交往日益频繁,社会领域的冲突和矛盾日益激烈,一些侵权行为呈现出损害扩散、受害范围广泛、受害持续时间较长和受害者众多等特点,涉及公共利益保护的各类案件大量呈现。在行政管理领域,行政机关的行政行为往往不仅仅涉及行政相对人的个体权利,在很多情况下还涉及国家利益和社会公共利益。目前,有关行政公益的纠纷主要集中于行政规划、行政公产、公共服务、国有资产保护、行业竞争、自然资源、公共工程建设、政策性行政垄断、产品质量监管、环境监管、医疗损害等领域。

2015 年 7 月 1 日,第十二届全国人大常委会第十五次会议通过《全国人民代表大会常务委员会关于授权最高人民检察院在部分地区开展公益诉讼试点工作的决定》,2015 年 7 月 2 日,最高人民检察院发布《检察机关提起公益诉讼改革试点方案》,并选择北京、内蒙古、吉林、江苏、安徽、福建、山东、湖北、广东、贵州、云南、陕西、甘肃 13 个省、自治区、直辖市的检察院开展改革试点,试点期限为 2 年。2017 年 6 月 30 日试点到期后,检察机关提出将公益诉讼写进修改后的《民事诉讼法》和《行政诉讼法》,从 2017 年 7 月 1 日起全国推开。

从理论上说,公益诉讼的实施至少要解决受案范围和原告资格两大问题:一是受案范围,指的是哪些事项可以提起公益诉讼并进行监督。对此,要区分民事公益诉讼和行政公益诉讼。仅就行政公益诉讼而言,凡是侵害公共利益的行为均可以提起公益诉讼。但是,如同一般行政诉讼受案范围的确定要受到诸多因素的制约一样,行政公益诉讼的受案范围更要受到一定的限制。我们确定行政公益诉讼可进行监督的行政事项时,应根据一个阶段内该事项对公共利益的影响、法院的审判能力、行政机关的法治水平等具体情况，逐步规定和完善。当前监督普遍集中在国有资产保护、国有土地使用权转让、生态环境和资源保护、食品药品安全和英雄烈士纪念设施保护等领域，这是监督的重点领域，显然监督范围不应以此为限。二是原告资格问题，即确定检察机关的诉讼地位。在承认检察机关是启动公益诉讼的当然主体之后，检察机关在公益诉讼中处于什么地位？有人认为是法律监督者，有人认为是原告，有人认为是公诉人，也有人认为是非当事人。确立公益诉讼制度旨在将损害公共利益的案件纳入司法审查的范围，加强监督。因此在程序设计上，应和刑事公诉人角色类似，起诉人可以称为民事公益诉讼起诉人和行政公益诉讼起诉人。这既体现出我国检察机关的法律定位，又是其在刑事诉讼中承担公诉人角色的自然延伸，同时也不破坏传统的诉讼结构。同时，检察机关有资格提起公益诉讼，只是意味着其对诉讼拥有诉讼管理权或诉讼实行权，但只能启动诉讼程序，而非公共利益的完全或实体代表，因此不应对公益诉讼案件的实体问题享有完全的处分权，其诉讼权利也应受到相应的限制，和解和撤诉应当经过法院审查同意。由于公益诉讼的目的是维护社会公共利益，诉讼费用应该由国家承担，检察机关提起行政公益诉讼免交案件受理费；此外，如果行政机关败诉，作为惩罚，应由败诉的行政机关承担案件受理费。

定义链接

“公地悲剧”是经济学界熟知的一个现象，也是一个广泛存在的现实。在外国，有人做过一个有趣的实验，取一块草地，草地被划分成几块分给牧羊人，但在中间留下了一块作为公共用地，每一个牧羊人都可以自由使用。结果，社会学者们发现，一年下来，被划分给个人的草地被有计划和节制地使用，而作为公共用地的草地却因为过度放牧而寸草不生。试验得出的结论是：由于每个人都有将自己的生存空间和资源向外拓展的天性，在公共利益处于无人管理的状态下，每个人都会自觉或不自觉地榨取公共资源为己所用。因此，处于无保护状态下的公共利益是最易受到侵害的。诉讼法理论认为，利益受到了损害，受害者就有权向法院起诉，请求司法救济，正如如果另一个牧羊人的羊群吃了你的草地，你可以要求他赔偿一样，但是，公共的草地从理论上而言属于所有的牧羊人，如果它的利益受到了损害，由谁来提起诉讼呢？随着社会公共领域延伸及公共事务数量的增长，人们国家的法律正面临着如是问题。公益诉讼是解决“公地悲剧”的一种诉讼手段，它在中国的出现和发展反映了公共利益保护的紧迫需要。

二、公益诉讼的实践

2017 年 7 月 1 日，第十二届全国人大常委会第二十八次会议作出《全国人民代表大会常务委员会关于修改〈中华人民共和国民事诉讼法〉和〈中华人民共和国行政诉讼法〉的决定》（以下简称《决定》），明确将检察机关提起公益诉讼制度写入这两部法律，标志着检察机关公益诉讼法律地位的正式确立。《决定》规定，人民检察院在履行职责中发现生态环境和资源保护、食品药品安全、国有财产保护、国有土地使用权出让等领域或负有监督管理职责的行政机关，违反行使职权或者不作为致使国家利益或者社会公共利益受到侵害的，应当向行政机关提出检察建议，督促其依法履行职责。行政机关不依法履行职责的，人民检察院依法向人民法院提起诉讼。行政公益诉讼必须有一个诉前程序，即在提起行政公益诉讼后要先向不依法履行职责的行政机关提出检察建议，督促其依法履行职责。在行政机关不纠正违法或怠于履行职责的情况下，检察机关通过提起公益诉讼的方式，督促行政机关依法履行保护公益职责，弥补了公益诉讼的主体缺位，增强了公益保护的刚性。

各地在司法实践中，牢牢把握《决定》要求，以生态环境、食品药品安全和国有资产流失领域等为重点，集中摸排线索，并用足用好“诉前检察建议、诉前圆桌会议、提起公益诉讼、诉后跟进监督”四种法律监督情形，积极推动行政机关主动履职纠错，共同促进公益损害问题及时有效解决。紧紧围绕“公益”这个核心，先后对生态环境污染、危害食品药品安全、国有财产保护、国有土地使用权出让四大领域开展线索摸排。

公益诉讼改变了检察机关以往的工作方式：查办犯罪大都是公安机关破案，然后再移送到检察机关；公益诉讼则要靠检察机关主动去发现线索，摸排线索。具体到公益诉讼实践，主要有以下做法：

（1）公益诉讼的发展需要营造良好的外部环境。司法改革必须由内部性改革向外部性改革逐步转移，为公益诉讼的发展营造良好外部环境。公益诉讼刚刚起步，会遇到各种阻力，这就需要当地党委、政府密切配合支持，否则就举步维艰。所以，工作中要多向党委汇报，争取党委支持，并通过和政府或者政府职能部门，同环境管理部门、食药品管理部门、国有资产管理部门等进行双向协商，签订相关文件。

公益诉讼发挥作用，需要自上而下的强有力支持和保障。如果没有国家立法的支持，检察机关提起公益诉讼外部环境的优化就不可能全面，只能是因地而异、因人而异、因事而异。

(2)发挥诉前程序功能,多重程序维护公共利益。在公益诉讼制度实施一周年之际,浙江全省检察机关共立案公益诉讼案件 834 件,办理诉前程序案件 675 件,向法院提起公益诉讼 27 件,成绩骄人。其中,他们把公益诉讼工作重心放在诉前程序,注重加强与行政机关的沟通协调,促进自我纠正,尽力把问题解决在诉前阶段。在全省回复期满的 292 件行政诉前案件中,行政机关已依法履职 274 件,占 93.8%,促进了公益诉讼与行政执法良性互动。在向法院提起的 27 件公益诉讼案件中,其中行政公益诉讼 1 件、民事公益诉讼 1 件、刑事附带民事公益诉讼 25 件。

(3)借助专业技术人才力量。公益诉讼调查中需要借助专业人才科学测算赔偿费用,如 2014 年五六月,泰州地区连续发生水污染事件,其中靖江市长江饮用水源地取水口水体两次出现异味。2014 年 7 月该案告破,系海德公司将生产过程中产生的 102.44 吨废碱液交由不具备危废处理资质的李宏生等人处置,后废碱液被分次排入长江、新通扬运河,造成靖江、兴化水体严重污染。因主要犯罪地不在靖江,该刑事案件被指定由泰州市姜堰区检察院审查起诉。对此,靖江市检察院密切关注案件进展,按照公益诉讼的证明标准,及时跟进收集海德公司污染环境的相关证据。2015 年 11 月,姜堰区法院对 19 名被告人和 2 个被告单位以污染环境罪作出刑事判决。

当时,环境公益调查还是新生事物。就基层检察机关而言,既没有现成的长江水体污染监督案例,也没有具体详尽的工作机制。在上级机关领导和市委市政府支持下,靖江市检察院展开了大胆探索。他们会同政府办、环保、海事、自来水公司等部门和单位,多次召开调查座谈,通报刑事案件办理进展,指导相关部门收集环境损害的证据,梳理相关法律法规和政策依据,为提起公益诉讼做好积极准备。

(4)注重调查核实,全面收集证据。要求办案人员牢固树立证据意识,充分运用调查核实手段,围绕待证事实,从证据种类、取证原则、责任归属等方面制定取证方案,依法依规全面收集并固定证据。收集的证据要求具备法定的形式,符合证据“真实性、合法性、关联性”的要求,以确保证据的证明力。拟发检察建议前,必须要调阅行政执法卷宗材料、询问当事人和证人、调取相关证据,必要时还要赴现场进行实地勘测,听取专业人员意见或进行鉴定。回复期满后,对于行政机关采纳并能及时改正的,进行现场验收或检查;采纳但不能及时改正的,继续进行跟踪监督落实。对于不采纳检察建议的,将进一步完善有关证据,做好提起公益诉讼的准备。同时,还要讲求策略,规范办案程序。要求办案人员要有自侦部门的“侦查”意识,对如何调查行政相对人的违法事实,行政机关是否履职到位等都需要注意策略。先从外围事实出发,固定损害公益的相关证据以后再调取行政机关的行政执法档案,以获取行政机关是否存在违法履职或不履职的证据。在调查前坚持拟定调查提纲,明确调查方向和方法,严格办案程序。

三、公益诉讼监督的探索方向

检察建议和诉诸法庭公益诉讼都是法律监督权的行使方式,从司法效率来讲,发出检察建议并得到采纳,是最省心也是耗费资源最小的监督方式;但仅有建议还不够,行政公益诉讼的善后,既拓展了公益诉讼的空间,也强化了法律监督权的强制性和执行力。多管齐下,多举措协同,将成为检察制度改革的重要方向。

公益诉讼制度虽已建立,但配套制度措施仍不完善。调查取证缺乏刚性保障手段,调查核实意识不到位、调查核实缺乏有效操作规范、办案力量亟待加强,办案人员能力有待提高,办案思维、知识储备、业务素质等还不能完全适应全面开展公益诉讼工作的新要求。

一是加强公益诉讼专门人才队伍建设,建立专门的公益诉讼人才库,并做好公益诉讼培训工作,向基层一线倾斜,全面提升办案能力,加强公益诉讼办案保障力度,将有关设备采购资金和鉴定经费列入年度预算,积极推动财政部门在经费上予以支持。

二是积极推动建立环境公益司法保护专项基金。提起公益诉讼,诉讼本身不是目的,保护公益、恢复受损的公益才是根本。尤其是涉及环境的公益诉讼案件,修复治理尤为重要。因此,司法机关在诉前申请使用专项基金进行相关鉴定与评估,待法院判决后由损害方支付有关费用在司法实践中非常重要。但公益赔偿金究竟归属于哪个部门,怎么管理、怎么使用等是个问题,现在实际当中的做法非常不统一。对公益诉讼赔偿款加强管理,建立公益赔偿基金,国家统一管理,无论是检察机关还是社会组织,通过提起公益诉讼获得的赔偿款,应该统一管理、统一使用,提高资金使用效率。实践中,环境公益诉讼案存在鉴定难、鉴定贵的问题。公益诉讼中,环境问题技术性和专业性较强,对环境损害后果的鉴定评估、环境损害行为与损害结果之间因果关系的证明都非常专业,有的案件鉴定费用几十万元甚至上百万元。

三是建立或聘请专门的鉴定机构。公益诉讼涉及的专业性问题较为特殊,不能通过分散的鉴定机构进行鉴定,而是应该建立自上而下的,具有统一鉴定机构、鉴定体系和鉴定制度的“国家队”,来专门负责公益诉讼鉴定事宜。尽管法律确立了“谁损害、谁治理”的原则,但涉及大气、水环境、土壤的修复治理,非常专业,有的也需要漫长过程,实践中操作起来比较复杂,谁来组织实施、谁来监督执行、修复达标与否由谁来评估认定,这些目前实践中尚不明确。

四是进一步完善工作机制和检察建议的可操作性问题研究。(1)明确行政公益诉讼诉前检察建议的适用范围,防止将“公益”泛化,对不具有公共性的利益以公益诉讼的方式进行保护,导致公益诉讼被滥用,浪费司法资源。(2)确立行政机关履职判断标准。如行政机关履职以公益受损害程度的挽回或明显降低为依据;合乎法律法规规定,根据法律法规的规定来审查行政机关是否纠正违法或依法履职;穷尽原则,对于行政机关依法穷尽自身职责的,可视为依法履职。(3)做好公益诉讼诉前检察建议与公益诉讼的衔接工作。诉前检察监督的内容要与诉讼请求相匹配,在诉前检察建议写明行政机关违法行使职权和不作为的事实,包括其对国家利益和社会公共利益造成损害的情况,损害事实和违法行为的因果关系,提起公益诉讼的法律依据。在公益诉讼请求中,向法院提出撤销或者部分撤销违法行政行为,在一定期限内履行法定职责、确认行政机关违法或者无效,变更行政行为的诉讼请求,切实做好诉前检察建议和公益诉讼诉讼请求的衔接工作。(4)检察机关在行政公益诉讼方面多措并举,节约司法资源。对于那些违法行使职权或者不作为的行政机关及其工作人员,除了依法追究其刑事责任外,还应当依据法律法规,通过检察建议、提起行政公益诉讼等方式,督促其依法履行职责;根据案情需要,还可以依法提起行政附带民事公益诉讼,有效节约司法资源。(5)在行政公益诉讼整个过程,注重发挥监督检察机关法律监督职能。检察机关提起公益诉讼不同于一般原告,检察机关提起公益诉讼是履行职责的职权行为,代表的不是自身利益而是国家公益。在公益诉讼过程中,法律监督贯穿于公益诉讼的立案、调查、起诉、审理、裁判、执行全过程,不仅监督行政机关是否依法履行职责,更要监督法院裁判活动是否合法,做到每办一起案件就要收到良好的社会反响,借办行政公益诉讼案件提高检察机关的影响力,发挥检察机关在服务大局中的独特作用。

案例聚焦

职能部门不依法履职　检察机关依法行使监督权

【指导要旨】检察机关通过检察建议实现了督促行政机关依法履职、维护国家利益和社会公共利益目的的，不需要再向人民法院提起诉讼。

【基本案情】2013 年 6 月，长沙威尼斯城房地产开发有限公司（以下简称威尼斯城房产公司）开发的威尼斯城第四期项目开始建设。该项目将原定项目建设的性质、规模、容积率等作出重大调整，开工建设前未按照《环境影响评价法》的规定重新报批环境影响评价文件。2016 年 8 月 29 日，湖南省长沙县行政执法局对威尼斯城房产公司作出行政处罚决定，责令该公司停止第四期项目建设，并处以 10 万元罚款。威尼斯城房产公司虽然缴纳了罚款但并未停止建设。截至 2018 年 3 月 7 日，该项目已经建成 1～6 栋。7～8 栋未取得施工许可证即开始进行基坑施工（停工状态），9 栋未开工建设。

【检察建议】2017 年 7 月 20 日，湖南省长沙市人民检察院在参与中央环保督查组督查过程中，发现长沙县城乡规划建设局、长沙县行政执法局不依法履行职责致使国家和社会公共利益受损的线索。报告湖南省人民检察院后，湖南省人民检察院将案件线索交长沙市人民检察院办理。长沙市人民检察院调查发现，2003 年 4 月 22 日至 2017 年 3 月 14 日，威尼斯城第四期项目建设用地位于参照饮用水水源一级保护区保护范围内。2017 年 3 月 14 日后，根据湖南省人民政府调整后的饮用水水源保护区划定，该建设项目用地位于饮用水水源二级保护区保护范围内。经调查核实，长沙市人民检察院认为长沙县城乡规划建设局等三行政机关不依法履行职责，对当地生态环境、饮用水水源安全造成重大影响，侵害了社会公共利益。其中：长沙县城乡规划建设局明知威尼斯城第四期项目必须重新申报环境影响评价文件，但在未重新申报的情况下，发放建设工程规划许可证和建筑工程施工许可证，导致项目违法建设，给当地生态环境造成重大影响。

长沙县行政执法局明知威尼斯城第四期项目环境影响评价未申报通过，在未批先建的情况下，虽作出责令停止建设，并处以罚款 10 万元的决定，但未进一步采取措施，导致该项目 1～6 栋最终建设完成，同时对该项目 7～8 栋无建筑工程施工许可就开挖基坑的违法行为未责令恢复原状，造成重大生态环境影响。

长沙县环境保护局明知威尼斯城第四期项目环境影响评价未申报通过，却在该项目1～6栋建设工程规划许可证申请表上盖章予以认可，造成违法建设，给当地生态环境造成重大影响。

2017年12月18日、2018年3月16日，长沙市人民检察院先后分别向长沙县城乡规划建设局、长沙县行政执法局和长沙县环境保护局发出检察建议：一是建议长沙县行政执法局依法对威尼斯城房产公司未依法停止建设，仍处于继续状态的违法行为进行处罚，责令对违法在建工程恢复原状。二是建议三行政机关在职责范围内依法处理威尼斯城第四期项目环境影响评价、建设工程规划许可和建筑工程施工许可等问题。三是建议三行政机关依法加强对该项目行政许可的审批管理和执法监管，杜绝类似违法行为再次发生。

检察机关发出检察建议后，与长沙县行政执法局等三机关以及长沙县人民政府进行了反复协调沟通，促进相关检察建议落实。三机关均按期对长沙市人民检察院检察建议进行了书面回复。2018年4月10日，长沙县行政执法局根据检察建议的要求对威尼斯城房产公司作出行政处罚决定：责令该公司立即停止第四期项目建设；对7～8栋基坑恢复原状，并处罚款4,365,058.67元。威尼斯城房产公司接受处罚并对7～8栋基坑恢复原状。长沙县城乡规划建设局、长沙县环境保护局根据检察建议的要求加大对该项目的监管力度，对类似行政审批流程进行规范，对相关责任人员进行追责，给予4名工作人员相应的行政处分。

2018年2月9日，长沙县人民政府就纠正违法行为与长沙市人民检察院沟通并对相关问题提出处置意见。因该案涉及饮用水水源地保护区调整，长沙市人民检察院依法向长沙县人民政府发出工作建议，建议该县及时向上级机关申报重新划定饮用水水源地保护区范围；对该项目监管和执法中暴露出来的相关违法违规问题依法依规进行处理；加强对建设项目审批的管理和监督和对招商引资项目的管理，进一步规范行政许可、行政审批行为，切实防止损害生态环境和资源保护行为的发生。

2018年5月17日，长沙县人民政府就工作建议向长沙市人民检察院作出书面回复，对威尼斯城第四期项目违法建设的处置提出具体的工作意见和实施办法。长沙市人民检察院认为，威尼斯城第四期项目违法建设对当地生态环境和饮用水水源地造成重大影响，损害社会公共利益，考虑到该项目1～6栋已经销售完毕，仅第6栋就涉及320户，涉及众多群众利益，撤销该项目的建设工程规划许可证和建筑工程施工许可证并拆除建筑，将损害不知情群众的利益。经论证，采取取水口上移变更饮用水水源地保护区范围等补救措施，不影响威尼斯城众多业主的合法权益和生活稳定，社会效果和法律效果较好。根据长沙市人民检察院的建议，长沙县人民政府上移饮用水取水口。2018 年 5 月 31 日，新建设的长沙县星沙第二水厂取水泵站已经通水。2018 年 10 月 29 日，经湖南省人民政府批准，长沙市人民政府对饮用水水源地保护范围进行了调整。

【指导意义】检察机关办理公益诉讼案件，应当着眼于切实维护国家利益和社会公共利益的目标，加强与行政机关沟通协调，注重各项实际措施的落实到位。充分发挥诉前程序的功能作用，努力实现案件办理政治效果、社会效果和法律效果的有机统一。对于一个污染环境或者破坏生态的事件，多个行政机关存在违法行使职权或者不作为情形的，检察机关可以分别提出检察建议，督促其依法履行各自职责。依据法律规定，有多种行政监管、处罚措施可选择时，应从最大限度保护国家利益或者社会公共利益出发，建议行政机关采取尽量不减损非侵权主体的合法权益、实际效果最好的监管处罚措施。（根据检例第 50 号）

【相关规定】1.《中华人民共和国环境保护法》第 61 条；2.《中华人民共和国水污染防治法》第 66 条；3.《中华人民共和国环境影响评价法》第 31 条；4.《中华人民共和国行政诉讼法》第 25 条第 4 款；5.《环境行政处罚办法》第 11 条。

聚焦浙江公益诉讼探索：

2002 年，全国首起由检察机关提起的民事公诉案诞生于浦江。

2011 年，全国首例由检察机关提起的环境公益诉讼案在平湖市法院开庭审理。

2017 年 2 月 20 日，浙江审结首例环境公益诉讼案，绍兴市检察院的 2 名检察官作为"支持起诉人"出庭参与。

浙江省较早开始由检察机关提起公益诉讼的先行探索。公益诉讼制度建立后，浙江检察机关将环境资源、食品药品、国有财产、国有土地使用权出让、英烈保护等领域的公益损害行为列为公益保护的重点，依法提起公益诉讼。

2018 年 1 月，浙江省检察院在全国率先出台《服务保障生态环境损害赔偿制度改革的意见》，创建检察公益诉讼与生态赔偿诉讼衔接机制。

2018 年 6 月 29 日，浙江全省三级检察院同时成立公益损害与诉讼违法举报中心暨"12309"检察服务中心，让群众对侵害公共利益等现象"告状有门"，"维权有路"。

2018年10月8日，浙江省人民检察院发布《全省检察机关公益诉讼案件办理情况报告》，在晒成绩的同时，披露了办案中发现的行政执法六大问题，并就进一步加强公益保护、促进依法行政提出建议。

公益诉讼直面社会复杂矛盾，遇到的阻力大，面临的困难多。全省三级检察院采取专题报告、信息专报等方式，主动向党委、政府汇报重大案件办理情况、重大工作进展和遇到的重大问题，争取党委、政府的重视支持，以法治方式更好地保护社会公共利益。

目前，温州、义乌等70多个市、县（市、区）党委、人大、政府出台了支持检察机关公益诉讼工作的意见，初步形成以检察机关为主、行政机关协同配合、社会组织共同参与的公益保护工作格局。

一年多来，全省检察机关共立案公益诉讼6688件，进入诉前程序5948件；案件覆盖全省89个县、市、区和法律规定的五大领域，数量居全国非试点省份的前列，一批时间跨度较长、社会关注度较高的公共利益保护“老大难”问题得到解决。

聚焦环保领域：

2018年2月1日，造成环境严重破坏的衢州瑞力杰化工有限公司污染环境案在开化县法院开庭。这是公益诉讼制度施行以来，浙江首例由检察机关提起的民事公益诉讼案件，检察机关首次以公益诉讼人的身份出庭，向企业讨还“环境债”。

出庭支持公益诉讼的开化县检察院党组书记、检察长周红梁说，希望通过本案警示包括被告在内的相关企业，要增强法制意识、环保意识、责任意识，与政府部门一起强化源头预防和综合治理，杜绝环境污染。

2018年5月9日，青田众鑫污水处理有限公司恶意偷排重金属超标废水被曝光。第二天，青田县检察院就派员介入公安侦查，固定案件证据，并迅速依法批捕了4名涉嫌犯罪的嫌疑人。

经鉴定，偷排废水所造成的生态环境损害数额达275万余元，造成生态环境特别严重损害。青田县检察院以涉嫌污染环境罪对4名被告人提起公诉，4人均因污染环境罪被处罚、判刑。

一年多来，全省检察机关办理生态环境和资源保护领域公益诉讼3263件，督促处置固废垃圾40.9万吨，整治关停企业63家。省检察机关把服务“美丽浙江”和大花园建设作为公益诉讼方向，筑牢保护青山绿水的坚固屏障。

第八章　涉及未成年人案件法律监督

导读 8

党和国家对未成年人保护工作非常重视，全国人大常委会和国务院先后制定了多项保障未成年人权益的法律法规，有力地推动了未成年人保护工作的开展。2006 年，全国人大常委会对《未成年人保护法》进行了全面修订。近年来，与未成年人保护工作相关的《刑法》《刑事诉讼法》《婚姻法》等有关条款也已先后作出了修改。各级检察机关经过不懈的探索和努力，承担起涉及未成年犯罪法律监督工作职能（以下简称未检工作），明确了全面综合保护未成年人的发展方向，拓展了未检工作的内涵和外延。未检部门受案范围由未成年人犯罪到未成年人权益受侵害案件再到涉及未成年人的刑事、民事、行政监督，纵向的"捕诉监防一体化"和横向的涉及未成年人的刑事、民事、行政"一条龙"逐步完善，形成了未成年犯罪法律监督工作独立业务体系。

新闻视点

为保护未成年人健康成长　最高检发出一号检察建议

北京 2019 年 3 月 12 日，最高人民检察院检察长张军第一次以首席大检察官的身份向十三届全国人大二次会议作工作报告。通过这份工作报告获悉，为遏制和减少未成年学生遭受违法侵犯，通过堵漏建制来斩断伸向孩子们的黑手，2018 年 10 月，最高检向教育部发出史上首份检察建议书（以下简称一号检察建议）。

一号检察建议的核心内容是，建议进一步健全完善预防性侵害的制度机制；加强对校园预防性侵害相关制度落实情况的监督检查；依法严肃处理有关违法违纪人员等。

据最高检工作报告显示,近年来幼儿园和中小学教职员工性侵害幼儿园儿童、中小学学生犯罪案件呈明显上升趋势,2018年同比上升30%,而且相当数量的案件犯罪时间长、侵害次数多,一案侵犯多名学生,犯罪情节恶劣。例如齐某强奸、猥亵多名女童,拒不认罪,仅被判处10年有期徒刑。最高人民检察院抗诉后改判无期徒刑,并将一起抗诉改判案作为案例,确立了无身体接触猥亵行为与接触儿童身体猥亵行为同罪追诉原则,同时就此案发现的问题,向教育部发出最高检史上首份检察建议。

一、监督缘由

中共中央于1979年批转了中宣部、教育部等8个单位《关于提请全党重视解决青少年违法犯罪问题的报告》,强调必须高度重视和努力解决未成年人犯罪问题。在这个过程中,检察机关立足自身职能,努力贯彻落实党的"教育、感化、挽救"方针和"教育为主、惩罚为辅"的原则,积极探索未成年人犯罪案件特殊检察工作机制,未成年人检察(未检)工作从无到有、逐步发展,在保障未成年人健康成长、促进社会和谐稳定等方面发挥了重要的作用。

1986年,上海市长宁区人民检察院在审查起诉科内设立全国第一个"少年刑事案件起诉组",标志着我国未检工作从普通刑事检察工作中分离,朝着专业化方向发展。1987年6月,上海市人大常委会通过的《上海市青少年保护条例》规定:"公安机关、人民检察院和人民法院要分别组织专门的预审组、起诉组、合议庭,采取适合青少年特点的方式方法讯问、审查和审理青少年违法犯罪案件。"根据这一规定,截至1990年年底,上海市20个区县检察院相继在起诉科内设立了少年起诉组,承担未成年人刑事案件的审查起诉、出庭公诉和预防犯罪等工作。同一时期,重庆、福建、北京等地的一些检察院也先后在起诉、批捕部门设立了专门办案组。1991年6月,最高法、最高检和公安部、司法部联合下发了《关于办理少年刑事案件建立互相配套工作体系的通知》,其中规定了"人民检察院应根据办理少年刑事案件的特点和要求,逐步建立专门机构"。同年9月,第七届全国人大常委会通过了《未成年人保护法》,其中规定:"公安机关、人民检察院、人民法院办理未成年人犯罪的案件和涉及未成年人权益保护案件,应当照顾未成年人的身心发展特点,尊重他们的人格尊严,保障他们的合法权益,并根据需要设立专门机构或者指定专人办理。"1992年5月,最高检在当时的刑事检察厅成立了少年犯罪检察工作指导处,有力带动了地方未检工作专门化建设。

2002 年 3 月以来，最高检先后通过《人民检察院办理未成年人刑事案件的规定》等司法解释文件，总结、固定和规范了地方改革经验，逐步形成一系列独具特色的未检工作制度和机制。2009 年，上海市建立完善了系统的三级未检机构。之后，北京、河北、天津等省市基层检察院陆续组建未检专门机构，河南、安徽、辽宁、黑龙江等地的检察机关则以集中管辖等方式整合司法资源，促进专业化建设。

2012 年修订后的《刑事诉讼法》增设未成年人刑事案件诉讼程序，对我国未检工作起到了极大的推动作用。最高检在公诉厅成立了未成年人犯罪检察工作指导处。2012 年 5 月，最高检在上海召开第一次全国检察机关未成年人刑事检察工作会议，之后先后制定下发了《关于进一步加强未成年人刑事检察工作的决定》《关于进一步加强未成年人刑事检察工作的通知》《检察机关加强未成年人司法保护八项措施》等规范性文件，促进国家对未成年人保护的法律规定、福利政策的落实。在这样快速发展的背景下，2015 年 8 月最高检在无锡召开未检工作座谈会。当年 12 月，最高检未检工作办公室成立，标志着全国四级未检机构设置基本完备，职责范围基本划定，制度框架基本搭建，以未成年人这一特殊主体为标准所建立的独立业务类别终于确立。2016 年 6 月，最高检在未检工作的发源地上海隆重召开了未检工作 30 年座谈会，回顾历史、总结经验、展望未来，在新的历史起点上再出发。之后，《未成年人刑事检察工作指引》（试行）、《关于建立未成年人检察工作评价机制的意见（试行）》、《关于依法惩治侵害幼儿园儿童犯罪全面维护儿童权益的通知》、《关于开展未成年人刑事执行检察、民事行政检察业务统一集中办理试点工作的通知》、《关于开展“法治进校园”全国巡讲活动的方案的通知》、《关于加强青少年法治教育实践基地建设的意见》、《关于防止中小学欺凌和暴力的指导意见》、《关于开展未成年人检察工作社会支持体系建设试点工作的通知》等一系列规范性文件陆续出台，全国未检工作整体推进、快速发展，专门机构和专业化、规范化建设都取得长足进步。

二、监督职能及方向

未成年犯罪法律监督工作作为检察机关一项独立的业务类型，主要任务是依法惩治侵害未成年人犯罪、保护救助未成年被害人、教育感化挽救涉罪未成年人、预防未成年人犯罪、维护未成年人合法权益；核心要求是坚持未成年人权益的特殊、优先保护，这是未成年人司法得以区别于成人司法的根本意义所在；工作模式是坚持审查逮捕、审查起诉、法律监督、犯罪预防一体化，执行适合未成年人身心特点的特殊程序和特殊制度;发展方向是实现对未成年人的全面系统保护,最终形成健全的有中国特色的少年司法制度。

(一)职能

涉及未成年犯罪法律监督,担负着未成年人案件的“捕、诉、监、防”一体化的办案工作,其主要工作职责是:

(1)负责公安机关移送的未成年人案件的审查批捕和审查起诉工作;

(2)负责办理涉罪未成年人的立案监督、侦查监督案件;

(3)负责对审查批捕和审查起诉的未成年犯罪嫌疑人,进行羁押必要性审查和社会调查,形成调查报告,并在规定时限内作出是否改变强制措施的建议;

(4)落实未成年人接受讯(询)问或审判时,法定代理人或合适成年人到场制度;

(5)维护未成年人获得法律援助的权利,为没有委托辩护人的未成年犯罪嫌疑人、被告人指定辩护律师;

(6)对于符合刑事和解范围和条件,且达成刑事和解协议的未成年人犯罪案件,将刑事和解作为不予批准逮捕、不起诉或建议从轻量刑的重要依据;

(7)对未成年人与成年人共同犯罪案件实行分案处理;

(8)对提起公诉案件出庭支持公诉,代表国家履行公诉职责和审判监督职责;

(9)审查人民法院刑事判决、裁定,对确有错误的刑事判决、裁定依法提出抗诉;

(10)结合办案开展未成年人犯罪预防工作,参与社会治安综合治理;

(11)对不捕、不诉、适用缓刑的未成年人,均建立跟踪回访帮教档案,落实帮教措施;

(12)负责监督对未成年人案卷实行犯罪记录封存工作;

(13)承办上级院未检部门及本院领导交办的其他事项。

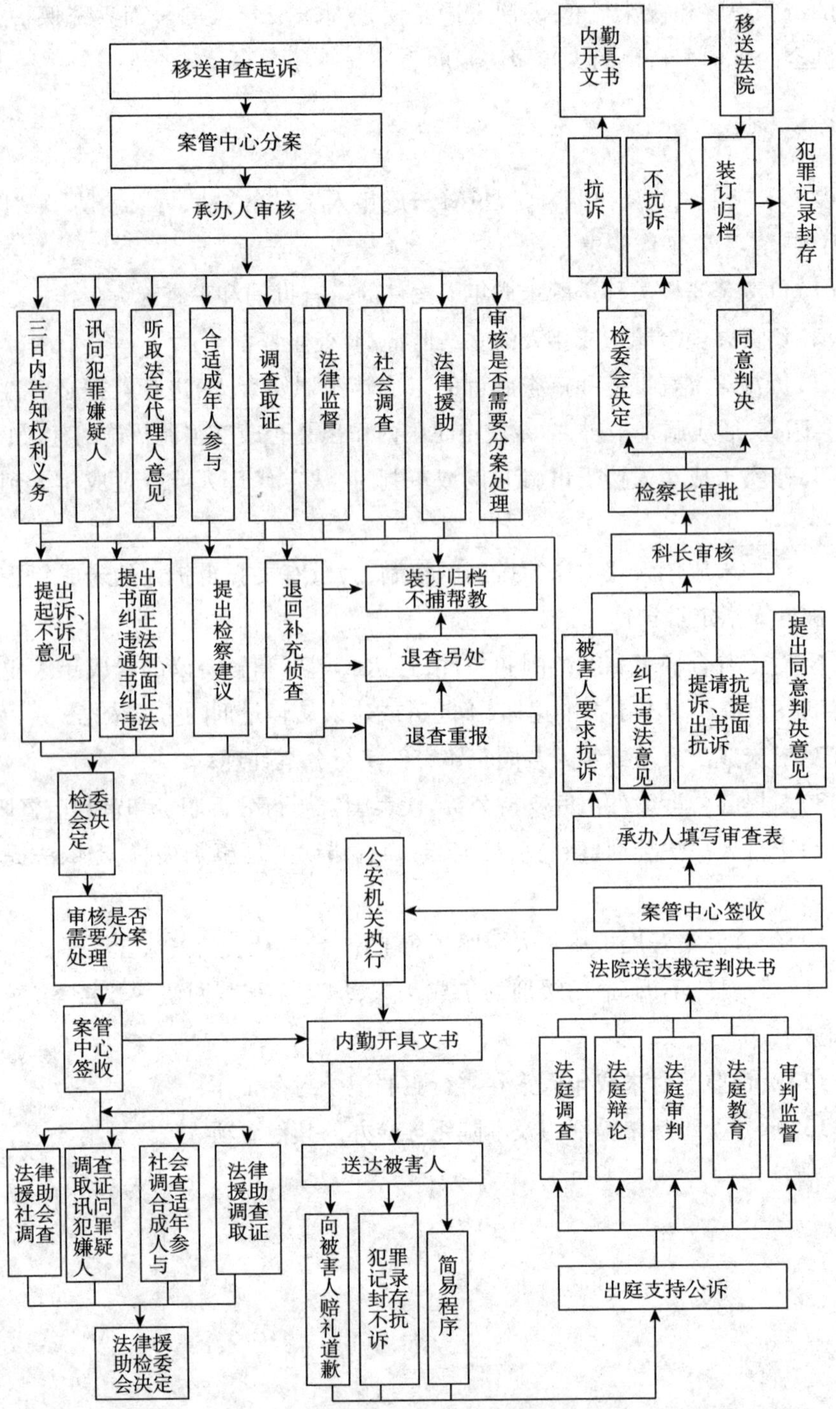

未成年人刑事案件办案流程

（二）方向

中国特色社会主义进入新时代，未成年犯罪法律监督工作面临新的机遇和挑战。既要面对未成年人犯罪低龄化、暴力化、多元化以及流动、留守未成年人犯罪突出的新变化，又要坚守特殊的司法理念，克服传统司法简单惩罚的偏颇，推动形成社会共识；既要理性平和文明执法办案，又要适应新媒体时代舆论对司法的影响；既要对接司法改革内设机构的优化，又要大力推动未检机构和队伍的专业化建设；等等。这些都对未检工作人员具备过硬的业务水平、强烈的社会责任意识和较高的社会工作能力提出了更高的要求。

习近平总书记强调，“全社会都要了解少年儿童、尊重少年儿童、关心少年儿童、服务少年儿童，为少年儿童提供良好社会环境。”①“对损害少年儿童权益、破坏少年儿童身心健康的言行，要坚决防止和依法打击”。② 党和国家、社会各界更加重视未成年人保护工作，检察机关需要坚定初心，着眼大局，不断提升未检工作的专业化规范化社会化水平。

（1）坚守特殊司法理念，最大限度地预防和减少未成年人犯罪。未检不以实现惩罚为首要目的，而以保护未成年人权益、预防再犯、帮教未成年人为出发点、着力点和落脚点。为此应将对未成年人的特殊方针、原则、政策贯穿办案始终，摒弃就案办案、不加区分的办案方式。特别是要更加注重特殊保护理念，摒弃传统的报应主义思想，严格落实特别程序要求；更加注重双向保护理念，既要保护涉罪未成年人的合法权益，也要注重保护和救助未成年被害人。为此，就要求建立健全未检工作独立评价机制。2017 年 11 月，最高检下发了《关于建立未成年人检察工作评价机制的意见（试行）》（以下简称《意见》），进一步阐释了未检工作独立评价机制的必要性和重要性，明确了评价未检工作的指导思想和基本原则，细化了未检工作的评价内容，对把握工作方向、提升工作质量、确保工作成效，促使未成年人案件特别诉讼程序和特殊检察制度落实到位，实现对涉案未成年人特殊保护、双向保护、全面保护、综合保护具有重要意义。当前和今后一个时期，要把贯彻落实好上述《意见》作为一个重要抓手，切实推动未检工作科学、全面、可持续发展。

（2）坚持理性平和文明执法办案，推进未检工作的专业化、规范化、社会化。未检工作本质上是一项司法工作，司法工作人员需要具备司法特有的职业思维方

① 2014 年 5 月 30 日，习近平在北京市海淀民族小学强调。

② 参见《习近平：依法打击损害少儿权益言行》，载中国青年网，最后访问日期：2019 年 5 月 25 日。

式,尽可能地实现司法理性化。因此,坚持理性平和文明执法办案,强化规范思维,这是抓好未检工作主业,推动未检事业长远发展。

(3)坚持探索创新精神,助推中国特色少年司法制度的建立。有必要站在更为宏观的角度创设一部符合未成年人司法自身特殊性的、独立的未成年人司法法,融合实体法、程序法及组织法等内容,形成以未成年人司法保护为核心,确保未成年人司法理念与制度协调发展,走出一条符合中国国情的具有社会主义特色的未检和未成年人司法之路。

进入新时代,检察机关加强未成年犯罪法律监督工作只能加强、不能削弱。习近平总书记指出:"孩子们成长得更好,是我们最大的心愿。党和政府要始终关心各族少年儿童,努力地为他们学习成长创造更好的条件。"①检察机关应当以习近平新时代中国特色社会主义思想为指引,不忘初心、不辱使命,始终践行以人民为中心、为人民谋福祉的宗旨和追求,加强和改进未检工作,推进未成年人保护工作发展。

设置专门机构处理少年司法问题是衡量一个国家少年司法制度是否成熟的重要标志之一。我国司法实践证明,没有未检专门机构就没有未检案件的专门办理;凡是未检工作成效突出的地方,其未检机构也必然比较健全。当前,检察机关内设机构改革的基本原则已经确定,正在稳步推进。包括未检部门在内的省级检察院内设机构总体上与最高检对应设置,地市级检察院主要业务机构总体上与省级检察院对应设置。至于基层院根据人员数量、案件和工作量大小等不同情况,可以采取独立机构、检察官办公室、集中管辖、办案组等不同形式,但要真正实现"专职办理",确保未检职能发挥不受影响,工作成效不能降低。在此基础上,要全面落实捕、诉、监、防一体化的未检工作模式,由同一承办人负责同一案件的相关工作,做实做好未成年人刑事检察工作。同时认真做好涉及未成年人权益的刑事执行检察和民事行政检察集中办理试点工作的经验总结和适时推广,从而实现未成年人全面综合司法保护的新突破,积极推动未检办案程序和标准规范化。对有关讯问、询问未成年人程序,帮教涉罪未成年人方法,开展犯罪预防的原则和方式等进一步细化操作,明确统一规范,确保质量和效果。同时,加强司法衔接规范化,积极与公安、法院、司法行政等部门沟通配合,在评价标准、社会调查、逮捕必要性证据收集与移送、法律援助、分案起诉、刑罚执行等制度上达成共识,形成未成年人司法保护工作合力,推动形成未成年人保护的社会化合力。重点是进一步

① 参见《中国青年报》评论员:为了孩子们成长得更好。

加强与综治、共青团、关工委、妇联、民政、学校、社区、企业等方面的联系配合，积极促进党委领导、政府支持、社会协同、公众参与的未成年人犯罪帮教社会化体系建设，共同做好涉罪未成年人帮教考察和犯罪预防工作。其中，要切实抓好最高检与团中央联合开展的未检社会支持体系建设试点工作，明确工作的原则、范围和方式，实现专业化办理和社会化工作的有效衔接。

三、监督成效

改革开放以来，随着经济社会的发展，我国犯罪现象出现新的变化，未成年人违法犯罪成为一个引人注目的现象。全国检察机关依法严厉惩治侵害未成年人犯罪，从 2017 年 1 月至 2018 年 4 月，共批准逮捕侵害未成年人案件犯罪嫌疑人 4.42 万人，起诉 6.03 万人。为此，检察机关不断加大惩治和预防侵害未成年人犯罪力度，努力为未成年被害人提供专业有效的关爱、救助，进一步强化了未成年人司法保护，取得了较好的成效。最高检专门成立未成年人检察工作机构，除依法严厉惩治侵害未成年人犯罪外，还加强重点领域的犯罪惩防。2017 年以来，全国检察机关依法批准逮捕发生在幼儿园的侵害儿童案件犯罪嫌疑人 181 人，起诉 231 人。

经过近年来的实践探索，检察机关逐步认识到办理侵害未成年人案件存在特殊规律。从 2015 年开始，检察机关逐步将侵害未成年人人身权利的案件归到未成年人检察部门办理，实行审查逮捕、审查起诉、法律监督和犯罪预防一体化工作模式，目前已基本形成一支掌握未成年人检察工作规律、了解未成年被害人身心特点的专业办案力量，为有效保护未成年人合法权益打下了坚实基础。

（1）保障未成年人健康成长，促进了社会和谐稳定。一是全国检察机关始终认真执行党的未成年人司法政策，坚持少捕慎诉少监禁，努力教育、感化、挽救每一个未成年犯罪嫌疑人。2003 年至 2018 年 9 月，全国检察机关经审查不批准逮捕 20 万余人，不起诉 6 万余人。二是坚持以“零容忍”的态度，依法严厉惩治了一大批侵害未成年人犯罪，尽力对未成年被害人进行关爱救助。张军检察长列席最高人民法院审判委员会审议未成年人抗诉案件。三是推动建立完善未成年人犯罪预防机制，探索未成年人临界预防、检校合作开展未成年人法治教育长效机制等，张军检察长亲自担任北京市第二中学法治副校长。

（2）初步形成未检专门工作体系和工作模式，推动完善了中国特色社会主义检察制度和司法制度。截至 2018 年 10 月，全国设立独立未检机构的省级检察院已达到 24 个，全国共设立有编制的未检专门机构 1000 余个，无编制的专门机构近600个。现在全国有7000余名检察人员从事未检工作,先后涌现出许多精于办案、长于帮教的优秀未检检察官和未检团队。各级检察机关探索完善了社会调查、合适成年人到场、法律援助、亲情会见、附条件不起诉、分案起诉、犯罪记录封存、心理干预等一系列适合未成年人身心特点的办案制度,大大提高了对未成年人司法保护效果。2013年至2018年9月,全国检察机关共开展社会调查近10万人,落实合适成年人到场31.2万余人,申请法律援助22.8万余人,开展亲情会见10.5万余人,决定附条件不起诉近2.6万人。许多制度和做法被有关司法解释、规范性文件吸收,为完善我国未成年人保护法治体系作出了贡献。

(3)推动健全未成年人保护政法机关衔接配合机制和社会化工作体系,形成了保护未成年人的合力。一方面,通过建立联席会议、重大案件会商制度、联合会签办案帮教制度等,加强与侦查、审判、司法行政机关的沟通协作,推动健全完善各项办案配套工作制度,不断统一办案标准;另一方面,积极加强与综治、民政、教育、共青团、关工委、妇联、社区、企业等方面的联系配合,促进党委领导、政府支持、社会协同、公众参与的未成年人保护社会化工作体系建设,共同开展对涉案未成年人的帮教、救助和犯罪预防工作,取得了良好效果。

案例回顾

最高人民检察院就齐某强奸、猥亵儿童案向最高人民法院提出抗诉

齐某是一所小学的班主任,在一年多的时间里,齐某将班里多名不满12岁的女生单独叫到学校无人的宿舍、教室等地方,甚至带到校外,进行猥亵或者强奸。他还在晚上熄灯后,以查寝为名,多次到女生集体宿舍猥亵女生。该案中,根据证据,能够认定他多次强奸2名女生,猥亵7名女生,某省高级法院终审判决认定齐某犯强奸罪、猥亵儿童罪,却只合并判处其有期徒刑10年,剥夺政治权利1年。最高人民检察院经审查,认为该判决适用法律错误,量刑不当,于2017年3月依法向最高人民法院提出抗诉。

2018年6月11日,最高法召开审判委员会会议审议本案,最高检检察长首次列席最高法审委会会议并发表意见,凸显了检察机关切实发挥法律监督职能、提升严格公正司法水平、实现双赢、多赢、共赢的理念。

2018年7月27日,最高法作出终审判决,认定原审被告人齐某犯强奸罪,

判处无期徒刑，剥夺政治权利终身；犯猥亵儿童罪，判处有期徒刑10年；决定执行无期徒刑，剥夺政治权利终身。2018年11月，最高人民检察院将该案收入第十一批指导性案例并予发布，以强化对办理此类案件的指导。

走近浙江：一个不落，辖区中学的法治副校长全部覆盖

2018年7月3日，浙江省人民检察院联合省教育厅、省司法厅制定的《浙江省检察机关派设法治副校长实施办法（试行）》（以下简称《办法》），正式印发全省各市、县（市、区）检察院、教育局、司法局，以此加强和规范检察机关派设法治副校长工作。

《办法》对检察机关派设法治副校长的选聘程序、工作职责、履职方式和要求、组织保障等都作了明确规定，指出辖区中学（重点指普通高中和中职学校）尚未派设法治副校长的，所在地县（市、区）检察院应当主动对接、尽力派设。

《办法》强调，法治副校长开展法治教育，应当充分尊重未成年人主体地位，根据不同年龄、不同性别、不同受教育阶段学生的特点和需求，设定教育内容和方式。对于低龄学生、女性学生，要侧重于人身安全防范教育，提高其自我保护意识和能力；对初、高中阶段或者有不良行为倾向的学生，要侧重于法律常识和警示教育，引导其完善行为养成，提升自我约束能力。

2018年9月2日，浙江大学附属中学校长申屠永庆向贾宇检察长颁发法治副校长聘书。据了解，从2018年至2019年5月底，浙江省检察机关共有451名检察官进校园担任法治副校长，举办法治教育活动1767场次，涉及中小学校、幼儿园1697所，覆盖师生家长85万余人。

聚焦台州：加强法律监督，创新培育涉罪未成年人社会化帮教体系

近年来，浙江省台州市检察机关加强法律监督，创新未成年人保护社会治理，最大限度教育挽救罪错未成年人，取得了预期成效。2018年年初至2019年5月，不批准逮捕234人，不捕率为49.4%；不起诉312人，不诉率为48%；对406名不捕不诉人员开展帮教工作。同时，全市检察机关还全方位开展教育为本，辅以救助，共对34名未成年被害人开展司法救助，发放救助金47.9万元，对被害人开展心理疏导398人次，帮助被害人走出了阴影。

检察建议守护未成年人成长

去年以来，台州市检察机关深化刑事诉讼监督，重点监督纠正了侵害未成

年人犯罪有案不立、有罪不究、漏罪漏犯,或者对未成年人错误立案的,并及时提出纠正意见。截至目前,台州市检察机关监督撤案14人,发出纠正违法24件;主动协同市场监管、环保、教育等部门,探索开展未成年人公益诉讼,发出检察建议21件。

2018年6月,椒江区检察院成功办理了一起纠正未成年人被错误列入失信被执行人名单案。该案也是浙江省首例监督涉未成年人民事行政执行不当案件。

小刚和小梅的生母生前欠了大量债务。他们的母亲过世后,债权人向法院提起民事诉讼。2016年9月9日,法院作出判决,判决兄妹俩在财产继承范围内向债权人清偿债务。判决生效后,债权人申请强制执行。2017年2月28日,兄妹俩被列入失信被执行人名单在网上公布。2018年4月底,兄妹俩的亲属李某到椒江区检察院案件管理部门反映情况,寻求帮助。经未检办检察官调查,李某反映的情况属实。

根据2017年5月1日起施行的《最高人民法院关于公布失信被执行人名单信息的若干规定》第4条规定,被执行人为未成年人的,法院不得将其纳入失信被执行人名单。

2018年6月,椒江区检察院发出检察建议书。法院随即采纳了意见,撤销民事执行中将小刚兄妹俩列为失信被执行人的处置措施。

台州市检察院副检察长王盛认为,该案的成功办理,是我市检察机关试点未成年人刑事执行检察、民事行政检察业务统一集中办理工作的重要实践,也为拓展和深化未成年人民事检察监督职能提供了参考。

对涉案未成年人开展"双向保护"

台州市两级检察院继续深化涉未刑事执行监督。对看守所未成年人与成年人是否存在混管混押问题,开展专项监督活动,实现未成年人分片集中关押。结合高检院部署开展的试点工作,加强对看守所在押涉罪未成年人定期巡查、入所帮教等工作。

2018年2月,在温岭市检察院未检与执检部门联合对当地看守所监区进行巡查时,一名在押未成年人小白对检察干警表示,春节快要到了,希望能和家人一起过春节。

为充分保障在押未成年人权益,该院未检部门及时通过驻所检察室查询了解小白涉案情况,该院未检部门马上通过驻所检察室查询了解小白涉案情况,发现他2002年5月出生,被人纠集参与打架,因涉嫌故意伤害罪于2018年1月

2 日被刑事拘留,其入所案情记录中被害人伤势描述为"轻伤以上"。

未检干警敏锐地意识到其中可能存在错案风险,立即查询该案办理进度,发现该案刚移送审查逮捕。经查证,确定小白作案时刚满15 周岁,被害人损伤程度为轻伤。侦查机关在损伤程度鉴定为轻伤后,未及时依法终止侦查,而是在拘留期限届满后以涉嫌故意伤害罪向检察院提请批准逮捕。

对此,温岭市检察院依法及时对小白作出无罪不捕决定,并向侦查机关发出纠正违法通知书,要求立即纠正并防止类似情况再次发生。侦查机关于2月8 日释放小白,并对其作出终止侦查决定。此外,该院未检部门还积极组织涉案嫌疑人家属与被害人进行调解,经多次联系沟通,最终促成小白及其他嫌疑人家属 向被害人赔付43,000 余元,确保被害人及时得到救治。

在发挥监督作用的同时,台州市检察机关还对涉案未成年人开展"双向保护"。"我们通过参与看守所监管活动监督,发现未成年人被错误羁押的情况并及时予以纠正,充分发挥检察机关的法律监督职能,切实维护了未成年人的合法权益。"市检察院未成年人检察工作办公室主任叶文婷说。

积极践行"枫桥经验",彰显检察温情

全市检察机关积极践行"枫桥经验",进行释法说理、心理疏导,两级联动开展司法救助,彰显检察温情。

在仙居县检察院办理的一起寻衅滋事案件中,涉案有未成年人小丁、小万、小张等6 人,以及小乙等4 人(均不满16 周岁)。检察机关对多名未成年人依法进行分级干预,准确把脉案件定性,坚持对4 名犯罪嫌疑人依法作出无罪不捕决定,并跟进监督侦查机关对该4 人作出终止侦查决定,维护了未成年人的合法权益。

审查期间,仙居县检察院注重化解社会矛盾,及时选派经验丰富的心理咨询师对受害者父亲进行心理疏导,并启动司法救助快速办理和市县两级联合司法救助机制,对受害者父亲司法救助4 万元。同时,积极释法说理,促使小乙家属与受害者父亲达成赔偿8 万元的民事赔偿协议。

这一案件的办理,提升未成年人犯罪预防与法治教育实效,是台州市检察机关的另一项重点工作。去年9 月,两级检察院开展检察长进校园担任法治副校长并举办法治讲座活动。其中,该市检察院检察长孔璋受聘担任台州一中法治副校长,为高一新生开展了"学法懂法、争做模范守法公民"的主题讲座。去年至今,台州市检察机关共开展法治讲座147 场,受众达5.55 万余人。

在此基础上，台州市检察机关还注重源头预防，加强和团委、妇联、关工委等部门的协同合作，推动完善未成年人社会治理体系，并形成了三门、路桥、玉环三种模式。目前，路桥区检察院已经将青少年事务社工引入刑事诉讼全过程，创新一体化观护机制，被最高检确定为全国未检创新实践基地；临海市检察院退休检察官成立“银采工作台室”，活跃在城乡校园，为孩子们讲授法律知识，在社会治理、文明建设和社会关爱等方面开展服务，引导社会正能量；温岭市检察院与温岭团市委紧密合作，成立“青少年司法社会服务中心”，目前已被最高检和团中央确定为未检支持体系建设试点单位。（文中涉案未成年人均为化名）

新　　论

人民对美好生活的向往就是我们的奋斗目标。

——习近平

使人民幸福就是最高的法律。

——《十二铜表法》

本论精粹

专家寄语：

跨界融合发展不仅对法治文化建设和创新带来新的动力，也必将推动我国的“大法治”实践，必将促进我国政治文明、社会文明进步。作为法律人，我们应当始终坚守公平正义之心，以求真相更求真理的精神守护好人类的良知。

——王小军（浙江泽大律师事务所主任）

圈点内容

中国特色社会主义新时代是一个人人参与监督，保证公正司法和独立审判的时代，一个我们可称为“人民法治”和“人民监督”的时代。

如果不能“把权力关进制度的笼子里”，权力就会是恣意妄为的猛兽，就会祸害社会。要把权力关进制度的笼子里，笼子有哪些？第一个是民主的笼子，通过统一的程序规则约束公权力的行使。第二个是法治的笼子，要依法行政。第三个是监督的笼子，通过公开约束规范公权力。

在三大监督框架中，人大监督是根本，监察监督是基础，检察监督是保障。

国家监察体制改革力求形成具有法治化导向的“不敢腐”“不能腐”“不愿腐”的反腐败体系，侧重于及时发现、处置腐败行为，避免轻腐败演化为重犯罪。

加强和完善法律监督，不仅是完善它的结构，而且是完善它的活动形式、法律手段和方法，完善它的理论基础和法治保障水平。

第九章　法律监督的历史传承

导读9

人类自从有了法律,制定法律的统治阶级就必然会想到要有保障法律实施的监督机制。这一"监督机制"的实施,在不同国家,不同社会阶段,尽管表现的形式、名称不同,作用地位相异,却生动、清晰地展现出了法律监督的历史进程。我们可以这样说:人类法律监督的发展史,是中国法律制度文明进步的历史,也是一部人类进步的文明史。

马克思主义社会分工理论所揭示的一条真理,就是社会分工越仔细,标志着人类进步的文明程度越高。国家的政治制度、法律制度的分权也是遵循着这一规律。别说野蛮、落后的奴隶社会,就是古老的中国封建社会,都是一直沿袭集权制的,即"溥天之下,莫非王土;率土之滨,莫非王臣。"①"朕言即法",皇权拥有一切。到了明、清时期,中国地方行政长官,还是集行政权与审判权于一身。随着社会的进步,这种集权式的政治制度逐渐瓦解,出现了资本主义的分权式,形成了较为典型的资本主义"三权分立"的制约制度。中国虽然没有经过资本主义的社会制度,但是,19世纪初,中国伟大的民主主义革命者孙中山先生在吸取和借鉴资本主义制度的基础上,提出了一个"五权"制度的设想,突出了法律监督(监察权)的权力。这种设想在当时的历史条件下显然是难以实现的,只有当中国超越资本主义,进入到由人民当家做主的社会主义社会时,才出现了一个崭新的人民民主和集中相统一的"人民代表大会制度"。也只有这个制度才把法律监督从司法权中真正分离出来,与审判权相分立,形成人民代表大会之下的行政、审判、检察独立的体系。2018年3月,十三届全国人大一次会议表决通过了《宪法修正案》和《监察法》,组建了国家监察委员会,标志中国社会主义法治进入新时代,形成了人民代表大会之下的行政、监察、审判、检察独立的新体系。

---

① 《诗经·小雅·谷风之什·北山》。

纵观社会法律制度演绎的历史,可以看出,法律监督的权力是从行政司法统一的集权制中逐渐分离、独立,并越来越被社会所注重。在中国封建社会初期,尽管已有了类似于今天的法律监督的御史监察制度,但他的监督是无所不包的;就其本质上来说是为维护封建专制(皇权)而设立的,是皇帝集权的表现。经过漫长封建社会及半封建社会半殖民地社会的发展,进入到新中国的社会主义社会,这种监督制度不仅从性质上发生了变化,而且逐步走向职能化、系统化、科学化。所以,我们透过这段历史,可以看到中国法制和法治文明的进步和希望。

案例聚焦

杨乃武冤歌传百年 “小白菜”遗恨说青天

当事人:杨乃武,男,余杭名士乡试中举;毕秀姑,村姑,人称“小白菜”。

此案发生在清末年间,余杭一名士杨乃武应乡试中举,摆宴庆贺。房客葛小大妻毕秀姑颇有姿色。她本是葛家童养媳,曾在杨家帮佣,与杨乃武早有情愫,碍于礼义名分,难成眷属,只得各自婚娶。余杭知县刘锡彤曾为滥收钱粮敛赃贪墨,被杨乃武联络士子上书举发,断了财路,心怀怨隙。他儿子刘子和用迷药奸污了毕秀姑,又把她丈夫葛小大毒死。刘锡彤为保住儿子性命和发泄私愤,便移花接木,把杨乃武骗至县衙,严刑逼供,以“谋夫夺妇”定拟,问成死罪。杨乃武和其胞姐杨淑英、妻子詹氏不服,屡屡上诉,历时2年,前后几十堂,皆因刘锡彤上下疏通贿赂,以致官官相护,依旧判定死罪,并详文刑部。詹氏也因上告失败而获罪被拘,幸同科举人汪士屏联合士绅上书刑部辩冤,刑部侍郎夏同善驳回详文,并请得谕旨命浙江三大宪会审。杨淑英为救弟弟,怀抱侄儿去省城探监,求秀姑据实翻供,毕秀姑深觉愧疚,当即应允。谁知浙江巡抚杨昌浚为保住自己面子和众多参审官员顶子,倚仗拥兵边疆左宗棠之势,会同藩台、臬台蓄意抗命,不准毕秀姑翻供,复以“通奸谋命”定拟,上奏。杨昌浚此举激起浙江士绅公愤,杨淑英在他们支持下,至狱中让杨乃武写冤状,冒死赴京,滚钉板告状。光绪帝生父醇亲王痛恨杨昌浚蔑视朝廷,又怕各省督抚仿效,决意替杨乃武翻案,以示警饬。正当杨乃武看透黑暗吏治,与秀姑欲以鲜血、头颅祭告天下:大清百姓盼望青天之际,得到了醇亲王大清有青天的回答。出狱之日,杨乃武目击毕秀姑奉懿旨,被押解尼庵削发为僧,自己虽保住了命,却已一身伤残,几为废人,连举人功名也不准恢复,不禁黯然自问:我这冤案是昭雪了吗?

这个案子平反昭雪以后，在当时的清朝，引起轩然大波，慈禧太后一下子连续发布旨意：因余杭知县刘锡同，是导致这起冤案的发生的罪魁祸首，将其发配黑龙江；仵作沈祥以及其他相关人等 30 多位官员被革职、充军或查办，浙江巡抚杨昌浚、浙江学政胡瑞澜，杭州知府陈鲁一干官员 100 余位，革除顶戴花翎，永不续用。这一纷纷扬扬的杨乃武与“小白菜”案终以一大批官员的落马而告终。

第一单元　回望中国御史监察制度

中国封建统治 2000 多年，其法制手段既严酷又繁多，有“二帝三王法制之盛”的称誉。中国封建的御史监察更是源远流长。据史料记载，早在西周，官制上就有御史之称，当时是在皇帝左右掌管文书档案和记事的官吏。到战国时代，各国均设有御史并赋予监察职能，《史记·滑稽列传》记载：“执法在旁，御史在后。”虽然那时的御史监察制度不具备现代检察制度的基本特征，但在当时封建社会的“诸法合体”、审判权和公诉权不分的情况下，却已包含了现代检察制度、监察制度的法律监督的因素。

中国长达几千年的御史制度始终存在，各朝既沿袭前朝，又根据本朝情况而变化、发展。这里择其要者介绍。

一、秦汉时期的御史制度

秦朝是我国历史上第一个统一的封建专制大国。为了加强中央集权制统治，以秦始皇为首的统治者颁布了一系列的法令，实行了许多旨在加强中央集权制度的政策和措施。其中之一是设置御史大夫执掌群臣章奏和下达皇帝的诏令，同时兼理国家的监察工作，官职相当于副丞相。丞相、太尉和御史大夫（史称“三公”）是中枢机关中最高官职，分别管理国家的行政、军事、监察事务。御史大夫位列三公，“纠察百官，权力甚大”。当时，全国成立 40 郡设监御史负责监察事务。

根据《汉书·百官公卿表》记载：御史大夫下设御史中丞，御史中丞下又设御史若干名，亦称侍御史。在地方执行监察任务的官吏，统称监御史，但不属于地方官职，也不专驻地方，而是直接受御史中丞指挥和节制。其主要职责是管理地方诸郡县，察举地方上的有关违法事宜，类似于今天的法纪检察并参与司法审判。从中央到地方形成了比较系统的监察体系。

汉承秦制，中央仍设御史大夫。为了加强中央对地方司法活动的监督，汉武帝时,将全国分为13个郡作为监察区,各郡派刺史一人为固定的监察官。汉哀帝时,中央成立御史台,专司监察之职。出现了中国封建政治法律制度上第一个专门监察机构。到了东汉时期,由御史中丞掌管司法监察,成为御史台的长官,职位已经相当重要。中丞与尚书、司隶校尉,朝会皆专席而坐,是光武帝的待诏,故当时京师号“三独坐”。[①] 御史中丞不仅有“选第大吏,所荐位高至九卿”的权力,而且还拥有对违法犯罪的地方官吏“所恶立退”[②]的罢斥权力。同时皇帝还根据需要,直接从御史中任命绣衣直指御史,他们穿绣衣,持斧钺,握有生杀予夺大权,与诸郡官吏共同审理重大案件,承办地方上的豪强势力,或负责指挥镇压农民的反抗。东汉末年,刺史改为州牧,已由单纯的监察官变为地方上有实际权力的势力,这就在制度上发生了一大变化。魏晋南北朝基本上沿袭西汉御史制度,但在隶属关系上,作为皇帝直接掌管的独立监察机构,御史台被称作“天子耳目”。

二、唐朝的“三院”制

经过三国、两晋、南北朝及隋朝的发展,中国的监察制度变化较大。到了唐朝,由于专制主义中央集权制度的发展,监察制度进一步完备。唐代中央设御史台,亦称宪台,御史大夫为台长,亦称大司宪。御史台职掌邦国刑宪典章之政令,以“肃政朝列”。监察职能更为明显,唐御史台下设三院——台院、殿院、察院。

台院:官名为侍御史,其监察对象为中央各部门的官员,职责纠弹中央百官,参加司法审议和办理皇帝批办的案件。因其职权重要,所以在诸御史中地位最高。侍御史由皇帝亲自任免,或由丞相或御史大夫商定后由吏部选任。

殿院:官名为殿中侍御史,具体职责是纠察官员对宫廷礼仪的奉行等,以维护皇帝的尊严。

察院:官名为监察御史,监察对象为州县地方官吏。当时唐朝以“道”为监察区,每道设有监察御史,负责察举官吏善恶,官匪勾结,社会的道德风化以及受理平民对恶官的控告等。

唐朝的监察机关较之两汉时期的御史台最大的不同在于:它虽然也参与了刑事案件的审判,但其具体责任都与大理寺和刑部不同。从广义上说,它虽然属于中央司法机关,但其性质却是法律监察机关,因为它参与审判活动的目的不是对

① 《后汉书·宣秉传》。
② 《汉书·朱博传》。

某一具体案件作出什么样的判决,而是为了纠正官吏在审判活动中的违法行动。其职责是“治官”,而不是“治民”。武则天当政时,曾将御史台改为肃政台,并设“左右”肃政台,左台负责监察中央百官,右台负责监察郡县地方官员。唐代的监察制度,在我国的监察制度史上有很大价值,以后各朝代的监察体制模式,大都源于此。

三、明朝的都察院

从唐朝以后,经宋朝、元朝,中国封建监察制度基本上没有发生大的变化。到了明朝,监察机关的职权和组织有了更大的发展。从开国皇帝朱元璋起对监察机关就非常重视,实行行政、军事、纠察相对分立制度,他说:“国家立三大府,中书总政事,都督掌军旅,御史掌纠察,朝廷纪纲尽系于此,而台察之任尤清要。”[①]明朝扩大监察机关组织和职权的措施之一是改御史台为都察院。都察院下设有:经历司、司务厅、照磨所、司狱司和十三道监察御史,其职权超过了唐朝的御史台。

明朝的都察院,对全国上下大小官吏的一切违法犯罪行为,都有权纠察弹劾,对全国重大刑事案件,都可以会同刑部、大理寺一同审判。十三道监察御史定期巡按地方,发现违法犯罪者,无论是藩服大臣,还是府州县长官,都可以“大事奏裁,小事立断”。[②] 对地方司法审判和政治、经济、文化、教育等各个领域都有权进行监察。

但是,明朝的都察院之外,还设置了另一套监察机构,这就是在负责中央行政管理职能的六部(吏、户、礼、兵、刑、工)设立监察组织,叫做六科给事中,主要负责监察六部官吏。六科享有独立监察权,与都察院是并行关系,直接对皇帝负责,加强了明朝皇帝对中央政府执政官员的直接控制。

四、清朝的监察制度

清朝是我国封建社会最后一个皇朝,实行的是一套极端专制主义的政治法律制度。在这个时期,监察机构的规模和职能有了新的变化。清朝初期,中央设都察院,六科仍为独立,自为一署。到了雍正元年(1723 年),吸取明朝都察院和六科分权而立,互相对峙,互相分化、削弱的教训,把六科并入都察院,形成了一个统

---

① 《明史·职官志二》。

② 《明史·职官志二》。

一的监察机构。都察院监察职责为两大部分：一是在中央行政管理部门，即六部驻设六科监察机构，负责对中央机关行政官吏的监督；二是在全国十五道派驻监察组织。这就是御史制度上常提的清朝六科十五道的监察制度。

清朝集中国封建监察制度之大成，建立了严密的监察体系。都察院作为最高的监察机关，掌国宪以整饬纪纲。凡政治得失、官方邪正，亦得掌之。“即所奏涉虚，亦不坐罪。倘知情蒙蔽，以误国论。”此外，都察院还有审判权，与刑部、大理寺组成三法司和六部尚书、通政使、大理寺卿组成九卿会审，成为中央最高司法审级。各种案件先由刑部审理，再送大理寺复核，受都察院监督。都察院对刑部和大理寺所作的错误判断，有权弹劾。都察院设左都御史满汉各 1 人，从一品；左副都御史满汉各 2 人，正三品。

当时都察院的职权有九，即检阅行政事；弹劾官吏；调查会计；伸直冤抑；封驳奏章；给发敕书；考核官吏；干预终审裁判；纠正朝仪。从上可以看出：都察院的职权一方面是检察违法犯罪，另一方面又审理违法犯罪，集检察与审理之二职责于一身，同时还检察行政之得失，辨官吏之邪正，伸人民之冤抑，实际上成了包揽一切的机关了。

清朝末年，由于西方资本主义国家的影响和中国资产阶级改良主义者提倡维新变法，清朝统治者为了顺应时势，继续维护其统治，对各种制度也作出了相应的“改革”。光绪三十二年(1906 年)颁布实行了《大理院审判编制法》，规定在大理院下设各级审判厅，在各级审判厅内附设各级检察局，各检察局设置检察长 1 人，负责对刑事案件提起公诉，监督审判和判决的执行。这是我国司法制度史上审判权与监督权的第一次明文上的分立。宣统元年(1909 年)12 月奏准的《法院编制法》，规定各审判衙门分别配置检察厅，其管辖区域与各该审判衙门管辖区域相同。宣统二年(1910 年)奏准的《检察厅调度司法警察章程》对于逮捕人犯、搜索证据程序和检察机关的职权作了规定，表明了清末检察制度的立法已趋完备。

民国初年，仍然沿用清朝的检察制度，在各级审判厅辖区内各设置一个同级检察厅，在中央设总检察厅。1927 年，以蒋介石为首的南京国民政府公布了《最高法院组织暂行条例》，将各级审判机关改称法院，并取消了各级检察厅的设置，规定在各级法院设置首席检察官、检察官，执行法律监督任务，实行“审、检合署”的体制。

附:中国历代监察制度一览表

我国监察历史

朝代	名称	职权	说明
秦朝	御史大夫寺(御史大夫)	“赞书而受法令”司纠察之任(兼职)。	下设:御史中丞、侍御史、监御史(驻地方)。
汉朝	御史台(御史大夫、御史中丞)	以察举违法为责(专门监察机关)。	刺史(地方),司隶校尉(京师地区)。
唐代	御史台(御史大夫、御史中丞)	弹劾官吏,参与审判和监督府库出纳等权,“大夫掌以刑法典章,纠正百官之罪恶”。	下设三院:台院(侍御史)纠察中央官吏;殿院(殿中侍御史)纠察宫殿中礼仪;察院(监察御史)纠察地方官吏。
宋代	御史台(御史中丞)		同上。
元代	御史台		地方划分22道,设肃政廉访使(监察御史)。
明代	都察院(左右都御史、左右副御史)	“大事奏裁,小事立断”。	地方划分为13道,设常驻监察御史,巡按御史。
清朝	都察院(左都御史) 检察厅	监督、受理案件,提起刑事诉讼,监督审判、执行情况。	由六科给事中和15道监察机构组成,是我国司法史上审判权与检察权的第一次分离。

第二单元　权力制衡的中外比较

资本主义的检察制度尽管由来已久(早可追溯至13世纪法兰西王国的“国王代理人”制度和英国的大陪审团制度),但他们的检察机构却大都附属于法院系统或隶属于司法行政部门,是代表政府对刑事被告人提起诉讼,行使公诉人的职能,缺乏严格意义上的法律监督职能。所以,笔者认为,资本主义的检察制度作为法律监督制度来说还不是科学和理想的,但资本主义所产生的“权力制衡”理论却对法律监督历史的发展具有促进和借鉴作用,值得称道。资本主义国家政治制度的一项重要原则——“三权分立”,就是以17、18世纪资产阶级启蒙思想家洛克、孟德斯鸠等人的分权学说为理论基础。他们当时提出这一学说,是为了反对君主专制,要求建立资产阶级君主立宪制度,无疑是具有进步意义的。资产阶级取得政权以后，把它订入宪法，作为其政治制度的一项重要原则确定下来。一般是议会行使立法权，内阁或总统行使行政权，法院行使司法权，形成了资本主义的“三权分立”。这里，我们对“三权分立”情况作一介绍，并与中国特色的孙中山的“五权宪法”思想作一比较。

一、资产阶级的权力制衡理论

（一）立法权

在实行“三权分立”的资本主义国家里，议会行使立法权，政府行使行政权，立法权与行政权严格区分，这是立宪国家公认的准则。对此，各国宪法都有明文规定。例如，美国《宪法》规定：“本宪法授予的全部立法权，属由参议院和众议院组成的合众国国会”；日本《宪法》规定：“国会……是国家唯一立法机关。”也有一些资本主义国家宪法有“授权立法”或“委任立法”的规定，即在一定条件下，议会可以把一部分立法权交由政府行使，但一是有宪法明文规定，二是议会追认。意大利《宪法》规定：“只有当确定了原则和领导性指示，在被限定的时间内，并就一定范围内的问题，始得将立法权交给政府行使。”意大利《宪法》还规定：“政府未经两院委托（授权），不得颁布具有普遍法律效力的法令”，“只是遇有特别必要和特别紧急场合，政府得根据自己的责任批准具有法律效力的预备命令”，但应按规定时间交议会讨论。

（二）行政权

行政权的概念最早出现在洛克1690年所著的《政府论》中，洛克把国家权力分为立法权和行政权，把司法权包含在行政权中。后来，孟德斯鸠明确地划分了独立于立法权和司法权的行政权，从而使行政权成为国家行政机关法定的权限范围的同义语。

世界上绝大多数国家的行政权是由法律规定的，但英国的行政权除由法律规定的以外，还包括英王传统的特权。我国的行政权是由宪法和组织法规定的。我国《宪法》规定，国务院是“最高国家行政机关”；《宪法》第89条规定了由国务院行使的18项职权。

行政权具有以下特点：

（1）广泛性。行政权的行使涉及国家社会、经济生活的各个方面。正如美国学者戴伊在《谁掌管美国》一书中所说的“今天认为政府机构干涉我们生活中‘从生到死’的各个方面的看法是很平常的”。

(2)强制性。行政机关作为管理者,它与被管理者在行政法律关系上是不平等的,如被管理者不履行行政法规定的义务,行政机关可以直接或申请法院强制其履行。

(3)伸缩性。由于行政事务千头万绪,有限的法律、法规不能包揽无遗,立法机关就是通过授权,由行政机关去制定法规或实施细则,或在法律中规定行政机关有自由裁量权。这就使行政权的行使具有了伸缩性。

(三)司法权

在资本主义国家的司法权,一般是指法院所行使的职权,其职能是审理各种诉讼案件,有些西方国家的法院还处理一些非诉讼性的事务,如登记财产,公证结婚,检验遗嘱,处理死者遗产,颁发停止令、执行令等;美国等国家的法院还拥有司法审查权。司法权具有以下特点:

(1)被动性。司法机关行使司法权是以"告诉才受理"为原则的,法院不能主动去追究犯罪分子或承担法律责任的人或组织。而行政机关行使行政权一般是主动的。

(2)普遍性。即管辖对象包括一切公民、法人和其他组织,任何人都有法定资格向法院申请对某一纠纷作出判决,要求法院保护其合法权益不受侵犯。

(3)独立性。司法权由法院独立行使,不受行政机关和立法机关干涉。法院审判活动只服从宪法和法律。一个法院的审判活动,不受另一法院干涉;上级法院对下级法院也不能在其进行具体审判时进行干涉,而只能在其判决作出后,依上述程序或监督程序变更其判决。

(4)依法性。即法院是适用法律的机关,其判决必须依据法律作出。

(5)最终性。即任何纠纷一旦诉至法院,经法院作出判决生效后就是终局决定,除特别情况外,不能以同一事实和理由再提出诉讼,即所谓"一事不再理"原则。行政机关作出的行政决定,如果发生争议诉至法院,则法院对争议作出判决的效力高于行政机关原决定的效力。

实际上,资本主义的三权已无法"鼎立",行政权力的扩张已成为资本主义行政权发展的主要趋势。

第一,行政机关的数量急剧膨胀。例如,美国历年来由国会通过立法设立的行政机关大约有上千个,有人称"行政机关是法律的产儿"。

第二,行政机关的职能逐渐集立法、行政、司法于一身。制定规章权已成为当代行政机关的显著特点。禁止授出任何立法权的理论也逐渐变成反对无限制授权的准则，行政机关的立法数量已远远超过立法机关所制定的法律。

同时，行政机关还具有了某些司法权能，如美国 1914 年设立的“联邦贸易委员会”是具有裁判权的行政机关，任务是审判控告商人“不当竞争”的案件，它的权力与联邦法院根据《反托拉斯法》审判案件的权力相同。

第三，行政权渗入社会生活的各个领域。如美国 1935 年制定《社会保险法》以来，在帮助残疾人、分配福利、资助需抚养的儿童、医疗服务等方面，都由行政机关进行管理，这也导致了具有很大权力的新的机关产生。

资本主义“三权分立”，只是用国家机关的分工形式来掩盖资产阶级专政的实质。它们的相互制约其实是难以实现的，它们难以形成一种真正独立的具有制约力的权力实体。所以，资本主义的“三权分立”制度不是人类权力制衡和监督的科学方式。

二、孙中山的“五权宪法”思想

中国尽管没有经过资本主义社会制度，但在 20 世纪 20 年代却产生过资产阶级民主革命家孙中山先生的“五权宪法”思想。“五权宪法”与资本主义“三权分立”的结构相比较，更具有中国特色。因为它更加重视了法律监督的作用，突出了“监察权”的地位。

（一）“五权宪法”思想的产生

孙中山“五权宪法”思想，最早是在 1906 年《民报》创刊周年纪念会的演讲中正式提出的，1924 年在一次演讲中又做过专题论述。此外，他多次在谈话和著作中阐述和丰富了这一思想，并把它作为建设理想共和国的指南。孙中山“五权宪法”的一个基调，就是“适乎世界之潮流，合乎人群之需要”。他认为一个国家的政治制度必须符合自己的国情，外国的制度只能借鉴，不能照搬。他说：我们的革命要能成功，其成果要能巩固，光靠照搬“三权分立”，那“中国一点好处没学到，所学的坏处却是百十倍”，结果是弄得国会议员变成“猪仔”议员，分赃贪利，为国人所不齿，亦是世界各国自古所没有。这是因为中国历史、社会与外国完全不同，“如果不管自己的风土人情怎么样，便像学外国的机器一样，把外国管理社会的政治照搬进来，那便是大错的”。[①] 只有当我们看清自己的国情，适合世界潮流去做的

① 《孙中山选集》，人民出版社 1956 年版，第 722 页。

时候,“社会才可以改良,国家才可以进步”。[①]

孙中山先生在经过把本国的封建“法制”和外国的三权分立进行了比较分析以后,认为中国早在封建社会之初就有了“分权”,只是具体分法不同。中国是分君权、考试权、监察权,不过中国的君权兼有立法权、司法权和行政权。综观中外两种法制的得失利弊,孙中山既看到了“分”的合理性,又看到了“合”的必要性,他提出把权力分作政权和治权两部分(亦称权能分治):政权由人民大会掌握,而管理国家的治权可委托人民信赖的人掌握,具体说就是立法、行政、司法、考试、监察五权所组成的政府,由国民大会产生并向国民大会负责,但人民在选出了自己的国民大会以后,仍握有罢免权、复决权、创制权等具体直接的政权——民权,以保证政府的治权不背离人民的意志。孙中山根据五权宪法的思想,建立五院制政体,这样就可以组成一个服从人民意志的“万能政府”。

(二)“五权宪法”的进步意义

孙中山首创的“五权宪法”,并非是不着边际的空想,而是历史发展到当时中国那个特殊阶段,作为资产阶级民主的一个必然产物,亦是“中国式”的宪法思想的雏形。

孙中山确立“五权宪法”的高明之处,在于他既注意研究外国的情况,又坚持立足于中国的历史和现状。他深深懂得,治国的人不能光为外国的箴言规则所陶醉,那种根植于中华民族心灵深处的“中国法系”(最典型的东方式封建传统),仅靠“引进”三权分立是不能从根本上解决问题的。

西欧远在奴隶社会之初,就有过雅典等国的民主共和政体,以后又经过了“文艺复兴”“启蒙运动”,资产阶级提出了以人性为基础的“人权”口号,冲破封建专制,主张实行开明的君主政治和资产阶级民主政治,随而产生了按分权原则建立起来的各种资产阶级民主政体。而在中国,自秦以来,一直是在封建专制的皇权统治之下,且越到后来其专制统治越严密。尽管有些帝王已注意到要坐稳天下,需网罗有才能的人来辅佐,便主张“任人唯贤”,实行了一套行之有效的考试制度(如贡举、科举等),但都只不过是补充专制君主统治的一种手段而已。

孙中山欣赏古代考试制度的举贤才,更欣赏古代御史的耿直和风骨凛然,赞叹汉高祖刘邦、唐太宗李世民视谏如镜,从谏如流,取得了封建鼎盛的辉煌政绩。总结中国历史的经验,他极为重视对监察、弹劾权的设置和运用。孙中山把监察

---

① 《孙中山选集》,人民出版社1956年版,第728页。

权作为近代民主和政体的一项独立大权，以便保障人民的直接民权。所谓直接民权是由四方面组成，即人民有选举权、罢免权、复决权和创制权。

孙中山认为，由拥有四种直接民权的人民，选出国民大会，分掌五权的五个院由国民大会产生并对其负责，国民大会则向选举它的人民负责，监督五院，以便更有效地帮助人民实现四项直接民权，创建一个全民政治的强国，这种五权的“分”，与最终统属到人民手中的“合”的交叉，就像是一个立体的民主集中制，只是它不集中在个人或一部分人手中，而是集中在全体人民手中。孙中山在总结太平天国等历史上的历次革命不能成功的原因时，深刻地揭示“所以那种失败，完全是由于大家想做皇帝”。因而，他指出“共和国成立之后，是用人民来做皇帝，用四万人来做皇帝”。[①] 在孙中山看来，权力随便怎样分，都是统属于人民的。在此前提下，具体的五权分立，只是从中国的实际出发，为方便人民手中四项直接民权的行使，以确保整个权力的民主实质不变。

由此可见，西方资产阶级的三权分立只是以消极限制行政和立法等各项权力为目的，而孙中山的五权分立，则是以积极造成“万能政府”，实现“为人民谋幸福为目的”的。三权分立是议会间接民权的代议政治，五权分立则不以间接民权为满足，而是直接民权的“全民政治”和间接民权的有机结合。这在中国从专制向民主发展的法制史上，迈出了极其重要的一步，也标志着孙中山先生逐渐摒弃资产阶级的民主共和，确立了人民民主共和的思想。

（三）“五权宪法”的局限

局限一：如果说五权在客观上能起到一种横向制衡作用的话，那么，制度上就缺乏一条纵的“防线”。孟德斯鸠曾经说过：一切官职如果权力大，任期就应该短，以资补救。严格的限制任期，是资产阶级民主制度的一个重大特征。经验证明，就是实行了分权原则，如果没有任期的限制，也仍要蜕化为专制政权的。虽然孙中山先生在辞去大总统职位的实际行动中，体现了忠于民主的伟大思想境界，但光靠这种品德显然是不能从根本上解决问题的。对任期问题，在“五权宪法”中竟未述及，这不能不是一个缺憾。

局限二：主观意识浓重。孙中山在“知难行易”的哲学思想指导下，把统治者看作高人一等的圣才贤智，把群众看作平庸卑贱的无知阿斗。他主张人民掌权，政府治国，把民权与治权分开——权能分离。这种把权和能分离开来，既主张人

---

① 《孙中山选集》（下卷），人民出版社1956年版，第675～677页。

民有权，而又认为人民无能，实际是带有一种自相矛盾的主观主义色彩，体现中国资产阶级的软弱性，既想取得胜利，又怕由此引起的人民觉醒。这种民主和民权，与真正的社会主义民主集中制、人民当家做主是有很大距离的。

局限三：对中国汪洋大海般的小农经济缺乏足够的认识。孙中山对经济基础的决定性作用认识不足，想要不改变建筑在落后封建的小生产经济上的国体，而进行五权宪法的政体"改良"，显然是行不通的。这一点，在我们建立中国式的社会主义法制的今天，仍有予以足够重视的必要。

第三单元　人民代表大会制度与检察、监察制度

法律监督制度是中国特色社会主义所独具的，一是政治上体现在党的领导和人大监督；二是监察、检察制度在中国都具有悠久的历史，产生于宪法规定，授权于人民代表大会，具有宪法定位；三是在职能上检察监督主要体现在诉讼监督方面，即运用法律规定的手段，对法律实施情况进行法律监督，以维护国家法治的统一和法律的正确实施；监察监督则以《监察法》为依据，履行以法治权、依法反腐的职权，进行权力廉洁性监督。

一、人民代表大会及其检察制度的诞生

人民代表大会制度是在占世界人口1/5的国度里，对近半个世纪的中国社会主义物质文明和精神文明建设产生深远影响的一种政治制度。它的形成和发展，将对中国的法律制度文明进步产生深刻影响，同时，也对检察监督的作用及分工产生深刻影响，值得重视和研究。但是，我们也不能断定人民代表大会制度是完美无缺的，正像我们不能肯定资本主义的"三权分立"是人类社会理想和科学的政治制度一样，它仍然需要理论上的不断探索和实践中存在完善的空间。

（一）人民代表大会制度所形成的权力体系

人民代表大会制度是中华人民共和国的根本制度，即以人民代表大会为政治组织形式，以民主集中制为组织原则，由人民选举代表组成国家权力机关，统一领导国家事务的制度。

中国人民代表大会制度是在中国长期革命斗争中产生和发展起来的。它经历了第一次国内革命战争时期（1924—1927年）出现过的农民协会、罢工工人代表大会、上海市民大会和市民政府；第二次国内革命战争时期（1927—1937年）的

工人代表大会;抗日战争时期(1937—1945 年)的“三三制”的参议会;第三次国内革命战争时期(1945—1949 年)的区、乡两级人民代表大会。终于从小到大,由弱到强,由局部地区建立发展到在全国范围内建立。这种工人阶级领导的,以工农联盟为基础的人民民主专政的政权组织形式,是在我国人民革命战争中发展起来的,它有着长久的革命传统。

中华人民共和国成立之后,1949 年的《中国人民政治协商会议共同纲领》规定了人民代表大会制度是我国的根本政治制度。1954 年《宪法》在共同纲领的基础上,根据我国人民革命根据地的政权组织经验和新中国成立以后政权组织的新的经验,进一步肯定了这个根本政治制度。以后我国历次修改的《宪法》都肯定和发展这个根本政治制度,因为实践证明它是我国行之有效的、符合我国国情的根本政治制度。

人民代表大会制度,是根据巴黎公社“议行合一”的制度和我国革命根据地政权建设的长期经验而建立,由《宪法》所确认的。其形成的权力体系有如下特点:(1)国家的一切权力属于人民,人民行使国家权力的机关是全国人民代表大会和地方各级人民代表大会。全国人民代表大会和地方各级人民代表大会都由民主选举产生,对人民负责,受人民监督。(2)人民代表大会制度包括了以人民代表大会为基础产生的全部国家机构。也就是说,它包括了国家权力机构系统、国家行政机关系统、国家审判机关系统、国家检察机关系统和国家军事机关系统。这五类国家机关并不是平行的,而是国家权力机关居于首位,就是说国家行政机关、审判机关、检察机关、军事机关都是由国家权力机关产生,对它负责,受它监督。(3)全国人民代表大会和它的常务委员会行使国家立法权,并监督法律的实施,决定国家的重大事项;地方各级人民代表大会保证宪法、法律、行政法规、国家计划、预算和上级人民代表大会决议的遵守和执行并监督实施,决定地方的重大事项。(4)中央和地方的国家机构职权的划分,遵循在中央的统一领导下,充分发挥地方的主动性、积极性的原则,这就是我国的民主集中制。它能够保证我国人民通过人民代表大会制度来当家做主,来行使自己的权力,实现人民民主专政。

(二)新中国检察制度的孕育和发展

新中国检察制度是随着中华人民共和国的诞生而建立起来的。但是,在此之前,中国检察制度经过了近 20 年的孕育期。

第二次国内革命战争时期,没有设立专门的检察机关,而是采取“审检一体制”,即将检察机关附设在审判机关内。1931 年 11 月 7 日在江西瑞金召开的中华工农兵苏维埃第一次全国代表大会通过的《中华苏维埃共和国中央苏维埃组织法》规定:在中央执行委员会之下,设立最高法院,在最高法院内设正副检察长各1人,检察员若干人。正副检察长由中央执行委员会主席团任命。根据《裁判部执行组织及裁判条例》的规定:省、县裁判部内设正副检察长和检察员若干人。除中央苏区外,其他革命根据地在加强革命政权建设的同时,也设立了检察机构。

抗日战争时期,在陕甘宁边区高等法院成立时,就设有检察员,在院长领导下独立行使检察权;也曾一度设立过高等检察处,设检察长和检察员,对边区议会负责,并接受边区政府领导。1942年实行精兵简政时,晋察冀边区各级司法机关内,设立首席检察长1人,都由各级行政首长或公安科干部兼任,县司法处设检察官,由县长兼理事。1941年10月15日公布实施的《晋冀豫边区高等法院组织条例》规定:边区高等法院设置检察处,检察处设检察长1人,检察员若干人,由边区高等法院院长呈请边区政府任命,独立行使检察权。其他各抗日革命根据地也都设立了大致相同的检察机构。

解放战争时期,检察制度又有了新的发展。《东北各级司法机关暂行组织条例》规定:"各级法院设检察院1至5人。"1947年6月,颁布了《关东各级司法机关暂行组织条例草案》,规定高等法院设首席检察官若干人,地方法院或司法处(科)设检察官。这个规定使检察机关的职权进一步扩大,即除对刑事案件实行侦查,提起公诉、实行上诉、指挥刑事裁判之执行以外,还规定:"关东所有各机关各社会,无论公务人员或一般公民,对于法律是否遵守之最高检察权,均由检察官实行之。"在领导体制上,检察机关虽设于法院内,但独立行使职权,不受其他机关及审判机关干涉,只服从上级检察机关首长之命令。

1949年9月,第一届中国人民政治协商会议召开,通过了《中央人民政府组织法》,成立"最高人民检察署"。同年10月1日,中央人民政府委员会第一次会议,任命罗荣桓同志为最高人民检察署检察长。10月19日中央人民政府委员会第三次会议任命李六如、蓝公武为最高人民检察署副检察长。《中央人民政府组织法》中规定,"最高人民检察署"对政府机关、公务人员和全国国民之严格遵守法律,负"最高的检察责任"。

1951年9月,中央人民政府通过了《最高人民检察署暂行组织条例》(以下简称《条例》)和《各级地方人民检察署组织通则》(以下简称《通则》),并由毛泽东主席公布施行。各级人民检察机关相继开始建立。根据《条例》和《通则》的规定,我国检察机关改变了新民主主义革命时期的"审检合署"体制,检察机关成为独立的国家机关,并规定了最高人民检察署和地方各级检察署具有以下三方面的职权:一是一般监督权,即对国家机关和公务人员是否遵守法律实行监督;二是参与刑事诉讼活动及实行司法监督;三是参与民事和行政诉讼。

1954 年 9 月,第一届全国人民代表大会第一次会议召开,制定并通过了我国第一部社会主义《宪法》和《人民检察院组织法》。至此,我国检察制度较 1951 年更为完善,立法进一步加强,对法律监督的职能规定得更加具体、明确。检察机关内部的领导体制将原来的检察委员会议改为检察委员会,1954 年 9 月,毛泽东主席针对检察工作的重要性,建议将检察署的名称改为检察院,经政治局会议讨论,一致同意了毛泽东同志的意见。从此,在全国人民代表大会之下形成了"三院"的体制,即国务院、最高人民法院和最高人民检察院。

但是,正当我国社会主义建设蓬勃发展,检察制度日益完善的时候,1957 年"反右派"斗争开始,进而扩大化,"左"倾思想泛滥,法律虚无主义猖獗,法院的独立审判、检察机关的法律监督均遭到批判。检察机关受到了严重的削弱。1962 年以后,随着民主和法治在一定程度上的加强,检察工作出现了新的转机,但还没有恢复到历史上的最完善程度。"文化大革命"期间,检察机关被彻底砸烂。中国的社会主义法制也遭到了肆无忌惮的践踏。

(三)中国检察制度的新生

1978 年 3 月,第五届全国人民代表大会第一次会议在北京召开,通过了我国第三部社会主义《宪法》。我国政治生活在结束了"文化大革命"后,重新走上了正常发展的道路。这部《宪法》设置人民检察院,我国检察制度获得新生。

1978 年 6 月 1 日,最高人民检察院在被取消 10 年后,又重新启用印鉴,正式办公。全国各级人民检察院机关也都依法相继建立。到 1978 年 9 月底,全国 29 个省(除台湾省)、自治区、直辖市都任命了检察长。

1978 年 12 月,第七次全国检察工作会议在北京举行。会议总结了检察工作的历史经验,提出了新时期检察工作的方针、任务,提出了《人民检察院组织法》修改草案。1979 年 7 月,这部组织法连同《刑法》《刑事诉讼法》得到五届人大第二次会议通过。

重建后的检察机关,运用法律监督权力,全力投入平反冤、假、错案的工作,消除"文化大革命"的后遗症,以保障公民的合法权益。

1980 年 9 月 29 日,第五届全国人民代表大会第十六次会议,通过了《关于成立最高人民检察院特别检察厅和最高人民法院特别法庭检察、审判林彪、江青反革命集团案主犯的决定》。1980 年 11 月 20 日下午 3 时,最高人民法院特别法庭开庭审理林彪、江青反革命集团案,特别检察厅厅长黄火青宣读起诉书,对林彪、江青反革命集团的10名主犯提起公诉,1981年1月25日,特别法庭对10名主犯均作出有罪判决。

1983年下半年开始,全国开始了严厉打击严重刑事犯罪活动的斗争。1979年至1985年,全国各级检察院共批准逮捕各类严重刑事犯罪分子89万余人;从1982年至1985年的4年中,共起诉刑事犯罪分子64万余人。① 最高人民检察院鉴于严重经济犯罪活动的严重情况,1980年至1984年,分别向中央和人大常委会反映经济犯罪及其查处情况87次,并向中央写了专题报告。1982年和1985年分别二次掀起了严厉打击严重经济犯罪的高潮,查处了全国较有影响的原江西省副省长倪献策徇私舞弊案、原上海市委办公厅副主任余铁民受贿案。②

1988年5月,最高人民检察院推广了深圳市检察院建立举报中心的经验,7月以后,全国各级检察机关相继建立了举报机构。1989年8月15日,最高人民法院、最高人民检察院联合发布《关于贪污、受贿、投机倒把等犯罪分子必须在限期内自首坦白的通告》,开始了肃贪倡廉的新战役。至10月31日止,犯罪分子慑于威视,向检察机关自首的有近4万人。③

1989年8月,最高人民检察院将经济检察厅易名为"贪污贿赂检察厅",使举报、立案、侦查、起诉形成一条龙。

2018年6月29日,中国法治进入新时代,全国首家公益保护和诉讼违法监督举报中心,在浙江省人民检察院及所辖两级100多个检察院揭牌,接受人民群众对公益损害和违法诉讼方面的举报。与30年前中国深圳设立的全国第一家经济罪案举报中心具有同等的历史意义。

中国的检察监督事业再次步入一条新生之路、光明之路、希望之路。

二、中国法制、法治时代及其监察制度的产生

为了清晰认识中国的检察监督制度在中国法制和法治时代所处的方位和地位,有必要对中国法制和法治历史作必要的总结和回顾。

新中国成立以来,中国从"法制"到"法治",从"人治"到"法治",经历了一个曲折渐进的过程,这是多种力量和各种理念相互交锋、相互融合的结果。特别是

---

① 《法律监督神圣的历程》,载《法制日报》1989年9月20日。

② 《法律监督神圣的历程》,载《法制日报》1989年9月20日。

③ 转引自《法制日报》1989年11月11日。

1978 年中国共产党十一届三中全会召开,《刑法》《刑事诉讼法》颁布实施,检察机关恢复重建,中国开启了改革开放、民族振兴的法制时代。在这波澜壮阔的九十年中,我国在政治、经济、文化法治领域发生了深刻而广泛的变革。根据各个阶段法治理念和司法实践的具体应用,我国法律制度的历史可以划分为以下几个时期:

(1)法制初创期,即 1949—1978 年。新中国成立初期,我国颁布了一些法律,这一时期的法律主要是巩固新生政权,重在打击反革命、反人民的敌对分子。虽然有监察机构,但却是从属于人民政府的一个部门。到 1957 年下半年,“反右”运动使此前的法制建设遭到破坏,法律完全被人治和政策治所代替,导致法律虚设,这也是“文化大革命”动乱的根本原因。

(2)法制立法期,即 1979—1996 年。1978 年召开的党的十一届三中全会,总结经验,吸取教训,开启了改革开放新局面,将发扬社会主义民主、健全社会主义法制作为党和国家的基本方针。邓小平同志在《解放思想、实事求是,团结一致向前看》的讲话中深刻指出:“为了保障人民民主,必须加强法制。必须使民主制度化、法律化,使这种制度和法律不因领导人的改变而改变,不因领导人的看法和注意力的改变而改变。”至此,肯定了法律的权威性。之后,还修改了《宪法》、颁布了《刑法》《刑事诉讼法》,要求党和人民必须在法律的范围内活动。但由于意识形态的局限性,这一阶段的法律和司法机关主要是作为统治阶级治理社会和打击犯罪的一种工具存在,为了尽快达到维护治安和惩治犯罪的目的,往往会忽视公民法定权利。

(3)法治转型期,即 1997—2017 年。1997 年党的十五大报告正式将“依法治国,建设社会主义法治国家”确立为党治理国家的基本方针。1999 年,“依法治国”被写入《宪法》,标志着“法治”这一宪法原则的确立。这一阶段的司法机关相互制约、相互监督,利用法律处理和解决社会矛盾,同时也注重保护公民的基本权利。

(4)法治新时代。古语云:“法者,治之端也。”十三届全国人大一次会议深入贯彻习近平新时代中国特色社会主义思想和党的十九大精神,表决通过《宪法修正案》和《监察法》,组建国家监察委员会,明确检察机关为国家法律监督机关,充分展示了新时代中国特色社会主义国家治理中崭新的法治理念,意蕴深远。从此,开启了社会主义法治新时代。

回顾历史是为了更好地展望未来,只有以史为鉴,总结经验与规律,才能获得法治的进一步发展。为此,我们有必要对中国法制、法治历史的沿革和变迁情况进行如上的划分，让人们理解进入新时代是历史的必然。

如果将1979—1996年的法制立法期，设定为中国法治1.0时代，1997—2017年的法治转型期，设定为中国法治2.0时代，那么，十九大以后，以习近平新时代有关法治思想的论述的新时代为标志，就是中国法治3.0时代的开始。从而表明人类社会治理历史，将从经验治理走向科学治理和文化治理的新时代。社会主义法治新时代突出以人民为中心，倡导权利为先、绿色发展，强调人人有责、人人共享，要求人们在价值取向、思维方式、生活方式上实现转变和变革，不仅要培养国家机关工作人员的法治思维和法治方式，还要引导全体公民正确行使权利，共同走向法治文明新时代。

中国特色社会主义新时代，可以从纵横两个方面来解读：横向来说包含了四个时代，即在国家层面是决胜全面建成小康社会，进而全面建设社会主义现代化强国的时代；在人民层面是不断创造美好生活、逐步实现全体人民共同富裕的时代；在中华民族层面是奋力实现中华民族伟大复兴中国梦的时代；在中国与世界关系层面是我国日益走近世界舞台中央、不断为人类作出更大贡献的时代。纵向来讲跨越了建党100周年和新中国成立100周年两个重要时间节点，即一个“决胜期”（2017—2020年），一个“历史交汇期”（2017—2022年）和“两个阶段”（第一阶段2020—2035年，第二阶段2035—2050年）。从全面建成小康社会到基本实现现代化，到全面建成社会主义现代化强国，这是新时代中国特色社会主义发展的战略安排，这是党的十九大为我们描绘的新时代发展的壮丽蓝图。

每个时代的法治必然有每个时代的法治理念、功能和特征，并为这个时代服务。在服务时代的过程中实现法治的进步，这是时代与法治的发展逻辑。依法治国，即在中国共产党的正确领导下，依照体现人民意志和社会发展规律的法律，实现国家治理，成为社会主义法治理念的核心。通过完备的法律来保证宪法确立的制度得到落实，是宪法精神实现的重要途径之一。习近平总书记提出：“我们要坚持改革决策和立法决策相统一、相衔接，立法主动适应改革需要，积极发挥引导、推动、规范、保障改革的作用，做到重大改革于法有据，改革和法治同步推进。”①总书记的这一讲话道出了法治理念需为时代改革和发展服务的深刻内涵。

法治3.0时代，我们将直面三个社会转型：第一，全能政治向依法执政和依法行政的转型，这是全面推进依法治国的形势所决定的，从而产生了责任政府和有限政府的模式和运行机制。第二，一元社会向多元社会的转型，在价值、利益、思

---

① 《法治中国》第二集：大智立法。

维和生活方式等方面，过去的一元社会正在转变为多元社会。利益、价值、伦理以及行为方式的多元化，增加了社会的活力和生机，也为社会规制包括秩序的建立带来一定的困难。第三，封闭社会向开放社会转换，中国对外开放政策的贯彻和发展，使中国受到“全球化”的深刻影响，不仅是经济的全球化，也带来贸易的全球化和投资规则的全球化，导致对中国的经济、社会以及文化等方面产生显著的影响。①

社会转型时期，社会矛盾突出，群体性事件增多，违法犯罪现象高发；同时，经济由高速增长向高质量发展转变、社会主要矛盾变化和信息化、智能化都会给检察工作带来深刻影响。社会转型所遇到的新情况、新问题决定了法律监督工作必定面临诸多挑战。

2018 年是中国特色社会主义新时代的开始之年，也是迈进中国法治的 3.0 时代的元年，我们应当充分认识中国特色社会主义新时代对中国法治进程和法治文化建设的重要意义和影响。党的十九大报告明确指出：“全面依法治国是中国特色社会主义的本质要求和重要保障。”这是从关系党和国家前途命运、长治久安的战略全局高度定位法治、布局法治、谋划法治、厉行法治，这是对新时代坚持和发展中国特色社会主义法治道路的基本方略进行了深刻阐述，对深化依法治国实践作出的重大部署。

人类生命通常以 20 年为一代，而在社会学意义对中国法制和法治历史进行代际划分，这是法治理论和法治文化建设的新课题，会有不同的认识和争议在所难免。今天我们学习和借鉴十九大报告关于新时代的有关论述，提出对中国法治进行代际划分，其目的和意义在于，一是统一法治思想和认识，二是引领法治实践，三是推进法治建设。尤其在当前，党中央为全面推进依法治国，提出了“坚持依法治国、依法执政、依法行政共同推进，坚持法治国家、法治政府、法治社会一体建设”战略部署，为加快建设法治中国，实现“完善和发展中国特色社会主义制度，推进国家治理体系和治理能力现代化、法治化”的全面深化改革总目标，有必要对我们中国法制进程和历史有一个整体而清晰的认识，才能凝聚全国人民和全体法律共同体的力量，坚定不移走中国特色的社会主义法治化道路，揭开中国法治建设新篇章。

纵观我国社会主义法治建设的曲折历史，可以看出社会主义法治文明价值内涵几乎涵盖社会主义法治实践的所有环节和所有方面，不仅包括法律实施主体的法治素养及法治实践过程或结果的文明状态，更包括法治体制、机制、方式、技术

① 龙宗智：《构建和谐社会与行使检察权》，载《国家检察官学院学报》2007 年第 15 期。

等方面的文明理念。新中国成立以后,司法机关大约经历了“从快从重”“严格执法”“公平司法”“文明司法”的理念发展过程。检察机关在中国法治体系中,以司法机关的属性承担法律监督的任务,捍卫宪法和法律的尊严,履行公益损害和诉讼违法监督之职责,因而,检察机关的工作理念也必须与新时代的文明司法的理念相适应(见附表)。

附:中国法治1.0—3.0历史时段表

阶段划分	法制初创期	法制立法期（法治1.0）	法治转型期（法治2.0）	法治新时代（法治3.0）
时　段	新中国成立到1977年	1979—1997年	1998—2017年左右	2018年开始
司法理念	从重从快	严格执法	公平司法	文明司法
功　能	巩固无产阶级专政。	打击犯罪,保护人民。	解决和调节社会矛盾。	依法保护公民、法人权利;修复社会各类矛盾和关系。
特　征	1.主张严惩不贷,从重从严从快; 2.政法机关一致对敌; 3.公民的辩护权、申诉权还不能有效落实。	1.公检法相互制约和监督有限发挥; 2.公民的辩护权、申诉权有限落实。	1.主张公平、正义; 2.公检法等司法机关发挥职能,起到相互制约和监督的作用; 3.法律赋予公民的基本权利得到尊重和保护。	1.主张公平正义社会和谐发展; 2.公检法各司其职,精细化办案,追求准确、高效、人性化; 3.公民自觉运用法律武器为社会伸张正义。
事件标志	1951—1952年的“三反”、“五反”运动、镇压反革命运动。	1.“两法”实施; 2.开展“严打”活动。	1.党的十五大报告把“依法治国”确立为党领导人民治理国家方略; 2. 1999年《宪法》修正案确定,将“法制”国家改为“法治”国家,这是根本性的历史转变。	1.党的十九大胜利召开,中国进入新时代; 2.国家体制改革方案启动,司法体制改革日趋完善。
符号标志	法“制”		法“治”	

在文明司法理念引领下的法治新时代,公民把司法机关和法律视为值得信任的机构和信仰寄托及自由公正的保障;社会公平正义得到保障,社会和谐发展;公检法等司法部门精细化办案,追求准确、高效、人性化;公民能够自觉运用法律赋予的权利为自己、为他人、为社会伸张正义。"3.0时代"的中国法治,更多体现法律的人文情怀和司法的能动功能以及对"人权""人格"等基本权利的司法保障。

因而,法及法治的内涵与外延都将产生相应的发展与变化,具体体现在以下方面:一是国家法功能相对弱化,社会法功能日益突出;二是刑罚功能相对弱化,道德功能日益突出;三是法的公权力属性相对弱化,法的私权利属性日益突出;四是法调整范围的单一性、封闭性相对弱化,法调整范围的跨界性、开放性日益突出;五是法治的强制性、惩罚性作用相对弱化,法治的引导性、评价性功能日益突出。社会主义法治要保持先进性,就需要法律监督工作者及时认识并且主动接受这些时代的变化,开创法治建设新纪元,引领法治"3.0时代"的迭代升级。

如果说中国法治"1.0时代"是法治工具论主导的、单向治理的时代,法律是执政者的工具,国家、社会、组织、国民,都是法治的对象。那么法治"2.0时代",是执政者依法治国、双向治理的时代,一方面保护权利,另一方面限制公权力,任何人都不能凌驾于法律之上。法治"3.0时代",是人民依法治国,多元发展、互联互通、共治共享的时代,是一个兑现人民主体地位、主权地位的时代,是一个执政者受到人民全方位监督真正成为人民公仆的时代,一个真正做到科学立法、民主立法的时代,一个严格依法执政、依法行政的时代,一个人人参与监督,保证公正司法和独立审判的时代,一个我们可称为"人民法治"和"人民监督"的时代。

第十章　重构法律监督体系

——跳出历史“周期率”的怪圈

导读 10

1945 年 7 月 4 日，毛泽东在延安与诤友黄炎培关于“周期律”的谈话，引起毛泽东深深地忧虑和思考。于是，七届二中全会上，中共中央印发了郭沫若《甲申三百年祭》，作为学习文件，毛泽东提出“两个务必”，向全党、全国郑重宣告：共产党不学李自成。把建立和掌握新政权视为进京赶考，意味深长。进入北京城后，毛泽东再邀黄炎培，深入研究“周期律”，毛泽东说“我们已经找到新路，我们能跳出这周期律。这条新路就是民主。只有让人民来监督政府，政府才能不敢松懈。人民起来负责，才不会人亡政息”。于是，如何跳出历史“周期率”？如何监督政府和权力？成了几代中国共产党人为之追寻的梦想并作不懈的努力！

法律监督体系则是人们在全面认识法律监督现状的基础上，自觉形成有意识地创造出来的，没有人们有意识、自觉地去构建，法律监督再多，也不会天然地形成一国的法律监督体系。在我国，从无法可依，到有法必依，这已体现着历史的进步。但是做到有法必依，必须健全和完善自身的法律监督体系，并制定一部能够囊括整个法律监督体系的《人民监督法》，使中华人民共和国的宪法、法律、法规得到一体的全方位、多层次、多渠道的监督，并得以正确实施。

习近平新时代中国特色社会主义，为我们重构法律监督体系创造了各种有利条件。那么，如何重构我国的法律监督体系，才能跳出历史“周期率”的怪圈呢？

钩沉史事

刘青山、张子善案件回顾

1952年,刚刚在废墟中崛起的中华人民共和国,为了阻止腐败的滋生和蔓延,在全国范围内开展了声势浩大的"三反""五反"运动。2月10日在保定东关大教场,河北省人民法院临时法庭面对2万多与会群众宣布:"奉中央人民政府法院令准,判处大贪污犯刘青山、张子善死刑,立即执行!"两个昔日屡建战功的"红小鬼",没有牺牲在敌人的枪林弹雨中,却因贪污倒在中国共产党反腐败的枪口下。

"锄一害而众苗成,刑一恶而万民悦。"新中国反腐第一案两声枪响,举世震惊,举国震撼,广大人民群众无不为之拍手称快!

在刘青山、张子善伏法后的第二天,《人民日报》《河北日报》《天津日报》等均以醒目的大字标题在头版报道了公审大会的消息。《河北日报》还用二版整版篇幅,刊登了12幅照片,真实地记录了这一重大历史事件。几乎与此同时,中央及各省、市、自治区的报纸、电台也都对此迅速作了报道。世界舆论亦为之反响热烈。一家西方通讯社写道:"在中共建立北平大陆政权第16个月的今天,毛泽东和他的同伴们不得不面对着这样一个现实:他们曾经一起出生入死的革命战友,正面临着一场法律的考验……"更强烈的震撼还是人们的心灵——惊讶,欢呼,赞叹,感慨,自省,惋惜,忧虑,恐惧……汇织成空前的社会交响曲。

人们不禁要问?为什么一定要判处刘青山、张子善死刑?因为不判处其死刑就不能正党风,不判处其死刑就不能正国法,不判处其死刑就不能抚民心,不判处其死刑就不能解民怨,不判处其死刑就不能保社稷,不杀他们腐败就会蔓延开来危及党的生死存亡。

刘青山、张子善分别于1931年、1933年入党,是经历过土地革命、抗日战争和解放战争严峻考验的老革命。解放后,刘青山先后担任天津市地委书记、石家庄市委副书记,张子善先后担任天津专区专员、天津市地委书记。但是他们未能严于律己,很快蜕化变质。据查,刘、张主要犯罪事实有:一是利用职权,盗用飞机场建筑款,克扣地方粮、干部家属救济粮、民工供应粮等公款总计达171.6亿多元(旧币,1万元折合现行人民币值1元,下同),用于经营他们秘密掌握的所谓"机关生产"。二是勾结奸商,从事倒买倒卖的非法活动,以49亿元巨款倒卖钢材,使国家财产损失达21亿元;为从东北套购木材,他们不顾灾民疾苦,占用4亿元救灾款,还派人冒充军官倒买倒卖。三是刘、张二人生活腐化堕落,拒不悔改,他们从盗取的国家资财中贪污挥霍共达3.78亿多元。刘青山还吸毒成瘾;张子善为隐瞒罪证,一次销毁单据300余张。四是破坏国家政策。他们以高薪诱聘国营企业的31名工程技术人员,成立非法的"建筑公司",从事投机活动。五是盘剥民工,将国家发给民工的好粮换成坏粮,抬高卖给民工的食品价格,从中渔利达22亿元。"贪污和浪费是极大的犯罪。"这无疑是毛泽东不能容忍的,也是党和人民不能容忍的。

然而,对于处决刘青山、张子善,怎样量刑,当时党内意见并不一致。在公审刘青山、张子善的大会召开之前,曾有党内的老同志要向毛泽东再说说,是否可以不枪毙刘、张。当时主持全国"三反"工作的薄一波向毛泽东反映了这个建议。毛泽东说:"正因为他们两个人的地位高、功劳大、影响大,所以才下决心处决他们。只有处决他们,才可能挽救20个、200个、2000个犯有不同程度错误的干部。"事实证明,枪毙刘青山、张子善,犹如两声惊雷,向全党敲响了拒腐防变的警钟。老百姓说,这两个人头换来了中国官场上至少20年的廉政。在随后的整个50年代,新中国出现了一派令人称颂至今的党风和社会风气。

姜太公《六韬》说:"杀一人而三军震者,杀之;赏一人而万人乐者,赏之。"求生是人的本能,新中国反腐第一案两声枪响不知让多少官员远离腐败。"实事求是是马克思主义的精髓。""不审时度势,宽严皆误。"反腐败措施贵在管用。历史的经验教训我们不可不察,加强党风廉政建设,愿各级领导从新中国反腐第一案两声枪响中受到启示。

第一单元　法律监督的体系重构

当今加强和完善法律监督,不仅是完善它的结构,而且是完善它的活动形式、法律手段和方法,完善它的理论基础和法治保障水平。法律监督的体制改革目前所面临的主要任务:一是要充分认识习近平新时代有关法治思想的论述对社会主义新时代法律监督的引领作用;二是要提高对社会主义新时代法律监督体系优越性的利用水平;三是要完善整合对法律监督工作的性质、效率发生重大影响的各种因素(完善法律监督的信息保证、工作管理、法治保障、理论保证等)。

构建该体系,以下元素十分重要,值得探索。

一、重构法律监督体系:多元性、多层性、多样性

(一)多元性

法律监督体系的"多元性"旨在保证并监督法律的实施,它不仅是专门法律监督机关的事,而且还需要司法机关、执法部门实行监督,乃至于全社会的群众监督,只有这样,才能形成一张"疏而不漏"的社会主义法律监督之网。所谓"多元"主要是指:

(1)专门机构的监督。人民检察机关是宪法规定的专门法律监督机关,它的主要职责是对三大法律诉讼(刑事、民事和行政诉讼法)的监督和司法执行活动的监督,具有较强的专门性。

(2)内部监督。就是指执法、司法机关内部形成的上下监督和职能制约制度。这种内部的自我制约机制尤为重要,需要在实践中不断完善和加强。

(3)社会化监督。即是指群众监督和新闻舆论监督,通过公开化的办事制度,增加司法、执法活动的透明度,依靠群众和新闻舆论的力量,保证法律的正确实施。

(二)多层性

近年来,我国已颁布了不少的部门法规及地方性法规,可是监督其实施的监督机构尚未健全,以致一些行政法规难以得到较好的实施,较普遍地存在有法可依、执法不严的现象。尽管在人民的印象中,"人大"可以监督所有法律的实施,但是"人大"是法律体系第一层次的监督机关,不可能完成一切法律的具体监督任务。因此,第三层次的法律监督职能设置有待加强。第三层次法律监督机构只有在执行处罚中遇有争议,当事人依法提起行政诉讼的,才递增至第二层次,由人民检察院依照行政诉讼法行使监督权。

多层监督体系具有专门性、针对性的优点,它能够分工负责,各司其职,保证国家宪法、法律、法规正确、完整、统一地实施。因此,探索多层次有效的法律监督体系是十分必要的。

(三)多样性

法律监督体系的多元化、多层次性决定了法律监督方式必须多样、灵活,这应成为具有中国特色的社会主义法律监督的特征之一。尽管多样、灵活的监督方式在我们目前的法律监督实践中已经有所体现,但仍有待更加系统、完善的必要。

一是单向监督形式。即对触犯刑律构成犯罪的公民或国家工作人员的监督，这一层面上的监督具体由监察委和人民检察院行使。依照法律规定，各级监察委和人民检察院有权对国家工作人员或全体公民实行法律监督：只要违反《监察法》和触犯刑律，构成犯罪的，无论是公职人员，还是普通公民，也无论其民族、种族、性别、职业、社会出身、宗教信仰、教育程度、财产状况、居住期限和职位如何，监察委和人民检察院依照"适用法律平等"原则一律予以揭露。受监察委调查和检察机关侦查或审查的国家工作人员和公民不能以任何理由拒绝监督和审查，监察委和人民检察机关依法独立行使监察权和检察权，不受其他机关、团体和个人的干涉，只要是监察委和检察机关所作出的决定，被监督的对象必须无条件地接受。这种对全体公民和国家工作人员所实行的单向监督形式决定了监察委和检察机关具有绝对的权威性。

二是双向监督形式。即公、检、法三机关在刑事诉讼活动中遵循《宪法》第135条规定的"分工负责、互相配合、互相制约"的活动原则而形成的点上的监督形式。

为了准确有力地打击刑事犯罪，做到不枉不纵，防止司法擅断专行，滥用职权，公检法三机关在分工负责、互相配合的基础上，特别强调了互相制约的关系。

所谓互相制约，就是指公检法三机关双向的监督形式。根据我国《刑事诉讼法》的规定，公检法三机关互相制约表现为：

（1）检察与公安之间：人民检察院对公安机关提请批准逮捕的案件，可以要求公安机关补充侦查，可作出批准逮捕或不批准逮捕的决定；发现公安机关的侦查活动有违法情况，应当通知公安机关予以纠正，公安机关应当将纠正情况告知人民检察院；公安机关对于人民检察院不批准逮捕的决定，认为有错误时可以要求复议、复核；公安机关对于自己移送意见起诉的案件而人民检察院作不起诉决定认为有错误时，可以要求复议或复核。

（2）检察与法院之间：人民法院对人民检察院提起公诉的案件，可以退回补充侦查，对不需判刑的，可要求人民检察院撤回起诉或作无罪和免予刑事处罚的判决；人民检察院对人民法院的审判活动是否合法实行监督，对人民法院的判决可以提起抗诉。

三是循环监督形式。即是指同级人民代表大会—人大常委会—人民检察院—全体公民间形成的依次循环监督关系。

（1）各级人大常务委员会是本级人民代表大会的常设机构，对本级人民代表大会负责并报告工作。人民代表大会对常委会在其闭会期间的工作是否满意，即通过一年一度的代表会议听取审议工作报告实行监督。

(2)人大常委会依法监督“一府一委二院”的工作,其中对监察委和检察院的监督主要是指法律监督成效的监督。监督的主要形式是听取并审查监察委和检察院的工作报告,受理人民群众对监察、检察工作的申诉和意见。

(3)监察委对公务人员的监督主要是指违反法律和构成犯罪的监督,行使《监察法》规定的各种职权;人民检察院对触犯刑律构成犯罪的公民和司法人员的监督,决定立案、侦查、批准逮捕、不捕或决定起诉、不诉等职权。

(4)根据《选举法》的规定,全国和地方各级人民代表大会的代表,受选民和原选举单位的监督,选民或者选举单位都有权罢免自己选出的代表;任何公民或者单位对违法乱纪或者严重失职的代表,都可以提出罢免的要求。

二、强化法律监督的刚性:追求监督效果

回顾法律监督所经历的重大事件,凡是刚性的监督,就有成效,柔性的监督,就没有权威。《监察法》的实施和执行,彰显了法律和监督的权威。如何用好人大和检察机关的“刚性监督”,是今后法律监督理论和实践所必须面对的重大课题。

人大监督本级政府工作,是宪法赋予地方各级人大及其常委会的一项重要职权。党的十八大以来,随着全面依法治国的深入推进,各级人大及其常委会的专题询问成为常态,以质询、特定问题调查等方式开展监督也时有耳闻。然而,有些地方的人大监督的优势和作用仍然没有得到充分发挥。比如,柔性监督多,刚性监督少,对质询等监督方式运用还不多,检察机关更是如此。中国法学会副会长、最高人民检察院原副检察长朱孝清认为,检察监督缺乏刚性是长期存在的一个突出问题,这一问题在职务犯罪侦查职能转隶后尤为突出。其原因主要有三:一是法律没有赋予检察机关对监督对象直接进行处理的权力;二是法律规定的监督方式和结果缺乏刚性;三是职务犯罪侦查职能转隶使检察监督缺乏支撑。

“刚性监督”不够除了上述原因外,还有一个是观念问题。一些地方政府领导把接受人大监督挂在嘴边,但是打心眼里害怕监督,更害怕动真碰硬的监督。一些地方人大也担心监督问责让政府领导难堪。其实,人大对政府的监督,不仅是宪法、监督法的要求,更是促进政府工作、密切干群关系的有力保障。人大及其常委会代表人民进行监督,反映的是群众的意愿。政府自觉接受监督,积极落实人大代表提出的意见建议,有困难讲困难,有成效讲成效,有计划讲计划,沟通的是民意,获得的是理解,赢得的是民心。

人大监督发挥实效,关键在于监督力度。如果只是提提意见建议而不跟踪问

效,重视答复意见建议而不抓具体落实,那么,监督就容易流于形式。隔靴搔痒式的监督不仅起不到应有效果,容易放任“为官不为”,而且会损害人大监督的权威性,挫伤人大代表和人民群众的监督积极性。进一步发挥质询、特定问题调查、撤职等“刚性监督”的作用,亟须更具体的制度保障和程序规范。比如,广泛征求意见建议,找准群众最关心什么,对什么工作最不满意,从而形成监督的主题,有的放矢进行监督,一针见血进行监督。比如,在开展质询等监督前,组织人大代表视察、调研,了解实情,形成客观、理性的监督意见。比如,在质询后的整改阶段,给予政府部门合理的整改期限,提供强大的智力支持。比如,政府部门因为整改不合格而被问责时,要依法严格追责,保证“刚性监督”的权威性、公信力。十三届全国人大一次会议修改宪法,把宪法实施提到新高度。让人大监督强起来,让宪法权威树起来,期待见到更多有力度、见实效的人大监督。

法律监督是中国特色社会主义法治的重要内容,也是中国特色社会主义检察制度的重要内涵,是符合我国国情的历史选择。检察机关是推进全面依法治国的一支重要力量,是我国国家体制和政权组织的专业护法力量,所承担的法律监督使命崇高而重大。

但是目前检察机关法律监督的效果不理想,这和顶层设计的缺失不无关系。“无责任则无法律,无救济则无权利(权力)。”根据法律规定,目前检察机关主要可以采取的工作措施包括发出检察建议、提起公益诉讼、提出纠正违法意见以及抗诉。但法律只是赋予了检察机关监督的权力,对于检察机关履职的相关刚性保障措施,却没有明确规定。如果有关单位或者个人对检察机关依法执行职务活动不配合,或者相关单位拒不采纳、拒不执行法律监督机关的决定或者意见、建议,有何法律后果?这在实际履行法律监督职责过程中,严重困扰着检察机关。这和宪法赋予检察机关的神圣使命、尊崇地位以及人民群众对检察机关寄予的厚望相比,严重不相称,不相适应。

在实务工作中发现,个别单位对检察机关依法执行职务活动不配合又不构成犯罪的情形下,以及对待检察建议和纠正违法意见,态度阳奉阴违,回复称已经整改落实,实际上对检察建议、纠正违法意见束之高阁,或者说只落实在纸面上,依然我行我素,下次继续“走老路”,再发检察建议和纠正违法意见,依旧不落实。实践中,检察机关有两种“治标不治本”的选择:一是协调组织人事部门和纪检监察机关处理,但法律效果、社会效果和政治效果非常不好。二是报请上级检察机关协调其上级部门或者党委政府解决,既耗时费力也使法律监督效果大打折扣,监督效果被严重消解,法律尊严遭受到极大伤害,法律权威受到极大挑战,且这两种方式也不具有可持续性。对此检察机关却只能“望洋兴叹”,有心无力。

研究检察机关履行法律监督职责的刚性保障措施问题,我们可以对比一下和检察机关并行的司法机关,同为我国“两院”之一的法院的履职保障是如何应对的?法律明确赋予法院对拒不配合其工作,拒不执行其有关裁判、决定,或者扰乱其工作秩序的有关单位、自然人可以采取罚款、司法拘留、训诫等惩戒手段的保障措施。对拒不协助执行或者有能力但拒绝执行生效裁判的有关单位罚款,对有关个人决定罚款、拘留或者纳入失信被执行人黑名单,具有极大震慑力。法律的尊严和权威,在法院得到了很好的维护和体现。因此,检察机关在履行法律监督职责过程中决定采取拘留、罚款、纳入征信系统等刚性保障措施非常必要,并且具有紧迫性。

研究检察机关履行法律监督职责的刚性保障措施问题,我们一方面要主动从“供给侧”进行结构性改革,创新监督方式。如对监狱的巡回检察,即进行“派驻 + 巡回”检察方式,在试点改革中已经取得明显成效。同时,我们还要建议在相关法律的修改和修订中,增加检察机关另外的三项权能:一是行使对司法人员贪赃枉法、徇私舞弊等职务犯罪的侦查权,保留检察机关在履行职责中发现的职务犯罪的部分侦查权;二是将检察建议权以立法方式细化为“违法纠正意见”“责令整改通知”等法定形式,规定限期纠正、整改并反馈;三是赋予检察机关调查核实权。以此彰显检察机关的法律监督刚性,使法律监督机关这只“雄狮”长出“钢牙”,使检察机关成为名副其实的有威慑力、有权威、有尊严的法律监督机关、护法机关。具体分述如下:

首先,明确检察建议和纠正违法意见的内容和责任:(1)建议有关单位堵塞漏洞、建章立制;(2)要求纠正违法,改正错误,要求依法履职,改进工作;(3)要求变更承办人员;(4)要求有关部门、单位给予责任人员组织人事处理,要求对有关责任人员追究党纪、政纪等责任。

其次,赋予检察机关保留在履行职责中发现的职务犯罪侦查权。保留这部分职务犯罪侦查权的原因在于:(1)这是适应检察监督权特点的需要;(2)这是防止诉讼监督职能进一步软化、坚持检察机关是国家的法律监督机关这一宪法定位的需要;(3)它有利于优化侦查资源配置,进一步提高反腐败整体效能;(4)它与国家监察机关对公职人员监察全覆盖不仅不矛盾,而且是很好的配合和补充。当然,《刑事诉讼法》(修正案)给检察机关保留的职务犯罪侦查权的范围过于狭小——设计的罪名过少、覆盖面窄、案件数量少——因而难以起到支撑检察监督的作用。因此,要使保留的侦查权真正起到支撑的检察监督作用,就必须遵循“侦查权的覆盖面与检察监督权的覆盖面相同”的原则。

再次,赋予检察机关调查核实权及其措施。检察机关应当享有以下调查核实的权力:要求说明情况、通知谈话、传唤、调取证据、查阅有关会议记录、文件、案卷材料,责令提供相关证据、材料,检查、鉴定等;必要时,还应当有权直接采取强制性措施,如强制传唤、查封、扣押、冻结、发出禁止令、责令立即停止侵害公益行为等。

最后,明确检察机关履职刚性保障措施的救济途径。一是有关单位和个人对人民检察院依法采取决定拘留、罚款、纳入征信管理系统的措施不服的,可以向上一级人民检察院申请复议,上一级人民检察院应当在 3 日内作出复议决定,复议期间不停止执行。二是有关单位和个人被人民检察院错误决定采取拘留、罚款、纳入征信管理系统措施的,可以依照《国家赔偿法》的规定,申请国家赔偿。人民检察院须向故意或者有重大过失的检察人员追偿,并按照有关规定追究其责任。

三、扛起法律监督的责任:放弃监督将承担责任

对于党风廉政建设和反腐败斗争,习近平总书记早就强调:“各级党组织必须明白,加强党风廉政建设,加强对干部的监督,是对干部的爱护。放弃了这方面责任,就是对党和人民、对干部的极大不负责任。”①

习近平总书记这一讲话虽然是针对党风廉政建设和反腐败斗争工作,但对法治建设和检察机关的法律监督工作同样很有针对性。五年来,纪检监察机关之所以取得了有目共睹的反腐成效,就是因为他们自上而下扛起监督的责任,明确自己的职责定位,聚焦党风廉政建设和反腐败斗争,紧紧围绕监督执纪问责,深化转职能、转方式、转作风,全面提高履职能力。

新时代新起点新担当。履行法律监督的检察人员要践行文明司法理念,培养法治思维和法治方式,处理好罪与罚、宽与严、打击与保护、公正与效益的关系。在全面依法治国大背景下,人民群众的法治意识、公平意识、民主意识、权利意识不断增强,对促进公平正义、实现安居乐业要求更高。通过高效优质的司法行为,体现司法公开、公正和公信力,最大限度减少司法办案的负面产出,推进社会善治进程,构建文明健康的法治生态,让人民群众对公平正义有更多的获得感。

长期以来,各级人大代表以及社会各界对执法司法中的一些问题反映较多,比如,立案工作中的该立案不立案、不该立案而立案;侦查环节中存在的滥用强制

① 参见《依纪依法严惩腐败,着力解决群众反映强烈的突出问题》(2013 年 1 月 22 日)。

措施、随意处置当事人财物;刑事诉讼中的同案不同罚、冤错案件;民事诉讼中的虚假诉讼、执行难;刑事执行中的违法减刑假释暂予监外执行等问题,人民群众希望检察机关加强监督促进解决这些问题。检察机关要有担当精神,积极回应,敢于监督、善于监督,在推动解决问题的过程中,通过办案树立起检察机关的监督品牌,赢得人民群众的信任和信赖。一是办案检察官要在查清监督对象违法情况的基础上,区分违法严重程度,灵活运用纠正违法、检察建议、抗诉、提起公益诉讼等各种手段,争取最好的监督效果。二是一线检察官要站在依法治国的高度上多想一些、想深一层,加强对侦查、审判、执行等环节存在的共性问题的研究,及时通报提醒,共同推动问题的解决。三是强化员额检察官责任落实,抓好责任清单、跟踪督办、定期反馈等制度机制的落实,进一步完善工作落实考核评价体系,使人人身上有担子、有压力、有动力。加大监督检查和问责力度,奖勤罚懒、惩前毖后,有效推动工作落实。四是领导干部要作表率。领导干部特别是班子成员要干在实处、走在前列,不能当二传手、甩手掌柜。要带头沉下心来、放下身段,既当指挥员,又当战斗员,亲自谋划工作,亲自研究问题,以扎实的工作作风和拼搏进取的精神风貌,引领群众脚踏实地、埋头苦干、奋勇争先,努力创造出无愧于历史、无愧于时代的法律监督工作新业绩。

2019 年 3 月 12 日,最高检检察长张军作最高检察工作报告时说,媒体披露“昆山反杀案”后,最高检指导江苏检察机关提前介入,提出案件定性意见,支持公安机关撤案,并作为正当防卫典型案例公开发布;指导福州市检察机关认定赵宇见义勇为致不法侵害人重伤属正当防卫,依法不负刑事责任,昭示法不能向不法让步。

“法不能向不法让步!”这就是一种责任和担当,这一金句回响在人民大会堂,激起全国好评如潮。此前,首席大检察官张军还就一起小学教师齐某性侵未成年学生轻判案件发起抗诉。最终,最高人民法院经审理采纳了最高检的全部抗诉意见,依法改判齐某无期徒刑。而后,最高检为了进一步健全完善预防性侵害的制度机制,加强对校园预防性侵害相关制度落实情况的监督检查,依法严肃处理有关违法违纪人员等,向教育部发出史上第一份检察建议书。

维护社会公平正义、弘扬美德善行,必须让公众信仰法治,让法治给人民传递信心。在办案中监督,在监督中办案。一个案例,胜过一打文件。一种全新的监督理念应运而生,有利于人民群众坚定法治的信仰。

检察机关要通过办案引领方向,总结纠正存在的社会治理问题,推进司法解释的制定、健全、完善。检察机关要深入思考如何落实以人民为中心担当起司法机关的责任,如何把握好立法原意办理核准追诉案件,如何准确认定正当防卫。检察机关要牢固树立检察官客观公正义务,正确应用法律,惩罚犯罪分子,保障无罪的人不受刑事追究,宁失不经、不伤无辜。这是新时代赋予的责任。

四、监督者也要接受监督

监督者在监督别人的同时,同样需要接受监督,甚至是需要更加严格的监督。唯有如此,监督者才能有作为、有担当,才能成为一支让党放心、人民信赖的法律监督专业队伍。

(一)接受党的监督

法律监督机关需要接受党的监督,这是人类社会良性循环大机制的要求。法律监督机关接受党的领导,就是接受党在政治思想上的监督。因为监督是实现领导的手段和必然要素,没有有效的监督,就不可能实现有效的领导。因此,只有把法律监督有效地置身于党的监督之下,才能既使"四项基本原则"得以坚持,又能保证法律监督在良性循环的状态下运行。

党的监督属于全面性的监督。它可以通过同级党委或党的纪律检查部门,对法律监督活动的合法性、合理性实行监督,以及对法律监督人员遵纪守法情况实行监督。通过接受党的领导和监督,能使法律监督机关坚持正确的政治方向,正确地运用法律监督权,更好地履行职责、维护法制。

党的十九大报告指出:"健全党和国家监督体系","构建党统一指挥、全面覆盖、权威高效的监督体系,把党内监督同国家机关监督、民主监督、司法监督、群众监督、舆论监督贯通起来,增强监督合力"。这是以习近平同志为核心的党中央提出的新时代加强党的建设的八项重点任务之一。

根据十九大报告精神,健全党和国家监督体系是一项系统工程,包括六大子系统,即党内监督、国家机关监督、民主监督、司法监督、群众监督、舆论监督,其中党内监督是核心。健全党和国家监督体系,首先是健全党内监督体系。健全党内监督体系,从党的十八届三中全会开始就已经提到了党的议事日程上来。在《中共中央关于全面深化改革若干重大问题的决定》明确提出"改革党的纪律检查体制,健全反腐败领导体制和工作机制,改革和完善各级反腐败协调小组职能"的改革任务,并从落实党风廉政建设责任制、推动党的纪检工作双重领导体制"三化"、强化上级纪委对下级纪委的领导以及改进中央和省区市巡视制度等方面进行了具体部署。依据这些部署,健全党内监督体系已经先行一步,并取得了阶段性成果。总结回顾已有的经验和成果，健全党内监督体系在组织建设上应当重点从三个方面着力：一是健全中央统一领导、地方各负其责、基层具体落实的党内纵向监督体系；二是健全党委主体责任、纪委监督责任、部门具体责任的党内横向监督体系；三是健全上级纪委和同级党委对各级纪委和基层纪委工作的双重领导体制。党的十八届六中全会审议通过的《中国共产党党内监督条例》，进一步明确并强化党监督的重要性。唯有强化制度监督，让监督者接受更加严格的监督，法律监督队伍才能保持干净担当的鲜活生命力，才能成为一支能够担负重任的法制建设的忠诚队伍。

（二）接受人民的监督

党的十九大报告指出，要“巩固基层政权，完善基层民主制度，保障人民知情权、参与权、表达权、监督权”。切实保障人民群众知情权、参与权、表达权、监督权（以下简称“四权”），是依法实行民主选举、民主决策、民主管理、民主监督的基础，也是深化政治体制改革，发展社会主义政治文明的前提。

为何人民“四权”有如此重要的地位？如果将权利分为财产权利、政治权利、人身权利、社会保障权利和文化权利，那么“四权”属于政治权利的范畴。经过40年的改革与发展，我国原有的社会结构发生了显著变化，人民群众对国家政治和社会生活的参与意识、对权力和利益的保护要求和表达诉求、对自身能力的发挥和自身价值的追求，呈现越来越积极的发展趋势。人民群众的民主法制意识不断增强，政治参与的积极性不断提高。在新的时代条件下，党和政府提出对知情权、参与权、表达权、监督权的保障是我国人民群众“公权利”意识显著增强的一个重要标志，更是党和政府对人民群众权利意识进一步提升的重要回应。

进入新时代，我国社会主要矛盾是人民日益增长的美好生活需要和不平衡不充分的发展之间的矛盾，人民对民主、法治、公平、正义、安全、环境等方面的需求日益增长。其中，人民群众对各种情况、信息的知晓，对自我意愿、意见的表达，对现今社会运行特别是政治体系运行的参与和监督等需求，成为这些日益增长需要的内容之一。

拥有知情权、参与权、表达权和监督权，对普通人的日常生活如“衣食住行”等方面，可能表面上并没有太大的直接联系。然而，人们越来越深刻地发现，对很多公共问题的知情、参与、表达和监督，对个人而言，同样具有极为重要的意义。一方面可以使人身权、财产权等权利类型更为圆满，另一方面又可以作为抵御性权利类型的角色，使生命权、健康权、人身自由权、平等权、财产权等得到更好的保护。人民“四权”的充分保障可以充分调动普通老百姓的积极性,使他们能够依靠法律和制度表达自己的意愿、维护自己的正当权益,能够加大监督力度,使国家机关及其工作人员更好地行使权力、履行职责。

“法治是治国之重器,良法是善治之前提”,讲法治就不能不讲权利。从普通老百姓的角度来说,加强人权的法治保障是增强他们在依法治国过程当中的获得感,从而进一步保障人民在依法治国过程当中的主体地位的关键。

习近平总书记明确指出:“人民群众中蕴藏着治国理政、管党治党的智慧和力量,从严治党必须依靠人民。”①要充分发扬社会主义民主,贯彻党的群众路线,营造鼓励监督、保护监督的环境,激发人民群众主人翁意识和监督热情。长期以来,受各种因素影响,有的群众监督主体意识不强,不愿监督、不敢监督、不会监督的问题较为突出,影响了监督实效。当前如何采取媒体宣传、干部宣讲、专家解读等形式,深入开展对党组织和党员的监督政策法规宣传,帮助广大人民群众了解、掌握有关监督知识,增强监督意识和能力十分重要。要引导人民群众依法依规进行监督,提倡署真实姓名反映违纪违法事实,养成在法治轨道上表达诉求、开展监督的习惯。

(三)接受专业人士的监督

所谓专业人士,就是检察机关和监察委聘任的特约检察员、特约监察员和人民监督员等。他们都是党内或党外,分布在各个领域的专家、学者。他们具有很好的政治素养、业务素质和敬业精神,他们在各自工作岗位上认真履职,一方面对法律监督机关的监督职能成效进行监督,另一方面也成为检察机关联系人民群众和社会各界、接受社会监督和群众监督的重要桥梁纽带。

充分发挥特约检察员的专业优势、学术专长和广泛联系社会的优势,帮助解决法律监督工作中遇到的实际问题和职权的正确行使。为保证他们真正发挥监督作用,需要采取以下措施:一是组织特约检察员、特约监察员参加各类工作会议和相关业务工作会议,向他们通报法律监督工作的重要部署及落实情况,使其及时了解和掌握工作的进展情况;二是召开座谈会,认真听取其意见和建议;三是组织特约检察员和特约监察员开展专题调研活动,为推动监督工作科学发展积极建言献策;四是组织特约检察员和特约监察员参与有关案件的调查、讨论,就某些专业性问题认真听取意见和建议;五是组织特约检察员和特约监察员考察有关诉讼

---

① 参见《全国从严治党是治国理政的根本保证》,载《人民日报》2016 年 5 月 9 日。

活动和办案情况，使其更加直接了解法律监督的诉讼活动和执法办案情况；六是发挥特约检察员和特约监察员联系社会各界和人民群众的桥梁纽带作用，认真处理他们反映的情况和转递的群众来信、控告、申诉、举报材料；七是积极为特约检察员和特约监察员履职提供各种便利条件。

据了解，截至目前，最高检和大部分省级检察院和一些地县级检察院都开展了特约检察员和人民监督员聘任工作，其中最高检已先后五届聘请96名特约检察员。2018年11月27日，最高检举行咨询委员会特约监督员工作会议，聘任了第一届最高检特约监督员98名。[①] 2018年12月17日，国家监委也在京召开第一届特约监察员聘请会议，优选聘请50名特约监察员，此项工作已经有序开展并取得一定成效。如果《人民监督法》颁布实施，统称人民监督员，由人大聘任和实施效果会更好。

第二单元　监督理论的创新与发展

许多法律得不到真正执行，公权侵犯私权的情况屡屡发生。如果不能“把权力关进制度的笼子里”，权力就会是恣意妄为的猛兽，就会祸害社会。要把权力关进制度的笼子里，笼子有哪些？第一个是民主的笼子，通过统一的程序规则约束公权力的行使。特别要通过立法和制度建设对地方党政一把手的权力加以更加严格的硬约束。因此应当尽快制定《行政组织法》和《行政程序法》等法律法规，为各种行政行为提供最基本的权力边界和程序规则，防止决策机关规避程序法滥用决策权，确保每项权力都受到法律的严格约束。第二个是法治的笼子，要依法行政。依法行政不仅要求行政机关在作出具体行政行为时必须依据法律、法规和规章，而且要求行政机关不得作出影响公民、法人和其他组织合法权益或者增加公民、法人和其他组织义务的决定。凡法律法规规定的职责，都必须积极履行，不能失职，不能不作为。同时，履行法定职责，必须依据法定程序。第三个是监督的笼子，通过公开约束规范公权力。应当进一步扩大信息公开的范围，将领导批示、指示及一切行使权力的表现形式纳入信息公开的范围，实现真正意义上的党务、政务、司法、公共事务的信息公开，通过公开约束规范公权力。要创造人民监督和批评政府的条件，拓宽民众知情权、参与权、监督权和决策权的渠道，充分利用现代新兴媒体监督的便利，实现对公权力行使的全时空监督，唯其如此，才能让所有

① 参见2019年3月14日《检察日报》“两会”特刊。

官员在法律面前不越雷池半步，防止权力滥用和失控。

一、习近平新时代有关法治思想的论述对法律监督工作的指引

习近平新时代有关法治思想的论述是马克思主义法学中国化的最新理论成果，是中国特色社会主义法治建设的重大理论创新，对指导全面依法治国具有重要理论价值和现实意义。作为科学完整的一套理论体系，习近平新时代有关法治思想的论述具有理论的创新性、宏观的战略性、鲜活的实践性、严密的辩证性和鲜明的人民性。

在习近平有关法治思想的论述中，集中体现了强烈的问题意识和精准的问题导向。他认为，问题是工作的导向，也是改革的突破口，要紧紧抓住影响司法公正、制约司法能力的重大问题和关键问题，增强改革的针对性和时效性。党的十八大报告提出："要推进科学立法、严格执法、公正司法、全民守法，坚持法律面前人人平等，保证有法必依、执法必严、违法必究。"习近平总书记在系列重要讲话中多次强调了"科学立法、严格执法、公正司法、全民守法"①，这十六字作为社会主义法治建设新"十六字方针"，是贯彻落实全面依法治国全局部署的务实战略举措，是稳步推进法治中国建设的总方针和法治国家建设的重要衡量标准。

新"十六字方针"是当前和今后有效破解我国社会主义法治建设突出问题的"一剂良药"。加强科学立法就是紧扣提高立法质量这一关键，逐步增强法律法规的针对性、有效性、可执行性和可操作性；推进严格执法就是进一步规范执法行为，保证法律得到实施，把"纸面上的法"真正落实为"行动中的法"；保证公正司法就是坚持以公开促公正、以公正树公信，逐步构建开放动态、透明便民的阳光司法体制；做到全民守法就是加强法治宣传教育，把普法和守法作为依法治国两大基础性工作，引导全体公民把遵法守法作为一种共同追求和自觉行动。新形势下的社会主义法治建设，必须坚持问题导向，结合鲜活的实践，推动法治建设向提高立法质量、推动法律实施、树立法治信仰方面转变。习近平总书记强调："要学习掌握唯物辩证法的根本方法，不断增强辩证思维能力，提高驾驭复杂局面、处理复杂问题的本领。"②他着眼于历史和现实的维度，从理论和实践两个层面的结合上讲清楚、讲透彻了事关社会主义法治建设的若干重大关系。这些重大关系，都是

---

① 参见《决胜全面建成小康社会　夺取新时代中国特色社会主义伟大胜利——在中国共产党第十九次全国代表大会上的报告》(2017 年 10 月 18 日)。

② 参见《习近平：坚持运用辩证唯物主义世界观方法论》，载新华网。

推进法治建设需要面对的重要问题。

关于加强对权力的监督和强化法律监督，习近平总书记作过一系列的论述。早在2012年12月4日，在首都各界纪念现行《宪法》公布施行30周年大会上习近平总书记讲过：全国人大及其常委会和国家有关监督机关要担负起宪法和法律监督职责，加强对宪法和法律实施情况的监督检查，健全监督机制和程序，坚决纠正违宪违法行为。要健全权力运行制约和监督体系，有权必有责，用权受监督，失职要问责，违法要追究，保证人民赋予的权力始终用来为人民谋利益。

2015年2月2日，在省部级主要领导干部学习贯彻十八届四中全会精神全面推进依法治国专题研讨班开班式上习近平总书记再次提出："把权力关进制度的笼子里，就是要依法设定权力、规范权力、制约权力、监督权力。"

习近平总书记在中央纪委历次全会上都强调：要以深化改革推进党风廉政建设和反腐败斗争，改革党的纪律检查体制，完善反腐败体制机制，增强权力制约和监督效果，保证各级纪委监督权的相对独立性和权威性。要强化制约，科学配置权力，形成科学的权力结构和运行机制。要强化监督，着力改进对领导干部特别是一把手行使权力的监督，加强领导班子内部监督。要强化公开，依法公开权力运行流程，让广大干部群众在公开中监督，保证权力正确行使。

党的十九大报告指出："把党内监督同国家机关监督、民主监督、司法监督、群众监督、舆论监督贯通起来，增强监督合力。"如此情势下，处理国家监察体制改革与加强检察监督的关系，是新时代完善中国特色社会主义监督体系所面临的重大理论和实践课题。

当前，国家监察体制改革全面推开，行政体制改革、司法体制改革、权力运行制约和监督体系建设有效实施。这一切成就的取得，都是坚持中国共产党的领导、坚持走中国特色社会主义道路、坚持以习近平新时代中国特色社会主义思想为指引的结果。

只有坚持中国共产党的领导，坚持习近平新时代中国特色社会主义思想为指引，我国的法治建设、司法改革成效才能如此显著。可以说，坚持习近平新时代中国特色社会主义思想指引我国的法治建设，是我国法治建设顺利进行、走向成熟的生命线。

依法治国必须坚定不移地坚持中国共产党的领导，坚定不移地走中国特色社会主义法治道路，要完善以宪法为核心的法律体系、法治体系；要时刻牢记中国国情，立足于中国实践和发展需要，不能脱离中国社会主义法治建设的实际，以确保我国法治建设沿着党指引的社会主义方向和道路前进。法治新时代检、监并存的双监督模式的开启,是学习借鉴国外和我国香港特别行政区法治反腐的经验,坚持发展中国特色社会主义法治理论的结果。

二、新时代法律监督的方向和主客体监督的比较研究

深化国家监察体制改革的总目标是建立党统一领导下的国家反腐败工作机构。该机构不是政府部门,也不是司法机关,而是一个与行政机关和司法机关平行的执法监督机关。要建立集中统一的反腐败机构,形成权威高效的国家监察体制。监察体制改革的目的并不是要剥夺检察院的监督权和法律监督机关的地位,而是要通过新设监察委员会来全方位规范和制约公权力的运行。就检察院而言,则不妨以监察体制改革为契机,加强和完善自己的法律监督职能。监察监督与检察监督比较,区别是明显的。两者的区别主要体现在以下方面:

一是监督对象不同。根据《监察法》第 15 条的规定,监察机关对六类公职人员和有关人员进行监察。可见,监察委员会的监督对象是自然人,而不是组织。检察院的监督对象则是国家机关,包括司法机关和行政机关。检察院的监督针对的是国家机关的行为,而非国家机关的工作人员。监督对象即是责任主体,也就是相应法律后果的承担者。一旦公职人员存在腐败行为,则应由其本人承受国家监察委员会对其进行的调查和处置。而检察院发现法院的裁判和行政机关的作为或者不作为违法,则由法院或者行政机关来承担相应的法律后果,即重新审理案件或者作出相应的行政行为。

二是监督范围不同。根据《监察法》第 11 条第 1 款的规定:"对公职人员开展廉政教育,对其依法履职、秉公用权、廉洁从政从业以及道德操守情况进行监督检查。"从这一规定可以看出,监察委员会监督的范围涵盖了职务犯罪、一般违法、违反党纪乃至违反道德规范。这一监督范围远远广于其他任何形式的监督。与之相应,监察监督的依据除了法律,还包括党规党纪和无形的道德规范。说明监察监督遵循的是严格性原则,即对行使公权力的公职人员课以高于普通公民的义务要求。检察监督的范围则是法院的审判活动是否合法,刑事案件判决、裁定的执行和监狱、看守所活动是否合法,以及行政机关的行政执法行为是否合法。检察监督遵循的是有限性原则,只能对监督对象行为的合法性进行监督,而不干预其合理性;监督的依据只能是法律,不包括党规党纪,更不包括道德规范。在行政检察监督方面,监督的范围也仅限于具体行政行为,排除抽象行政行为。

三是监督方式不同。根据《监察法》第 41 条和第 45 条第 1 款、第 2 款规定,监察委员会履行监督、调查、处置三项职权,即可以采取讯问、询问、留置、搜查、调

取、查封、扣押、勘验检查等调查措施和谈话提醒、批评教育、责令检查,或者予以诫勉及依照法定程序作出警告、记过、记大过、降级、撤职、开除等政务处分等18项相关措施和处理结果。对尚未构成犯罪的公职人员违法违纪行为,监察委员会可以直接作出相关处理决定,这种处置权是实体性的权力。而检察机关的监督方式基本都是程序性的:检察院如果认为法院的判决或者裁定存在错误,其监督的方式是提起抗诉。抗诉启动再审程序后,依然是由法院独立行使审判权对案件重新作出裁判。检察机关的抗诉权在本质上只是一个改判建议权。行政检察监督的方式则是通知相关机关纠正违法行为或者发出检察建议,以及提起行政公益诉讼。这些监督方式都是程序性的,即不能直接改变监督对象的行为结果。因此,可以将检察机关称为"程序性"的法律监督机关。检察监督的"程序性"除了体现在检察权必须依法定程序行使,更重要的就在于检察权的行使仅具有程序的意义,而不是具有终局和实体的意义。

四是监督阶段不同。监察委员会的监督不仅包括对职务违法犯罪行为的事中监督和事后监督,还包括事前监督,也就是预防监督。这就意味着监察委员会对公职人员的监督不受时间限制,最终目标实现"构建不敢腐、不能腐、不想腐的有效机制"。检察机关的监督通常是事后监督,无论是对法院的审判行为,还是对行政机关的执法行为,都是在监督对象的行为已经作出之后进行监督,在其他国家机关行使权力的行为作出之前,检察机关不得进行预先干预。即便是对行政机关不作为的监督,也是基于行政机关负有作为的法定义务而不履行,这种不作为已经构成了违法,检察机关督促其履行也属于事后监督。之所以存在监督阶段的不同,是因为监察监督的对象是自然人,而检察监督的对象是国家机关。从性质上讲,检察监督是一种国家权力对另一种国家权力的评价,在被监督的权力尚未行使之前即予以评价,就属于权力的越界,事实上会形成法律监督权对其他国家权力的不当干预。

三、完善检、监并存的双监督格局

《监察法》的颁布实施,开启了社会主义法治新时代检、监并存的双监督模式。

监察委员会和检察院虽然都拥有监督权,但监察委员会的监督和检察院的监督存在诸多不同之处。这些区别,最高人民检察院首席大检察官张军将其概括为:"一个是对个人,一个是对机关行使权力行为;一个是对公职人员全覆盖,一个是重在发现诉讼过程的职务行为不正当性。"正因为有这样的区别,恰恰证明这不是监督体制的重复叠加和体制浪费,而是构成了法治新时代双监督格局的优势。

这种优势主要体现在以下几方面：

(1)监察监督与检察监督的差异性构成了两者的互补性,也是两者共同构建严密的权力监督机制的前提条件。在尊重监察监督和检察监督各自特点的基础上设计具体可操作性的制度和流程,方能实现两者职能的良好衔接。

(2)检察院原先对国家工作人员职务犯罪案件自行侦查、自行提起公诉这一制度设计一直广受诟病,这种由检察机关对侦查实施一元化监督的中国模式存在重大缺陷,对自行侦查的监督陷入同体监督的困局。监察体制改革,破解了上述困局。

(3)在今后诉讼活动中,检察机关能更好地履行法律监督职权。这种监督权,既不同于初始阶段行政机关的决定权,也不同于具有终局决定意义的裁判权,更多的是一种过程中的监督,有问题最终将监督相关部门自行纠正。根据这一特点运用好检察权,有利于防止审判恣意和侦查滥权,推动公安机关、法院依法履职。

(4)成立监察委员会,形成一个全新、全面、强大的国家权力制约体系。在这个体系中,监察委员会和检察院各司其职,分别从不同的角度和层面,以不同的方式实现对公权力的制约和监督。监察委员会作为专门的反腐机构,对所有行使公权力的自然人行使监察监督权,通过约束权力行使者来实现制约公权力的目的,需要法律地位、组织机构和职权的有力保障,需要“位高权重”,才能有效遏制权力腐败和权力犯罪行为;检察院则通过检察权的行使,一方面以分工合作的方式对其他国家机关的权力进行制衡,另一方面直接对其他国家机关的合法性行为进行监督。

当前,国家监察体制改革全面推开,行政体制改革、司法体制改革、权力运行制约和监督体系建设有效实施。这一切成就的取得,都是坚持中国共产党的领导、坚持走中国特色社会主义道路、坚持以习近平新时代中国特色社会主义思想为指引的结果。

只有坚持中国共产党的领导,坚持习近平新时代中国特色社会主义思想为指引,我国的法治建设、司法改革成效才能如此显著。可以说,坚持习近平新时代中国特色社会主义思想指引我国的法治建设,是我国法治建设顺利进行、走向成熟的生命线。因此,我们将从以下方面努力并取得成效:

(1)坚持和完善检、监并存体系,充分发挥双监督格局优势。监察体制改革并未改变检察院作为法律监督机关的定位。检察机关是法律监督机关,但是,检察权不等于法律监督权,因为检察权的外延大于法律监督权的概念,检察权包含有法律监督的权力。

监察委对公职人员个人进行监察,对职务违纪违法和权力犯罪行为行使监察权;检察机关履行法律监督职权,依法对司法机关、执法机关在诉讼和相关执法过程中的违法行为进行监督纠正。检、监两家在职权行使时应该突出自己的目标和成效。

一是国家监察委员会的法律定位及其监察权行使的成效体现在:高效、高能,突出一个“监”字。成效的最终目的就是让所有公权力拥有者“不想贪、不敢贪、不能贪”。

二是职能整合后的检察院及其检察权的成效体现在:规范、严格,突出一个“督”字,成效的最终目的,是让执法、司法机关严格执法、规范执法、文明执法,捍卫宪法和法律的尊严。

(2)协同检、监的互补关系是今后工作的关键。依照宪法和法律的规定,进一步明确各自监督的主体、客体和范围,对《刑事诉讼法》《行政诉讼法》《检察院组织法》等作适当修改,解决双监督格局运行中的纪律与法律、法律与法律的衔接问题,行政执法监督和行政效能监督的职权划分需要有立法上的进一步规范。特别是检察机关转隶后在没有侦查权的情况下,检察监督的刚性不足,需要协同双监督格局的互补关系,建立检、监协调、互动和通报机制,形成双监督合力。根据《监察法》第 34 条的规定:“人民法院、人民检察院、公安机关、审计机关等国家机关在工作中发现公职人员涉嫌贪污贿赂、失职渎职等职务违法或者职务犯罪的问题线索,应当移送监察机关,由监察机关依法调查处置。”与此同时,在检察法律监督和违法纠正过程中。如遇到阻力或抗拒纠正的情况下,可以建议监察机关对当事人行使监察权。

(3)进一步丰富和完善我国的权力制约机制。一是循从全面依法治国的时代要求和人民群众对日益增长的美好生活需求,拓展检察监督职能,承担对公民权利保障情况的司法审查和行政合法性审查职能;在人大授权的情况下,检察机关还可以行使合宪性审查职能。二是如何对监察委员会自身的权力进行监督制约是一个无法回避的问题。当公职人员涉嫌职务犯罪时,对于监察委员会移送起诉的案件,检察机关应享有独立的审查和提起公诉的权力,如何通过在刑事诉讼中的分工来实现检察机关对监察委员会的权力制衡,是今后双监督格局需要完善的重点和方向。

在实现中华民族伟大复兴的进程中,完善各具特色,各显威力的双监督格局,是建设有中国特色社会主义法治国家的时代要求。我们期待检察院与监察委将成为社会主义经济建设保驾保航的“双雄剑”:一个是在反腐倡廉道上披荆斩棘、所向披靡;另一个是在依法治国路上彰显司法权威,维护公平正义!

第三单元　法律监督的顶层设计

在社会主义法治新时代,我们通过现有的中国法律体系可以找到我国实施依法治国的国家法律监督机关由三大框架构成:一是全国人民代表大会和地方各级人民代表大会及其常务委员会;二是国家监察委员会和地方各级监察委员会及其派驻机构;三是最高人民检察院、地方各级人民检察院和专门人民检察院。在这三大框架中,人大监督是根本,监察监督是基础,检察监督是保障。

法律监督是对法律实施中严重违反国家法律的情况(人或事)所进行的监督。法律监督是一种专门性的监督,法律监督的专门性突出表现在两个方面:一是法律监督权作为国家权力的一部分,由人民代表大会及其常委会和专门机关行使(监察委员会、人民检察院)。法律规定检察机关行使专门的法律监督职责,监察委员会专司廉政监督职责。检察机关如果放弃对严重违反法律的行为进行监督,监察委员会如果放弃对公职人员廉洁性的监督都是失职行为,将受人大及其常委会的监督。因而它不同于其他一切社会活动主体都能进行的一般性监督。二是法律监督的手段是专门的。按照《宪法》《监察法》《刑事诉讼法》等法律的规定,监察委和检察院进行法律监督的手段是由法律特别规定的。如对公职人员职务违法犯罪的调查,对14种司法人员违法犯罪的立案侦查,对刑事犯罪提起公诉,以及对诉讼过程中违反法律的情况进行监督等,都是只有监察委和检察机关才有权使用的监督手段。

一、人大监督

人大及其常委会对政府机关、监察委员会、检察机关和审判机关的监督是以国家的名义进行的,具有法律强制力,在整个法律监督体系中处于核心地位。宪法和法律所赋予人大及其常委会的监督,是工作监督,更法律监督。各地人大在坚持依法监督的前提下,创新和发展了方式方法。

聚 焦

地方人大监督:“六坚持”推进两官履职评议向纵深发展

近年来,台州市人大常委会以司法体制改革和监察体制改革试点为契机,始终坚持对“两官”履职评议进行持续深化完善,并从六个方面推动这项“品牌工作”向纵深发展。

一是坚持“政贵有恒”,注重任后监督。从2010年起步开展“两官”履职评议,至2013年形成市范围内全面推广态势,到2015年评议主体层级由原先的主任会议提升至常委会,再到2018年出台《台州市人大常委会法官检察官履职评议办法》,8年来,市本级共评议法官31名、检察官24名,评出20名优秀“两官”,有效加强“两官”任后监督。

二是坚持“治须有常”,打造评议样板。市人大常委会深化形成一整套严格的操作流程,按照“准备、动员—调研—评议—整改”四个阶段,采取自评、他评、重点抽查等形式,通过座谈、走访、个别谈话等途径,重点从“政治和业务学习”“依法履行职责”“廉洁自律”“接受监督”四方面,对被评议者近3年来的履职情况进行评议。

三是坚持“通力合作”,优化监督闭环。实施重大事项及时向党委请示汇报制度,与市政法委、市纪委等5家单位形成监督合力。评议过程注重与“两院”间的沟通协调,在保障司法权独立行使的前提下,与“两院”形成评议双方相互促进、推动工作不断优化的监督闭环。

四是坚持“推陈出新”,形成特色工作。联系司法体制改革和监察体制改革导向及历年工作实际,市人大常委会采取增设“司法责任制落实情况”评议、限定履职评议对象、完善满意度测评标准、“岗位订制”量化评价、必查(驳回、改变罪名和引发上访)三类案卷等多项创新举措,不断完善评议方式,力求评议结果客观、公正。

五是坚持“正本清源”,强化队伍建设。市人大常委会根据评议报告向被评议者给出明确整改内容、整改措施、整改期限,并采取回访谈话、跟踪监督等方式抓整改落实。同时,坚持从“人”向“事”的监督延伸,运用评议结果“以点带面”,从管理、服务、监督上找原因,从思想、作风、机制上寻根源,整理总结队伍建设中的共性问题,并向“两院”提出建议。

六是坚持“问政于民”,深化工作开展。台州市已实现委员和代表参与贯穿整个评议过程,2019 年评议工作将征求意见的范围扩大到县(市、区)法院,听取基层干警意见建议,评议结果还将向社会公布,主动接受人民群众监督。同时,对于该项工作本身,市人大常委会还通过走访调研、分组审议等形式广泛听取代表和群众意见。

摘自《浙江人大信息》

这里着重就宪法监督进行阐述:

(一)宪法实施的监督

世界各国为维护宪法尊严,使宪法得到切实贯彻执行,普遍建立了宪法保障制度,规定宪法监督的主管机关。早在 1803 年美国就实行审查违宪的制度,其后奥地利、西班牙、捷克斯洛伐克等国相继设立保证宪法实施的专门机构。第二次世界大战后,又有 50 多个国家建立了司法审查制度,由法院审查违宪问题。还有 20 多个国家设立了宪法法院。目前绝大多数国家的宪法都规定宪法保障的内容,主要有:一是明文规定宪法具有最高的法律效力,以确立宪法的最高法律地位;二是规定修改宪法的严格程序,以维护宪法的稳定性;三是赋予某些国家机关解释宪法、监督宪法实施和处理违宪问题的权限,以保障宪法的正确施行。行使上述权限的机关,各国规定大致可分三种:一种是由代议机关或最高国家权力机关行使,前者如英国,后者如苏联最高苏维埃和它的主席团;另一种是由司法机关行使,如美国和墨西哥由最高法院行使,日本由最高裁判所行使;还有一种由专门设立的机构来行使,如意大利、原联邦德国、埃及、南斯拉夫等设宪法法院,法国设宪法委员会,罗马尼亚除由大国民议会对宪法的实施进行一般监督外,还在大国民议会中设宪法与法律委员会,它根据大国民议会或国务委员会的委托,审查违宪问题,向它们提出监督宪法执行情况的报告、意见或者建议。

我国《宪法》对宪法保障制度作出了如下规定:一是在"序言"中明确规定:宪法"是国家的根本法,具有最高的法律效力",要求党政军民"都必须以宪法为根本的活动准则"。二是在"总纲"中规定:"一切法律、行政法规和地方性法规都不得同宪法相抵触。""一切国家机关和武装力量、各政党和各社会团体、各企业事业组织都必须遵守宪法和法律。一切违反宪法和法律的行为,必须予以追究。""任何组织或者个人都不得有超越宪法和法律的特权。"三是在"公民基本权利和义务"中规定:"任何公民享有宪法和法律规定的权利,同时必须履行宪法和法律规定的义务。”“中华人民共和国公民必须遵守宪法和法律。”四是在“国家机构”中规定：全国人民代表大会有权修改宪法；监督宪法的实施；宪法的修改要经过特别程序；全国人大常委会有权解释宪法，监督宪法的实施。

（二）违宪的主体及特点

违宪，是指违宪主体制定的具有法律效力的规范性文件及其自身行为，违背了宪法规定。在我国，具体指国家机关制定的法律、法规、行政命令等规范性文件以及国家机关、各政党、武装力量的活动，违背了宪法的内容或基本原则和精神。违宪行为是违宪主体实施的，没有违宪主体，便不会有违宪的行为。违宪主要是国家机关、武装力量和政党。我国《宪法》明确规定：“一切国家机关和武装力量，各政党和各社会团体，各企业事业组织，都必须以宪法为根本的活动准则，并且负有维护宪法尊严，保证宪法实施的职责。”这是我们研究和确定违宪主体的重要根据。

违宪案件的主要特点有：一是违宪行为的国家性。宪法是国家活动的总章程，它明确规定了国家活动的职权范围、原则等。所以只有代表国家进行的活动才能构成违宪。二是违宪后果的严重性。违宪行为，是对国家政治生活、经济生活和公民民主权利的损害，是对根本地位的损害。所以，在所有违法行为中，违宪行为是危害性最大的，因为它涉及社会成员的根本利益。三是违宪行为的可惩罚性。同部门法相比，宪法的制裁性显得不十分明显，但这丝毫不说明宪法本身不具有强制性，也不能说明对违宪案件无法惩罚。如全国人大有权改变或撤销全国人大常委会不适当的决定，有权罢免国家主席、副主席、国务院总理、副总理、最高法院院长和最高检察院检察长等，这就是制裁方式。如果全国人大常委会制定的法律或作出的决定违反宪法，如果上述国家领导人在履行职务中违反宪法，全国人大均有权予以“撤销”，予以“罢免”。所以违宪行为是可惩罚的。四是对违宪行为制裁的最高性。在民主、法制比较发达的国家里，宪法是国家活动的最高遵循，是民主法制的核心。所以各国对违宪案件的追究和制裁非常重视，都根据自己的国情建立了一套严格的司法审查制度。社会主义国家，在“议行合一”原则的指导下，对违宪行为的制裁权均赋予最高权力机关。资本主义国家，在“三权分立”和法律至上理论的指导下，把宪法审查权和处理权大都赋予法院。还有一些国家建立专门监督宪法实施的机构来保障宪法的实施。无论哪种形式，都把违宪案件的制裁予以至高无上的权威，是其他任何机关和部门所无法代替和改变的。

（三）我国宪法监督的可行途径

综观当代，各国的宪法监督体制虽彼此有异，但其内容的共同之处便是违宪立法监督。即审查规范性法律文件是否符合宪法。这种监督对改善我国地方立法及行政主体的管理和法制的协调统一是极为必要的。那么，我们怎样寻求具有中国特色的宪法监督途径？

第一，更新监督观念——要完整地理解"备案"制度的目的。地方性法规的备案不是一项简单手续，而是一个监督过程。它不仅要对法规予以登记立档，以备查考，更重要的是违宪审查，实现事后监控的终极目的。

第二，拨正监督原则——要正确地进行合宪、合法性审查。地方立法的宪法监督应以审查其合宪和合法性为原则，而不能代理决定法律规范的具体内容。反则，势必扩大地方立法主体范围，从而与初衷相悖离。

第三，分化监督主体——要合理地实现监督主体的多元化及其分工。地方立法的宪法监督应是立体监控，而不是平面监督，即必须形成一套纵横相互交错的监督体系。在纵向上，全国人大常委会和国务院专行省级地方性法规、经济特区法规和单项经济法规的审查之权以及全国人大常委会对自治区的自治、单行条例的批准之权；省、自治区人大常委会负有省会市、较大市的地方性法规和自治州、自治县之自治单行条例的审批之责。在横向上，省级人大对其常委会的立法活动，省级人大常委会对同级人民政府制定规章的活动都应建立监督系统。

第四，设定监督机构——要尽快地在监督主体内部增置职能部门。职能部门是地方立法监督主体的直接承担者，它的设置直接左右宪法监督的成败。

第五，引入监督程序——要适宜地规定地方立法宪法监督各项程序。它们包括：一是提起审查。如提起时间、方式和人员。二是审查效力，包括效力和方式。就审查时效而言，要分别建立批准有效期和审查有效期制度。在批准有效期内，监督主体须作出予以批准或不批准的决定，反则，报批文件自然生效。鉴于人大常委会会议至少 2 个月举行一次，批准和审查有效期均定为 4 个月为宜。

加强我国宪法监督体制的根本途径，是在加强最高国家权力机关及其常委会监督的同时，参照其他做法，在全国人大及其常委会之下设立专门的法律监督委员会或授权检察机关代理宪法审查监督，确立对违宪的普通司法审查程序，从而形成一元多轨宪法监督体制。

二、监察监督

纵观中国历朝历代，横看世界各国，权力失控导致腐败丛生，内乱外患，最终逃脱不了“其兴也勃焉,其亡也忽焉”的“历史周期律”。世界各国特别是民主国家,很早就发现公权力失控引发社会动乱的现象,并采取了很多行之有效的方法来约束政府公权力。因而,加强对权力的制约和监督,成为中国执政党的共识。

设立监察委员会,这是我国反腐斗争开展以来,最为重大的一次政治体制改革突破。从历史的叙述可以看到,两千多年前的秦汉时期就已经确立了中央设监察部门,地方也有相应的监察制度。那么,新中国监察制度经历了哪些发展变化和改革?又如何开创以法制权、依法反腐的新纪元?

党的十八大以来,在动真碰硬的反腐败斗争中,查处了近200名高级干部。大量案例表明,权力越大,越容易出现“灯下黑”;越是位高权重,就越要有更高的标准和更严的监督。如何加强对权力运行的制约和监督?做到用权受监督、失职要问责、违法要追究、犯罪受惩处,保证人民赋予的权力始终用来为人民谋利益。这是职业道德问题,也是严肃党纪国法的重大问题。以下将对预防性监督和惩戒性监督问题进行探讨。

(一)预防性监督

反腐工作要抓早抓小,不能养痈遗患。建立健全抓早抓小机制,做到早发现、早提醒、早教育,及时解决苗头性隐患问题,是做好预防监督的方式,对于教育保护党员干部、提升反腐败综合效果具有十分重要的意义。预防性监督具体要做好以下方面工作。

首先,要坚持抓早抓小,避免养痈遗患。抓早抓小是源头防治腐败的必然要求。抓早就是打预防针,防患于未然;抓小就是从小处着手,杜绝微腐败。坚持抓早抓小,引导党员干部严于律己,自觉筑牢拒腐防变的思想防线,筑牢不想腐的意识,进一步增强不想腐的能力,逐渐形成不想腐的习惯。同时,必须高度警觉那些看起来是偶然的、个别的、轻微的过错,如果对这种行为不闻不问、熟视无睹、纠正不力,就极有可能演变成恶果。对于腐败行为,要及时发现、及时处理,坚持抓早抓小,避免养痈遗患,遏制腐败蔓延。

监督执纪“四种形态”符合全面从严治党要求,体现了对管党治党规律认识的深化,是严明纪律的具体化,是监督执纪的精准化,将工作重心由严惩极少数向管住大多数转变,从查违法向盯违纪转变,体现了抓早抓小的理念。

实践监督执纪“四种形态”,综合运用多种方式,层层设防,时时提醒,使党员干部不犯或少犯错误,让咬耳扯袖、红脸出汗成为常态,是加强党员干部日常监督管理工作的重要抓手。

提高政治素质和政策把握能力。始终保持坚强的政治定力,着眼于增强全面从严治党系统性、创造性、实效性。

落实责任分工,履好职尽好责。党组负主体责任,书记是第一责任人,纪检机关负监督责任,履行监督执纪问责职责,向本级党组和上级纪检组报告运用监督执纪“四种形态”工作情况,维护和执行党的纪律。

将实践“四种形态”日常化。把严明纪律的要求贯穿到党的建设各项工作之中,把严守政治纪律和政治规矩摆在首要位置,通过“高线”引导和“底线”约束,综合运用批评教育、组织处理、纪律处分等多种方式,保证把纪律和各项党内法规执行到位,让纪律和规矩成为全体党员的行为规范和自觉遵循。

其次,要强化“不想、不能、不敢”。

(1)早抓教育常提醒,强化“不想”。坚持把理想信念教育和廉洁警示教育作为保持党员干部群众思想健康的一剂良药,使党员干部群众内心产生廉洁正能量,主观上“不想腐”。一是开展针对性教育。坚持经常性的政治理论、政策法规和廉洁自律等方面的学习教育,使廉洁意识扎根于干部职工的内心,达到修剪“欲望”、消除不良倾向的效果。二是早介入提升教育效果。及时发现可能出现的苗头性和倾向性问题,抓住关键时间节点,发出廉政提醒。三是重实效触动心灵。通过参观警示教育基地、组织干部职工旁听受贿案的审理过程等形式,让职工牢固树立思想道德防线,增强自身拒腐防变和抵御风险的能力。

(2)完善制度划红线,强化“不能”。抓早抓小须关口前移,从源头上抓起、从制度上遏制,通过筑牢制度防线来堵塞管理漏洞,规范权力运行,真正使党员干部“不能腐”。一是完善落实责任清单。各部门认真落实主体责任,签订责任书,并根据工作实际,强化责任担当,把主体责任落细、落实,体现在工作措施里,贯穿到管党治党日常事务中。二是完善廉政风险防控体系建设,不断完善流程图,结合责任清单对风险点进行再聚焦,做到程序明确、风险明确、责任清楚。三是构建监督检查基础制度框架。制定日常工作监督检查制度、纪检监察信访接待制度等,设计日常监督检查记录表、整改建议书等痕迹化管理文件,提升监督执纪的科学化水平。

(3)早做监督严查处,强化“不敢”。抓早抓小须把监督执纪作为党风廉政建设的“清洁剂”,通过明察暗访、执纪问责、情况通报、督促整改等措施,强制清洗“灰尘”,促使党员干部“不敢腐”。在日常工作中,将业务部门的自我监督与监察部门的再监督相融合,业务部门通过流程审核实现内部控制和监督。纪检监察部门制订监察工作的实施方案,聚焦重点岗位与重点环节,对重点工作开展监督检查，对存在的问题提出意见并督促整改。在监督检查前，与分管领导和相关部门负责人进行充分沟通，进行检查及沟通交流，对监督检查中发现的问题，督促有关部门及时进行整改。

同时，要聚焦中心任务，突出主责主业。基层监察委坚持“把纪律挺在前面”，大胆探索日常监督方式。

东南大学法学院教授、博士生导师刘艳红认为，此次国家监察体制改革体现了从“以末端惩治为中心”到“以前端预防为重点”。现代法治国家反腐败的经验表明，预防腐败的效能甚于惩治腐败的效果，基于消极治理模式存在的治理能力不彰、治理效果不佳等问题，各国“普遍建立起由规范公共权力运行、监督公共权力行使、惩罚公共权力滥用为核心的体系化的法律体系”，形成腐败积极治理模式。消极治理模式与积极治理模式的关键区别在于，前者“以末端惩治为中心”，强调对腐败的事后打击，后者“以前端预防为重点”，注重对腐败的事前预防。其中，国家监察体制改革正是积极治理模式的有效尝试。

第一，国家监察体制改革力求形成具有法治化导向的“不敢腐”“不能腐”“不愿腐”的反腐败体系，侧重于及时发现、处置腐败行为，避免轻腐败演化为重犯罪。2015 年 2 月 25 日以来，中纪委网站持续推出大型专题栏目《忏悔录》（后改名为《忏悔与剖析》），讲述中共十八大以来落马的腐败官员的心路历程，其中非常有典型的共性是，很多官员一开始都是勤政为民、恪尽职守的，但后来由于种种原因而抵挡不住贪欲，逐渐由“小贪”走向“大贪”而最终没有回头之路，这些官员在早期并非是不可拯救的。国家监察体制改革的目标绝不是要一味地进行事后严惩，而更多的是要进行事前“拯救”、是要预防腐败，这是理解国家监察体制改革目标的核心所在。一个有力的证据是，自国家监察体制改革全面展开以来（以 2017 年 10 月 29 日中共中央办公厅发布《关于在全国各地推开国家监察体制改革试点方案》为标志），全国各地通报的腐败案件绝大多数是公职人员因违纪、违法而被问责、处分的案件，相对而言，因构成职务犯罪而被移送的案件很少。在这些案件中，很多在以往看来可能是“鸡毛蒜皮的小事”，也被及时作为违纪、违法案件处理并公布，如环境整治中的慢作为与假作为、扶贫领域的形式主义与官僚主义作风等。从这里可以看出，随着十八大以来“重拳治腐”任务的初步完成，国家监察体制改革在反腐逻辑上也发生根本性的转变，即由“治标”转向“治本”、由“惩治”转向“预防”，这并非要放弃高压治腐的基本政策，而是要将政策的重心前移到腐败产生的初期，防止腐败的蔓延与恶化。

第二，《监察法》将监督作为监察机关的首要职责，强调监督在预防腐败中的重要作用。在现代反腐败机制的建构中,监督是基础性、日常性的工作,监督效果的好坏是评估腐败治理能力的核心指标。监察机关具有监督、调查、处置三大职责,激活监督职责的预防功能,是推进“不敢腐”制度体系建构,推进腐败治理能力现代化的必要举措。一方面,从预防功效上来看,监督职责在某种程度上是优于调查、处置职责的,因为绝大部分显性或隐性的腐败都是通过监督加以发现的,落实常态化的预防性监督职责,是促进腐败治理能力现代化的重要保障。另一方面,从三大职责的关系来看,监督是处于第一顺位的,从监督到调查再到处置是积极治理模式的一般逻辑,其中,监督所代表的是腐败的发现能力,调查是在监督的基础上进一步获取证据,处置则是根据调查的结果确定法律责任。由此可见,在以监察机关为主导的新型反腐败机制下,激活监督职能的作用是提升腐败治能与治效必要保障。

(二)惩戒性监督

惩戒性监督可分为违法监督和犯罪监督两类。

违法监督。什么是职权违法?根据责任引起的原因,分为行政违法责任、行政不当责任、行政侵权责任。

(1)行政违法责任是行政公务人员违法行政所应承担的责任。依据行为的内容和形式,可以将行政违法划分为实体行政违法和程序行政违法。实体行政违法,是指行政公务人员的行政行为不符合法律规范要求的实质要件,表现为行政失职、越权行使职权、滥用职权、行政行为的内容违背法律规定等。程序行政违法,是指行政公务人员的行政行为不符合法律规范要求的形式要件,表现为行政行为的作出和实施违反法律规定的步骤和时限,以及表现形式不符合法律规范等。

(2)行政不当责任是行政公务人员不当行政所应承担的责任。行政不当或行政失当,是指行政公务人员作出的自由裁量行为虽然合法但不合理。如果说行政违法的确定标准是客观的法律规范,那么,行政不当的确定标准则带有一定的主观性。一般来讲,判断行政公务人员的行政行为是否合理,应当考虑以下因素:一是行政行为的作出是否符合行政目的;二是行政行为是否符合法律价值、客观规律和生活常理;三是是否考虑了正当的因素。行政不当与行政违法有着明显的区别。前者侵犯的是行政关系的合理性,后者侵犯的是行政关系的合法性。行政公务人员的行政行为违法,必须承担由此引起的法律责任,而行政不当并不必然导致法律责任。也就是说,只有在法律规定的条件下,行政公务人员才承担因行政不当而引起的法律责任，而且一般是补救性法律责任。

(3)行政侵权责任是行政公务人员因其违法失职行为侵犯行政相对人合法权益，造成行政相对人人身、财产或精神上的损害所应承担的责任。其责任形式主要是损害赔偿，其他责任形式还有返还财产、恢复原状、赔礼道歉、恢复名誉等。行政侵权责任的构成要件包括：行政公务人员在行使职权过程中侵犯行政相对人合法权益的行政侵权行为；行政相对人在人身、财产或精神方面受到损害的事实；侵权行为与损害事实之间的因果关系。需要指出的是，行政侵权责任虽然以违法为前提，但它不同于一般的行政违法责任。二者的最大区别在于：行政违法责任的主要构成是行为违法，至于该行为是否对行政相对人造成损害并不影响责任的成立；而行政侵权责任的主要构成是侵权，不仅要有违法行为，还要有损害结果。如果没有损害结果的发生或者违法行为与损害结果之间没有因果关系，行政侵权责任就不能成立。

《监察法》第45条规定："监察机关根据监督、调查结果，依法作出如下处置：(一)对有职务违法行为但情节较轻的公职人员，按照管理权限，直接或者委托有关机关、人员，进行谈话提醒、批评教育、责令检查，或者予以诫勉；(二)对违法的公职人员依照法定程序作出警告、记过、记大过、降级、撤职、开除等政务处分决定；(三)对不履行或者不正确履行职责负有责任的领导人员，按照管理权限对其直接作出问责决定，或者向有权作出问责决定的机关提出问责建议；(四)对涉嫌职务犯罪的，监察机关经调查认为犯罪事实清楚，证据确实、充分的，制作起诉意见书，连同案卷材料、证据一并移送人民检察院依法审查、提起公诉；(五)对监察对象所在单位廉政建设和履行职责存在的问题等提出监察建议。监察机关经调查，对没有证据证明被调查人存在违法犯罪行为的，应当撤销案件，并通知被调查人所在单位。"

犯罪监督。权力犯罪是指公职人员利用职权进行犯罪的行为，这种犯罪行为社会影响坏，危害甚大，如不加强监督和查处，势必危及国家法律的严肃性和公平性。严肃法纪，加强法律监督，就必须要从监督和查处权力犯罪入手。《刑法》《刑事诉讼法》对权力犯罪的查处均作了专门的规定。

权力犯罪区别于暴力犯罪、智力犯罪的根本点，就是它所凭借的手段是行为人职务所赋予的权力，也就是犯罪者对自己手中拥有的权力滥用或误用而造成严重后果、触犯刑律的行为。具体有如下特点：

具体特定的主体。它的主体是承担一定职务的国家公职人员(干部或职工)，他们在职责范围内拥有一定的支配权：包括对财物的支配、人事的调配、政务的处理及其他特定职务所赋予的特定权力。如果不具备拥有职务支配权的人触犯刑律造成损失的,则不属权力犯罪,仅按行为所侵犯的客体定其罪名。

侵害的客体是国家机关及有关部门的正常活动。不同国家机关的工作人员,法律都赋予他们一定的权利和义务。尽管他们从事的公务活动在性质和范围上各不相同,但都是国家机关管理职能的有机组成部分。在公务活动中,如国家工作人员不履行或不正确履行法律规定的义务,因而造成危害社会结果;或者违背法律所赋予的权限,侵害了国家机关的某项工作,这些都是危害国家机关的正常活动。因此,为了改进国家机关的工作,加强国家机关与人民群众的联系,教育国家工作人员增强法制观念和保持廉洁作风,促使国家机关有效地执行其职能,就必须同权力犯罪作斗争。

客观上必须具有利用职务上便利实施的,或者因玩忽职守而造成的危害国家机关正常活动的行为。所谓利用职务上的便利,是指利用职权、地位和职务上的方便,进行逾越或违反职权的活动。从行为的表现形式看,多数犯罪表现为作为。例如,受贿、泄露国家机密、徇私枉法、私放罪犯等行为;少数犯罪表现为不作为,如玩忽职守,不履行国家赋予的公务职责,因而使公共财产或国家和人民的其他利益遭受重大损失。

主观上多数是故意的,少数也可能是过失。故意的权力犯罪,其目的大多是由于贪利或其他个人目的。过失的权力犯罪,其行为必须是已经使公共财产或国家和人民的利益遭受重大损失。

根据犯罪的不同主体,我们把权力犯罪可分为:(1)财物掌管人员的权力犯罪。如贪污、挪用国家救灾、抢险、防汛、优抚、救济物款等犯罪行为。他们直接利用掌管财物的职权,用侵吞、盗窃、骗取等方式,把公共财产据为己有。(2)公务处理人员的权力犯罪,这主要是指具有一定权力或权力影响力的国家行政人员,在处理行政事务中,为他人谋私利,从而自己获取不义之财的行为,也就是利用行政事务处理权间接地为自己谋取不正当利益,如受贿行为。(3)技术处理人员的权力犯罪。也就是技术工作人员不正确履行技术职责而导致的犯罪,如重大责任事故罪、玩忽职守罪等。(4)司法人员的权力犯罪。如私放罪犯、徇私枉法、体罚虐待被监管人员、刑讯逼供等。即司法工作人员利用执法的特殊权力而进行违法犯罪的所有行为。

上述表明,任何逾越或不按职权规定,因而导致严重后果发生,触犯刑律的行为,无论是作为的还是不作为的,都是属于权力犯罪的行为。由于权力犯罪是以合法的身份为自己非法的行为作掩护,查处时,涉及的人和事较为复杂,查证工作要受到潜在的权力“关系网”和“保护层”的影响,所遇到的阻力较大。我国立法机关考虑到这些因素,因而,2018 年 3 月监察体制改革前将大部分的权力犯罪案件规定为由法律监督机关——人民检察院侦查并起诉,之后凡涉及公职人员的权力犯罪都转由监察委承办,只有在司法诉讼监督中发现的 14 种涉及技术处理和司法人员的权力犯罪案件仍然保留由检察机关办理。

三、检察监督

检察的法律监督,有人也称其为司法监督,因为,它只是对法律实施情况的监督,并且是以监督严重违反法律的情况为主。从现有的法律规定来看,人民检察院的法律监督,在内容上虽然受到严格的限制,即对法律执行情况的监督只限于对司法活动中构成犯罪的 14 种行为进行立案、侦查和公诉,对法律遵守情况的监督只限于对严重违反法律以致构成犯罪的行为进行追诉,对法律适用情况的监督只限于对三大诉讼活动中确有错误的判决、裁定以及违反法定程序的情况进行监督。因此,新时代,赋予检察机关法律监督以新的使命和新的期待。

(一)检察监督使命

检察监督使命,是捍卫宪法和法律实施,守护公民权利和社会公正。如果说法律的生命在于执行,那么,法律监督的生命就是坚决捍卫宪法和法律的尊严。为了让法律之树常青,检察机关和检察人就必须主动融入这个大时代,立足中国社会主义民主政治这一坚实土地,弘扬宪法和法治精神,依靠人民群众的支持,完成宪法和法律赋予我们的重任。

一是检察人员要践行文明司法理念,培养法治思维和法治方式,处理好罪与罚、宽与严、打击与保护、公正与效益的关系。在全面依法治国大背景下,人民群众的法治意识、公平意识、民主意识、权利意识不断增强,对促进公平正义、实现安居乐业要求更高。通过高效优质的司法行为,体现司法公开、公正和公信力,最大限度减少司法办案的负面产出,推进社会善治进程,构建文明健康的法治生态,让人民群众对公平正义有更多的获得感。

二是高度重视公民权利的保护,让公民权利受到切实尊重和保障。只有公民权利受到宪法和法律的维护和保护,才能使全体公民感受到宪法和法律的威力、温度和价值,从而更加自觉地遵守宪法和法律、维护宪法和法律,更加自觉地履行宪法和法律义务,为全面依法治国提供强大的推动力。

三是要创新法律监督机制,在敢于监督和善于监督上下工夫。当前的法律监督机制与检察院的宪法定位和经济、社会发展现实明显脱节,只有立足我国国家性质和经济、社会转型的国情,才能把握司法的规律,提出更优化的法律监督机制。

依法监督,捍卫宪法和法律的尊严从来都不是一句空话,需要检察机关在坚持法律监督职能定位的基础上,把握各项改革带来的机遇,在党的领导下,不断加强并充分实现检察机关法律监督职能,使监督工作与被监督对象依法履职形成合力,成为通过具体司法活动维护社会秩序、保障人权、维护宪法法律权威、推动国家法治进程的积极力量。

(二)检察一体化

检察一体化,即最高人民检察院领导地方各级人民检察院和专门人民检察院的工作,上级人民检察院领导下级人民检察院的工作;各级人民检察院和检察官履行职务应当相互配合、相互协作,对于重大案件和复杂案件可以相互承继、移转和代理,增强了法律监督的高效性和有效性。检察一体化是世界上多数国家和地区检察制度的通例,符合检察机关行使职能的需要,也有利于抗衡外在权力的干预。我国《宪法》第 137 条确立了人民检察院的领导体制,修订后的《人民检察院组织法》坚持《宪法》规定,在第 10 条将检察一体化作为检察权运行原则规定了下来。为保证此项原则的落实,修订后的《人民检察院组织法》第 24 条规定了上级检察院对下级检察院的职权,包括:指令下级检察院纠正或依法撤销、变更下级检察院的错误决定;对下级检察院管辖的案件指定管辖;办理下级检察院管辖的案件;统一调用辖区的检察人员办理案件。同时,在第 25 条规定,下级检察院应当执行上级检察院的决定;有不同意见的,可以在执行的同时向上级检察院报告。其中,特别需要注意的是,修订后的《人民检察院组织法》明确规定了上级检察院有权统一调用辖区的检察人员办理案件。这项规定符合检察一体化原则和办案实际需求,为检察官异地履职提供了法律依据,更强化了检察监督的有效性。

(三)保留检察侦查权

保留检察侦查权,突出了司法监督的权威性。根据《宪法修正案》(2018 年 3 月),修改后《刑事诉讼法》对人民检察院的侦查职权作出相应的调整,删去了人民检察院对贪污贿赂等案件行使侦查权的规定,保留了检察机关对诉讼活动实行法律监督中发现的司法工作人员利用职权实施的侵犯公民权利、损害司法公正犯罪案件的侦查权以及机动侦查,这也突出了检察机关对司法监督的权威性。

第四单元 法律监督机关与社会的联系

法律是人民的法律,法律监督应该体现人民的意志,建立以人民为主体的监督体系并将为之而努力。

一、法律监督与人民群众监督

人民群众的监督,表现在人民群众有权对任何国家机关和国家工作人员提出询问、批评和建议,对任何国家机关和国家工作人员的违法失职行为依法进行检举、控告、弹劾、撤换、罢免,一切国家机关和国家机关工作人员都必须接受人民的监督,我国《宪法》第41条规定:“对于公民的申诉、控告或检举,有关国家机关必须查清事实,负责处理。任何人不得压制和打击报复。”我国《刑法》第254条规定:“国家工作人员滥用职权、假公济私、对控告人、申诉人、批评人实行报复陷害的,处二年以下有期徒刑或者拘役;情节严重的,处二年以上七年以下有期徒刑。”

这里需要区分的是:人民和公民两者概念相近,后者外延大于前者。不同语境会有不同的使用方式:人民是政治术语,公民是法律术语。可见,人民群众的监督也需要有法律的保障,任何没有法律保障的监督都是空洞的,一钱不值的。从这个意义上认识法律监督,作为人民群众监督的法律化,具体化,显得更为必要。人民群众需要自己的法律监督机构来保证自己行使各种权利。

正因为人民群众为了使自己的权利充分行使有法律的保障,所以人民选举出自己的代表制定宪法、法律,产生权力机构,产生专门法律监督机关,选举检察长、监察委主任等一系列法定程序,正是人民意志的体现。所以,人民是我国一切权力的根本,也是法律监督权的根本。人民通过制定法律,把法律监督的职责赋予检察机关、监察委,人民通过选举和任命监察委主任、监察委员,选举和任命检察长、副检察长、检察员等,来行使法律监督的职权,因而,法律监督机关应对人民代表大会负责,受人民代表大会监督。

人民群众对法律的实施进行监督,是人民群众行使当家做主权力的重要方面,也是我国社会主义法制高度民主性的体现。因此,法律监督机关只有依照人民的意志,依照社会主义法律行使监督权,倾听广大人民群众的意见和呼声,把法律监督置于人民的监督之下,扎根于人民的沃土中,才能真正发挥社会主义法律监督的作用。同时,人民群众的监督作用,也是通过专门法律监督机关的活动来实现的,法律监督的专门机构是人民群众监督的有效保障。

二、公民监督权的强化与保障

所谓公民的监督权,是指公民对国家机关及其工作人员在执行公务中出现的缺点、错误,违反党的政策和国家法律,违反党纪、政纪、法纪或触犯刑律的事实行为,以批评、建议、申诉、控告、检举、举报等方式,向国家机关或职能部门提出的权利,是人民群众监督的表现形式。为了强化和保障公民这一权利的行使,尚需多方努力。

强化公民监督权的法律保障手段,使公民监督制度化、法律化。强化监督的保障手段,首先要加强制度上的保障。目前,公民向国家机关及其工作人员提出某些批评、建议、控告、检举等往往不能得到及时答复和追究,这与监督制度的不健全是有较大关系的,它不同程度地挫伤了群众行使监督权利的积极性。因此,保障公民行使监督权利的制度必须从以下四个方面着手建立和健全:

(1)监督答复制度。国家机关及其监督职能部门受理公民的控告、检举、举报,应认真审查,及时调查,并将审查或查办的结果在规定的期限内告知监督者。对交由下属部门、委托和转交有关部门查办的比较重要的控告、检举、举报等信访件,职能监督机关(或部门)应督促查办,限期反馈查处结果,以取信于民。

(2)质询制度。要把仅限于人民代表的质询权扩大到全体公民。公民对久拖不决、顶着不办、投诉无门、处理不公和不力的问题或事件,通过一定的形式和程序,向有关国家机关的负责人提出口头或书面直接答复,或指定所辖部门答复,以加速对公民批评、建议、意见和申诉、控告、检举、举报问题的落实和查处。

(3)定期述职制度。国家机关及其部门的负责人要定期将任职期间工作情况向所辖范围的群众作述职报告。发动群众对述职者的工作情况提出批评和建议,使监督活动公开化。

(4)监督联席会议制度。职能监督机关或部门应根据社会监督、公民监督的动向和特点,不定期召开监督联席会议,互通监督信息,加强监督协作,对一些牵涉面广,群众要求强烈,查处难度大的控告、检举、举报,实行联合"会诊"。开展协作攻关,以维护监督的严肃性和权威性,扩大监督的社会效应。

三、法律监督与举报工作

1988 年 3 年,深圳市检察机关率先建立了"举报中心",继而,全国各级检察机关也自上而下地建立了“经济罪案举报中心”,为检察机关查处权力犯罪开辟了广阔的案源。30 年后的 2018 年 6 月 29 日,全国首家公益保护和诉讼违法监督举报中心,在浙江省人民检察院门口及所辖两级 100 多个检察院门口揭牌,接受人民群众对公益损害和违法诉讼方面的举报。此举与 30 年前中国深圳设立的全国第一家经济罪案举报中心具有同等的历史意义——为专门的法律监督机关与人民群众之间架设了一条重要的信息反馈渠道,把专门法律监督建立在人民群众监督的基础之上,使所有国家公务人员直接、有效地置于人民群众的监督之下,发挥专门机构与群众相结合的威力。

我国《刑事诉讼法》第 110 条和第 111 条规定:公民和机关、团体、企业事业单位,发现犯罪事实或者犯罪嫌疑人,有权利和义务向公安机关、人民检察院和人民法院提出控告和检举。但在实践中,公民向公安机关、检察机关和法院控告检举的渠道很不畅通,知情者的信息不能及时有效地传送到司法机关,因而,法律监督机关很有必要设立“举报中心”,开展举报工作。

2016 年 3 月,最高人民检察院、公安部、财政部联合印发《关于保护、奖励职务犯罪举报人的若干规定》,对维护举报人合法权益、鼓励群众依法举报职务犯罪,具有重要意义。要健全落实监督保障制度,加强对监督者的保护,对监督有功的给予奖励,对监督保障不力的依法依规追究责任,充分调动广大人民群众监督的积极性、主动性。

根据法律规定和客观需要,法律监督机关设立“举报中心”的主要任务是:

(1)接受检举、控告和自首。监察委主要是受理贪污、贿赂等职权犯罪案件和侵犯公民民主权利等犯罪案件,检察院受理 14 种司法人员职务犯罪案件的检举、控告和自首。其他刑事案件和不追究刑事责任的违法事件,应告知举报人向其他有关部门举报,或先接受,再移送有关部门处理。

(2)为便于群众举报,法律监督机关应设置举报接待室,公布专用举报电话号码,受理当面举报和电话举报。

(3)移送有关部门处理。举报部门对举报材料由专人负责审查,根据案情进行分类,而后分别移送有关部门处理。属于公安机关受理刑事案件,移送公安机关处理,属于法院受理的自诉案件、民事案件、经济合同案件、行政诉讼案件,移送法院处理。属于违反治安管理条例、工商管理、税收、食品卫生、交通事故、金融、房地产等法规的案件,分别移送相应的行政执法部门处理。属于违反党、政纪的举报,应移送党的纪律检察部门、监察委和主管行政单位处理。

应由法律监督机关受理的案件,按分级管理的原则,直接移送下级监察委和检察院办理,或提请上级监察委和检察院办理,跨地区的案件,应提请上级监察委和检察院办理,或协调指导有关下级监察委和检察院办理。

(4)检查、监督举报案件办理结果。举报部门移送本院业务部门的案件,上级监察委和检察院交下级监察委和检察院办理的案件,应采取各种方式定期催办、检查、督促处理。对移送法律监督机关以外的案件,应查询处理结果。

对举报案件的处理结果都应通知举报人。对检察院管辖受理的案件,如果不立案、不起诉时,应说明理由通知举报人;举报人如有异议,允许其申请复议,并作出答复。转送法律监督机关以外的机关处理的,应向举报人说明转办的理由、机关和时间。

(5)举报部门对举报案件的调查。举报部门对举报材料经过初步审查,对属于监察委直接受理的案件,应进行调查,根据调查的结果,依照《监察法》的规定,提出立案或不立案的建议。

为了保护举报人的积极性和有效地开展举报工作,举报人应享有以下权利:

(1)举报人有权用书面、口头或电话等方式进行举报,接待人员不得刁难或拒绝。

(2)举报人有权要求对他的姓名保守秘密。严禁把举报材料转交举报单位或被举报人,也不得将举报案情、举报人和被举报人向与办案无关的人透露。

(3)举报案件的处理结果,应通知举报人,举报人对不立案、撤销案件如有异议,可要求检察院复议一次。

(4)对举报人进行打击报复的,查证属实后,构成犯罪的,按《刑法》第 164 条规定追究刑事责任;情节较轻的,请主管部门严肃处理。

(5)举报查证属实后,使犯罪人受到惩罚的,对举报人可酌情给予精神或物质奖励。

同时,为了提高举报质量,举报人对自己的举报材料应注意以下要素:

(1)应该提供被举报人的身份情况。

(2)应该提供被举报人涉嫌违法或犯罪的基本情节、数额等。

(3)应该提供自己所掌握的有关证据。

(4)应该说明举报内容的来源。

附：

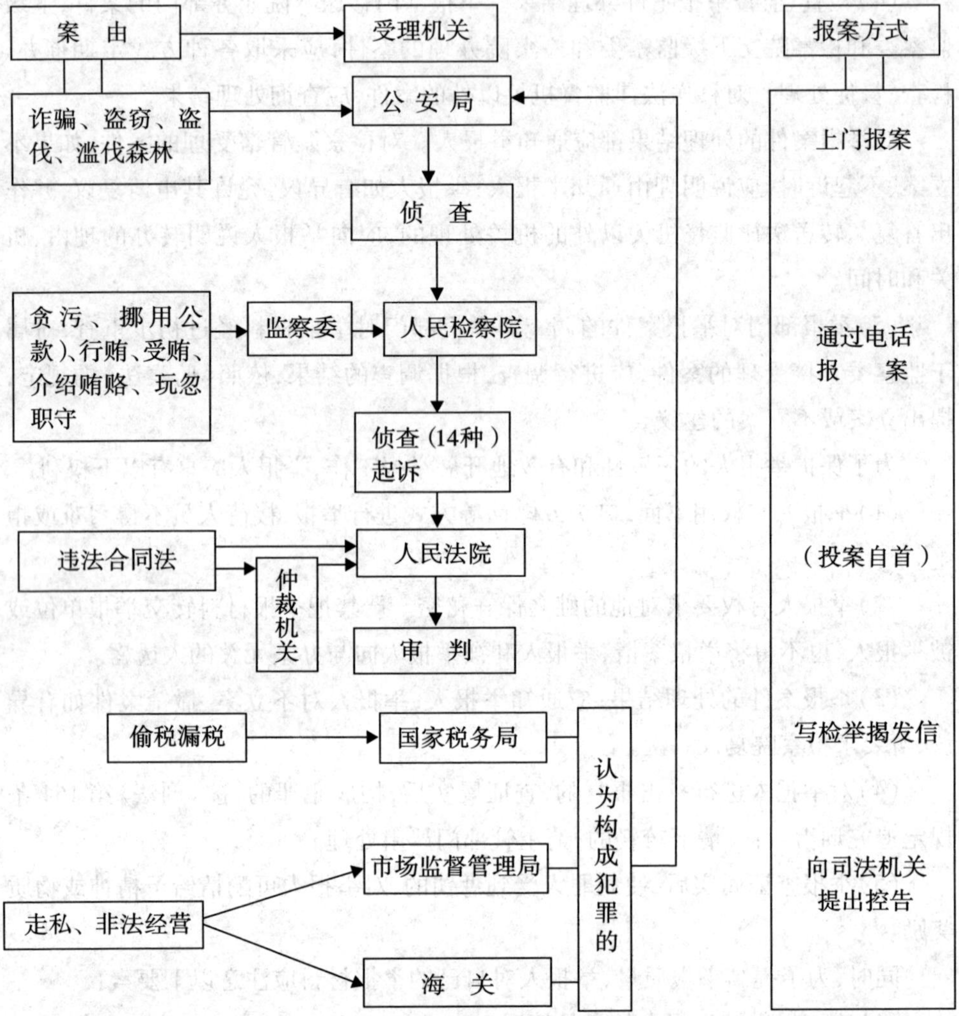
案　由
受理机关
报案方式
诈骗、盗窃、盗伐、滥伐森林
公 安 局
上门报案
侦　查
贪污、挪用公款）、行贿、受贿、介绍贿赂、玩忽职守
监察委
人民检察院
通过电话报　案
侦查（14种）起诉
违法合同法
人民法院
仲裁机关
（投案自首）
审　判
偷税漏税
国家税务局
认为构成犯罪的
写检举揭发信
市场监督管理局
向司法机关提出控告
走私、非法经营
海　关

举报之“门”一览

第十一章　法律监督的法律保障

导读11

近现代世界各国的法治实践也一再证明了孟德斯鸠的判断——不受约束的权力必然产生腐败,权力只有用权力来约束。因此,对权力进行有效制约不仅是现代政治文明的必然要求,也是依法治国的核心要义,更是监察体制改革的根本目标。

什么是权力制约？从学理上分析,“制约”概念包含三层含义:一是控制,二是约束,三是阻止。权力制约指以社会各种控制手段规范公职权力的合理界限的一切活动,这些控制手段必然表现为一种权力,因此,权力制约实质上是“以权力制约权力”。古今中外,如何实现权力制约是执政者必须解决的问题,也是政治学、管理学、法学等诸多学科重点研究的对象。但是,“制约”“监督”“制衡”三个概念,很容易混淆。因而,要厘清监察权和检察权的性质,明确国家监察委员会和检察院的宪法定位,就先要区分“制约”“监督”“制衡”背后所蕴含的制度逻辑。监督,是指由专门的监督机构对其他国家权力行使的过程和结果进行监察和督促。监督最根本的特点在于监督权独立于被监督的权力,监督权是一项不同于而且外在于被监督的权力的一项专门权力。监督模式下权力的结构是单向的,即监督与被监督的关系;制衡则体现了不同权力之间互相牵制的关系。如在我国人民代表大会制度下,制衡体现的是权力主体之间的“分工负责,互相配合,互相制约”,从而“保证准确有效地执行法律”。制衡的本质在于不同权力主体在同一事项中的共同参与和相互牵制,其中一个主体的行为可以影响整个活动的走向或者结果,各个权力主体之间是交互的关系。正因为制衡机制的存在,每个国家机关行使权力都不能肆意妄为,这在客观上能够起到监督权力运行的效果。然而,一种权力的行使能够起到监督的效果并不等于这种权力就是监督权,如法院的行政审判也能起到监督行政机关依法行政的效果,但这并不意味着法院的审判权属于监督权。

实践一再证明,监督与制衡各有其优势与劣势。监督是单向的、高效率的,但是永远存在谁来监督监督者这一难题;制衡是双向的、稳定的和刚性的,但是必然在一定程度上牺牲效率。同时,以权力制约权力也不能依赖单一的主体、固守单一的途径。无论是国家监察委员会还是检察院,其核心使命都在于规范权力运行,防止公权力滥用。因此,只有厘清权力制约、监督与制衡这三个概念,才能准确界定国家监察委员会和检察院的权力属性、职能以及宪法定位;只有将监督机制和制衡机制相结合,方能构建完善的权力制约机制;只有理顺权力制约体系中的监督机制和制衡机制的关系,让国家监察委员会和检察院各归其位、各司其职,才能实现二者职能的良好衔接。

有权威人士指出,现在的根本问题不是无法可依,而是有法不依、执法不严,违法不究。这种现象的出现,主要原因是法律监督不力。法律监督不力与其自身缺乏一定的法定程序和组织保障有关。试想,《宪法》规定:"国家的一切权力属于人民。""人民代表大会是国家的权力机关。""国家行政机关、监察委、审判机关、检察机关都由人民代表大会产生,对它负责,受它监督。"可是却没有一部规定人民如何享有监督权的《人民监督法》。《宪法》规定:"人民检察机关是法律监督机关"。可是检察机关的检察官如何产生,检察官如何依法行使职权等,因立法相对滞后而导致检察机关的权威不张。今天,在公权力得不到有效制约导致腐败的情况下,《监察法》建立权威高效的国家监察体制并加大对腐败查处的高压态势,但是,如果保障其实施的相关法律和条例不能及时跟进,也会面临诸多挑战。

因此,加强法律监督,健全社会主义法制,就必须首先克服法律监督中的组织、程序立法过于滞后的状况,制定出足以保障法律监督顺利进行的法律和制度保障。

案例聚焦

国家监委留置第一案　公开开庭并宣判结果

2018 年 4 月 1 日晚 11 时,国家监委成立后"首虎"现身——贵州省委原常委、副省长王某某深夜落马。此时,距国家监委揭牌仅仅只有 10 天。日前,王某某案公开开庭宣判。

2019 年 4 月 23 日上午,重庆市第一中级人民法院一审公开宣判贵州省人民政府原副省长王某某受贿、贪污、内幕交易案,对被告人王某某以受贿罪判处有期徒刑14年,并处罚金人民币300万元;以贪污罪判处有期徒刑5年,并处罚金人民币50万元;以内幕交易罪判处有期徒刑7年,并处罚金人民币170,000,000元,决定执行有期徒刑20年,并处罚金人民币173,500,000万元。对王某某受贿、贪污、内幕交易违法所得及其孳息依法予以追缴,上缴国库。

经审理查明:1998年至2017年,被告人王某某先后利用担任贵阳市乌当区人民政府区长、中共贵阳市乌当区委书记、贵阳市人民政府副市长、中共贵阳市委常委、秘书长、中共遵义市委副书记、遵义市人民政府副市长、代市长、市长、中共六盘水市委书记、中共遵义市委书记及中共贵州省委常委等职务上的便利,以及利用其职权、地位形成的便利条件,为相关单位和个人在承揽政府工程、项目开发和职务晋升等事项上提供帮助,直接或者通过其近亲属非法收受上述单位和个人给予的财物,共计折合人民币4870.435万元。1999年至2000年,被告人王某某利用担任贵阳市乌当区人民政府区长职务上的便利,虚构项目,违规获取15.11亩荒坡地的土地使用权预登记,后采取由政府下属单位先回购再出让给其他公司的违规手段,非法占有乌当区政府土地使用权出让费用人民币480.621122万元。2009年8月至2016年2月,被告人王某某利用其职务便利、工作关系知悉或从他人处非法获取的内幕信息,直接或指使其亲属在内幕信息敏感期内买入相关股票,累计成交金额共计人民币4.9470681834亿元,盈利共计人民币1.626925129亿元。

重庆市第一中级人民法院认为,被告人王某某的行为构成受贿罪、贪污罪和内幕交易罪。鉴于王某某到案后能够如实供述罪行,主动交代办案机关尚未掌握的贪污犯罪事实和部分受贿犯罪事实,其贪污罪构成自首;认罪悔罪,积极退赃,受贿、贪污赃款赃物全部追缴,具有法定、酌定从轻或减轻处罚情节,依法对其受贿罪和内幕交易罪予以从轻处罚,对贪污罪减轻处罚。法庭遂作出上述判决。

第一单元　《监察法》与其他法规的衔接问题

国家监察体制改革的全面推进,综合运用党政纪手段和法律武器,必然要在以《监察法》为中心的前提下,处理好《监察法》与《宪法》《刑事诉讼法》等法律规范和党政纪之间的关系,梳理好党纪监督与国法监察之间的关系,解决好"法法衔接""纪法衔接"不畅所导致的问题,才能构建起符合积极治理模式以及法治反腐要求的监督规范体系。

一、《监察法》与《宪法》的衔接

2018 年 3 月 11 日第十三届全国人大通过的《宪法修正案》将国家监察体制改革的初期成果固定下来,从宪法层面为监察体制改革提供法律依据,特别在制度架构上新设监察委员会,在权力架构上形成立法、行政、司法、监察四元权力体系,这为国家监察体制改革的持续推进提供了宪法基础。《监察法》与《宪法》明确了监察机关要对同级人大及其常委会负责、受其监督,但需要进一步明确并厘清的问题是:(1)人大及其常委会如何监督监察机关,才能够避免监督效能偏弱、效用不彰的问题?(2)监察委与检察院都同属于法律监督,但两者的职权配置应否平等及相互如何制约?

如何解决上述问题,综合学者的观点,可采用以下方式:

一是在权力行使监督方面,《监察法》第 53 条分别规定了听取和审议工作报告、组织执法检查、询问和质询监督四种主要方式。其中,听取和审议工作报告属于常规的柔性监督方式;询问和质询监督是针对具体事项的纠错监督,监督的刚性相对较强;组织执法检查是监督法律实施状况最有效的方式,即通过执法检查来监督监察机关是否严格依法履行监督、调查、处置职责,是否有违反《监察法》规定的行为。因此,强化人大常委会执法检查的监督,或许是防止监察权滥用最为刚性的手段,而在监察实践中,人大常委会组织执法检查的主要目的也正是避免冤假错案,具有较强的针对性。

二是《宪法》第 127 条第 2 款规定的监察机关与审判机关、检察机关以及执法机关的配合制约关系,需要明确两点内容:一为执法机关的范围。这里的执法机关应当作广义的理解,主要看监察机关履行监督、调查、处置三大职责时,需要涉及哪些有执法权的机关?例如,履行监督职责时要明确公职人员的资金使用情况,需要审计部门的配合;履行调查职责时要防止被调查人出境,需要海关部门的配合;提出监察建议时,需要被处置人所在机关(单位)的配合等。二为监察机关与检察机关如何实现配合与制约。监察机关与检察机关之间的配合与制约关系,可以分为两个阶段进行理解:在职务犯罪调查阶段,《监察法》的基本立场是,由监察机关主导职务犯罪的调查,其他机关予以配合,包括检察机关。那么,在职务犯罪审查阶段,或许应将重点放在制衡上,即"为了防止'灯下黑',应当重视对监察委员会侦查权的监督制约"。这样,《宪法》第 127 条第 2 款规定的监察机关与检察机关的配合制约关系也就明确了,即在职务犯罪调查阶段,检察机关以配合监察机关为主、制约为辅,在职务犯罪案件移送审查阶段,检察机关以制衡监察机关为主、配合为辅,这种定位既能够兼顾《监察法》的内容,又能够符合《宪法》第127条第2款的规定。

二、《监察法》与刑事法律的衔接

《监察法》作为一个基本法律与相关法律进行衔接是法律理论和实践的必然要求。但是,《监察法》为什么没有将监察机关调查职务犯罪的程序纳入刑诉法?

中国法学会原副会长、最高人民检察院原副检察长朱孝清认为,立法机关和有关方面没有将监察机关调查职务犯罪程序纳入刑诉法,可能主要是认为监察机关的调查还是有别于侦查机关的侦查的。其区别主要表现在以下方面:

其一,调查与侦查的主体不同。侦查的主体主要是行政执法机关和准司法机关;而作为调查主体的监察机关既不是行政执法机关,也不是司法机关,而是在人民代表大会下与行政机关、司法机关并行和独立的国家机关。

其二,调查与侦查的措施不尽相同。调查与侦查的措施有许多是相同的,如讯问、询问、搜查、查封、扣押、冻结、勘验检查、鉴定、技术调查(技术侦查)、通缉等,但有些并不相同,如对人的强制措施就完全不同。

其三,侦查具有专门性,而监察机关的职责任务具有综合性和系统性。例如,根据《监察法》,监察机关集监督、调查、处置三种职权于一身,除了调查职务违法和职务犯罪外,还要"对公职人员开展廉政教育,对其依法履职、秉公用权、廉洁从政从业以及道德操守情况进行监督检查"(第11条第1项);要"坚持标本兼治、综合治理,强化监督问责,严厉惩治腐败;深化改革、健全法制、有效制约和监督权力;加强法制教育和道德教育,弘扬中华优秀传统文化,构建不敢腐、不能腐、不想腐的长效机制"(第6条)等。这是任何侦查职能所不具有的。就其"调查"职能来说,它既包括调查职务犯罪,还包括调查职务违法,而侦查的对象却只能是犯罪;仅就调查职务犯罪这一职能来说,其从事调查的部门除了调查职务犯罪之外,也要履行好"监督"职能(对公职人员开展廉政教育,对其依法履职、秉公用权、廉洁从政从业以及道德操守情况进行监督检查)和"处置"职能(除了对涉嫌职务犯罪的移送检察机关审查起诉外,还要对违法的公职人员作出政务处分决定,对履职不力、失职渎职的领导人员进行问责,向监察对象所在单位提出监察建议)。也就是说,其"调查"职能并不孤立存在,而是与"监督""处置"职能相结合相伴随的。

除了调查与侦查的上述区别之外,有关方面可能还考虑职务犯罪的特殊性和对其惩治的艰难性,因而将监察机关的调查与侦查加以区分,以便保证惩治职务犯罪的效率。职务犯罪较之于其他犯罪具有许多特殊性,例如,主体特殊,其犯罪有职务作掩护,属于高智能型、隐秘型犯罪,一般没有直接被害人,对其调查干扰多阻力大;特别是贿赂犯罪,主要靠言词证据定案,而被调查人对自己的言词又具有可控性,且言词证据客观性稳定性都比较差,等等。职务犯罪的这些特殊性,决定了对其查处需要一些特殊的程序和措施,需要一个相对封闭的空间,有些还需要将调查对象与外界隔绝一段时间。正因如此,有些国家对职务犯罪实行不同于其他犯罪的侦查模式和侦查措施。如美国、英国是典型的英美法系国家,刑事诉讼实行当事人主义的诉讼程序,但对犯罪的侦查却坚持区分普通犯罪侦查和复杂犯罪(包括职务犯罪)侦查,对普通犯罪侦查实行典型的当事人主义的抗辩模式,对职务犯罪等复杂犯罪的侦查,侦查模式则更显职权主义,以提高侦查效率和质量。在侦查措施上,该两国都赋予职务犯罪侦查主体强制取证权。在美国,强制取证权包括强制获取言词证据权、强制获取实物证据权和秘密审讯权。所谓强制获取言词证据权,是指侦查主体发传票传唤有关人员(包括犯罪嫌疑人)到场接受调查、回答问题,提供言词证据,被传唤人如不配合(包括不到场、拒绝回答、回答不实),追究其刑事责任。强制获取言词证据权优先于取证对象的沉默权和保密义务。强制获取实物证据权,是指侦查主体发传票传唤有关人员如实提供实物证据,被传唤人如不配合,追究其刑事责任。秘密审讯权,是指侦查主体讯问犯罪嫌疑人秘密进行,排除律师在场。在英国,强制取证权包括强制讯问和询问权、强制调取资料等其他证据权,其含义与美国相似,被调查人如不配合,追究其刑事责任。英国的强制讯问和询问权也优先于取证对象的沉默权和保密义务。在澳大利亚的新南威尔士州等州,也是两种侦查程序并存,即对普通犯罪适用英美法系当事人主义的侦查模式,对职务犯罪适用大陆法系职权主义的侦查模式,如对侦查人员的讯问,犯罪嫌疑人必须回答,而不享有沉默权。

职务犯罪的特殊性,以及原刑诉法对职务犯罪的特殊性反映得不够致使侦查工作陷入困境的实际,可能使有关方面觉得有必要将监察机关调查职务犯罪的程序从刑事诉讼程序中独立出来,既赋予其一系列反映职务犯罪的特殊性、符合调查需要的措施,又排除律师的介入和检察机关的侦查监督,从而为调查职务犯罪创造一个相对封闭的空间。

朱孝清也认为,将来立法时,另一种思路也未尝不可以研究:既将监察机关调查职务犯罪程序纳入刑诉法,又充分考虑职务犯罪的特殊性,在法律(包括《监察法》《刑事诉讼法》等)关于调查措施、律师介入、检察监督等问题上,作出有别于其他犯罪案件的规定,如赋予必要而充分的调查措施,对律师介入、检察监督等作必要的限制。从而既保障调查职务犯罪的效率,又体现对监察权的监督制约,进一步提高调查职务犯罪程序的法治化水平。①

由于新出台的《监察法》主要是以原《中华人民共和国行政监察法》(以下简称《行政监察法》)为蓝本起草的,且原先的监察机关不是政府部门,也不是司法机关,而是一个与行政机关和司法机关平行的执法监督机关,仅是大规模吸收行政监察的内容,从立法层面实现由《行政监察法》向《监察法》的转变,由监察机关履行对行政机关工作人员的监督、调查、处置等职能,虽然避免了《监察法》与行政法律规范衔接的障碍,但却忽视了《监察法》与刑事法律的协调。为了解决原检察院职务犯罪侦查权转隶至监察机关形成职务犯罪调查权及"监察前置"规则的不协调状态,必须正视《监察法》与刑事法律的衔接问题。

(一)《监察法》与《刑事诉讼法》的衔接

监察机关与检察机关之间的配合制约关系应当如何理解,这既是《监察法》与《宪法》衔接的问题,也是《监察法》与《刑事诉讼法》相衔接的问题。在调查阶段,由于《监察法》以监察机关为主导的模式,因而,即便是受移送的案件,人民检察院审查后认为需要补充核实的,也应当退回监察机关补充调查,只有在必要时才能够自行补充侦查,这在《监察法》第 47 条有明确的规定。由此,在调查阶段,监察机关完全能够预判行为的性质,决定是否以职务犯罪移送给检察机关审查起诉。核心问题是,立法者在赋予监察机关"职务犯罪预处置权"的同时,没有予以反向制衡,在某种程度上形成新的问题,即由于欠缺有效的外部制衡机制,即便其本身性质属于监察权,也仍然存在滥用的风险。

如何解决上述问题?第一,从监察机关配合检察机关的视角来看,主要可以从补充侦查的角度来说明。在职务犯罪的侦查权(调查权)作出结构性调整之后,监察机关工作人员的职务犯罪调查权具备刑事侦查权的实质,如果不受到法律的约束,于法理上难以说得通。"检察院对公诉案件的起诉权是《宪法》赋予的专有职权。因而,监察委员会将涉嫌职务犯罪案件移送检察院后,检察院有权依法独立审查后决定是否提起公诉。"然而,由于监察机关在调查阶段的"职务犯罪预处置权"在新监察制度架构中已经形成,前端以检察机关配合监察机关为主,那么在后端,应当相应的以监察机关配合检察机关为主,这是问题的关键所在。具体而

① 朱孝清:《修改后刑诉法与监察法的衔接》,载《法治研究》2019 年第 1 期。

言,在检察机关审查案件的过程中,可以通过两种方式进行制衡:一是在移送案件时,要求监察机关承担说明义务,说明证据是真实与合法的。诚然,对于监察机关移送的案件,检察机关所审查的主要是证据,要求监察机关承担证据真实性与合法性的说明义务,事实上是要求监察机关作出承诺,承诺证据没有虚假、获取手段合法。这种说明义务构成对监察机关行为的限制,即如果检察机关发现移送的证据与监察机关说明的情况不一致的,可以作为对相关人员进行追责的依据,也可以作为检察机关直接介入案件侦查的理由,这与第二种制衡方式有直接的关系。二是有必要对《监察法》第 47 条第 3 款规定的“在必要时可以自行补充侦查”作出扩大解释。除了上述违反说明义务的情形之外,可以认为如下情况属于“在必要时”:(1)发现移送的证据存在非法证据,表明调查的手段失当;(2)发现移送的主要证据不能证明案件事实,表明调查的能力不足;(3)其他可能影响案件公正定性的情形。在这些情况下,检察机关能够依法“取得”职务犯罪补充侦查权,这种客观地位的变化,弥补了监察机关配合检察机关不足的问题。

第二,从检察机关制约监察机关的角度来看,关键是要让检察机关介入监察机关的调查过程。如前所述,监察机关掌握“职务犯罪预处置权”,决定哪些案件能够移送,而在监察实践中,职务犯罪案件又存在被违纪、违法处分所消融的现象,客观上容易形成阻碍职务犯罪查处的壁障。因此,笔者认为,可以针对被留置人员,建立一种由检察机关制衡监察机关的过程监督模式。之所以限于被留置的人员,一方面,由于国家监察体制改革追求反腐的高效化,不宜普遍让监察机关以外的因素介入调查过程;另一方面,考虑到留置措施的封闭化,让检察机关参与到被留置人的调查,能够回应人权保障论者的批判。当然,在留置阶段,检察机关工作人员不实际参与调查,也不就调查的过程发表意见,主要负责记录调查的详细过程,以备移送后进行案件事实、证据审查之用。

(二)《监察法》与《刑法》的衔接问题

“纪律挺在前”绝不是意味着纪律可以取代法律,而是强调通过纪律规范预防违法、犯罪,将党员干部的不当行为消灭在前端,提升腐败行为的发现能力。对于发现较晚,已经构成职务犯罪的行为,当然需要依法定罪处罚。法治反腐要求监察机关严格把握职务违法与职务犯罪的界限,除了少数犯罪情节轻微、不需要判处刑罚的予以问责、政务处分外,决不允许“以罚代刑”现象成为常态。此外,“监察范围的全覆盖”是否意味着可以突破“身份犯”的刑事法理,还是应当在“公务说”的基础上有所限缩,也是非常值得关注的问题。

三、党纪与国法的衔接

在国家监察体制改革全面深化期，处理好党纪与国法的关系，是事关国家监察体制改革基本方向的重要问题。法治反腐不能仅依靠法律进行腐败治理，更要依靠党内法规预防、引导、推进反腐。这既是党长期以来积累的资源优势，也是国家监察体制改革实现“纪法融合”的重要成果。

改革开放以来，以《中国共产党章程》为代表的党纪规范先后经过8次主要的结构性调整，在纪律处分的能效性与准确性上都有极大提升。国家监察体制改革的实践表明，将党纪置于国法的前端，实现“纪法融合”，是改革开放以来反腐败的重要经验积累与方法创制，党纪所具备的思想、组织建设功能，在预防腐败、发现腐败以及治理腐败等反腐的全过程，都发挥着重要的作用。从预防腐败的角度来看，党纪规范的不断进阶与完善，党内政治思想建设，为法治反腐的全面铺开提供有力的前端保障，对促成“不愿腐”的思想境界、预防腐败现象的滋生恶化起到不可替代的作用；从发现腐败的角度来看，党内组织纪律建设、党内自纠自查，是形成“不能腐”的防控机制、及时发现前期腐败的有效措施；从治理腐败的角度来看，党纪的严厉性、处分的全面性，是塑造“不敢腐”的政治环境、彰显从严治党决心的重要体现。

但是，党纪与国法毕竟归属不同类型的规范，党纪不可能等同于国法，法律的作用也不可能由纪律的功能所替代。“纪法融合”的同时忽视“纪法分离”，这是国家监察体制改革新阶段所面临的重大问题。之所以重大，是因为该问题关涉到国家监察体制改革的基本方向。从实践来看，“纪法混淆”主要有两种表现：一是对违法的案件仅通报为违纪，如私自占用低保金、挪用补助金等行为仅通报违纪并给予党内处分，这种现象不仅是形式问题，更涉及不同类型规范的作用与功能，长此以往必然不利于国家监察体制改革的推进。因为，虽然纪检委与监察委合署办公，但毕竟两者分管不同的事项，违纪、违法案件的通报涉及行为定性的实质问题，准确的定性是保障规范权威性的前提。二是对违法行为人仅给予纪律处分，如违规私用9万元扶贫费用仅给予开除党籍处分，没有给予政务处分。确实，党纪在一般情况下是严于国法的，但这只是从问责准入的角度来看的，从问责的严厉角度看，政务处分、刑事处罚在很多情况下更加严厉。况且，从党员干部兼具党员和公职人员双重身份的角度来看，党纪问责与公务追责遵循的是两条相对独立的路线，党员干部在受到纪律处分之后，并不影响其法律责任的追究，因为前者是基于党员之身份，后者是根据行使“公权力”之行为。换言之，对违法的党员干部追究纪律责任之后,亦不可免除其法律责任。

那么,实践中如何处理党纪监督与国法监察既“合”又“分”的关系呢?

首先,党纪监督与国法监察之“合”,即“纪严于法”“纪挺法前”“纪法融合”是党纪与国法第一重关系的体现,它表明,纪律与法律之间具有相互衔接补充的关系,治理党员干部问题优先适用纪律规范,让纪律适用于法律之前,解决大多数违纪问题;让法律主要解决违法犯罪问题,同时,对这部分腐败犯罪分子,亦可以追究其违纪的责任。“党内法规与国家法律的衔接和协调是依法执政的现实要求,应当以体系共存的相容性、价值追求的同向性、具体规范的无矛盾性和行为指引的连贯性为基准”,建构二者协调、衔接的路径。这种“同向性”“相容性”反映出党纪监督与国法监察在具体适用意义上的互补性。其实,在《监察法》及其配套规范中,党纪与国法衔接的雏形早已形成:其一,对于一般违规或违纪问题,适用党内纪律处分即可。例如,违规发放补贴、违规公车私用、违规宴请等,都是这类行为的典型体现。其二,对于职务违法行为,主要适用政务处分,其规范依据是《监察法》以及《公职人员政务处分暂行规定》,如贪污受贿未达到犯罪数额、滥用职权未造成严重后果,等等,对于这类行为可以同时适用违法处罚措施与违纪处分措施。其三,对于职务犯罪行为,主要适用刑事处罚,其调查的依据是《监察法》,审查起诉依据是《刑事诉讼法》,犯罪事实认定依据是《刑法》,但是对于情节轻微不需要判处刑罚的行为,可以给予政务处分与党纪处分。由此可见,在现阶段,“纪法融合”的基本模式已经确定。

其次,党纪监督与国法监察之“分”是党纪与国法第二重关系的体现,它表明,要正确认识党纪与国法的界限,不能用党纪处分替代国法处理。这点很容易被忽视,主要原因可能是,既然“第一阶段”已经实现了从“纪法分离”到“纪法融合”的进阶,那么再继续强调党纪监督与国法监察之“分”,似乎有走回头路的嫌疑。确实,不能否认这种顾虑有其道理,但是,既然强调纪法需要融合、衔接,那么其前提自然是党纪与国法不是同一个事物,自然要做到纪法有别,从纯粹的“纪法分离”走向绝对的“纪法融合”,不过是从一个极端走向另一个极端,两种路径都是不符合法治反腐的要求的。笔者认为,理解党纪监督与国法监察之“合”与“分”的关系,应当立足于腐败监察治理的全过程,具体来说:其一,党纪监督与国法监察之“合”主要体现在腐败的事前预防与事中监督阶段,需要强调“纪挺法前”,优先发挥党纪监督的作用。因为对于党政干部行使“公权力”的行为来说,法律不宜过早地介入,也不可能面面俱到。而“政党作为旨在实现拥有政权目标的特定群体,在组织内部必然要形成需要全体成员普遍服从的权威、全体遵循的规则、集体共享的价值、充分一致的目标，由此就决定了反腐败党纪在要求上要多于国家法律”。党纪监督虽然不可能规制全体行使“公权力”者的行为，但能够通过政治思想建设、组织纪律建设、日常监督建设等措施全面预防、监督党员干部的腐败行为，实现管住大多数的目标。其二，党纪监督与国法监察之“分”主要体现在腐败的事后惩处阶段，此时，党纪与国法相互独立。事后惩处是对行为人追责的范畴，即在明确行为性质的基础上，确定行为人责任的严重程度，因而此时的任务恰恰是防止责任的滥用，党纪与国法分别评价更有助于该目标的实现。这样来看，党纪与国法应在腐败治理不同阶段分别扮演不同的角色、具有不同的关系。故而，在对腐败分子的事后惩处或追责阶段，更应关注党纪与国法的差异，区分违纪处分、违法处置与犯罪处罚。

总之，国家监察体制改革在全面深化新阶段对腐败治理能力与治理体系的现代化提出了新的要求，即在《监察法》及其配套规范相继确立的基础上，逐步清理《监察法》与其他法律规范、党纪监督与国法监察之间的衔接问题，构建具备及时的腐败发现能力、准确的腐败评估能力以及高效的腐败治理能力的规范体系。在前阶段，国家监察体制改革的主要成果转化为以《监察法》为代表的腐败治理法律规范，实现了从“多主体分治”到“合力共治”、从“以末端惩治为中心”到“以前端预防为重点”、从“纪法分离”到“纪法融合”的三重逻辑转换及其制度架构。但是，腐败治理能力与治理体系的现代化，不能仅仅依靠《监察法》的落实，还要以《宪法》为根本，以党纪为前置保障，以其他法律规范为补充，最终构建成多元化的腐败治理系统。在国家监察体制改革的全面深化期，要以监察权的运行情况为参照点，分别处理好《监察法》与《宪法》的衔接问题、《监察法》与刑事法律的协调问题、党纪监督与国法监察的关系问题，才能够真正完成新阶段“法法衔接”“纪法衔接”的任务。①

第二单元　修订和制定相关法律

一、尽快出台《监察官法》

（一）为什么要出台《监察官法》

（1）《监察官法》作为一部管理监察官的专门法律，其核心内容应是以法律形

① 刘艳红：《〈监察法〉与其他规范衔接的基本问题研究》，载《法学论坛》2019 年第 1 期。

式确定监察官的职责以及为监察官正确履行职责所应有的权利保障和义务约束，并紧紧围绕如何保证这一核心内容的实现，对监察官的资格考试、考核、任免、奖惩、培训以及管理机构等作出严格的规定。

(2)《监察官法》的制定，能保证纪检监察干部独立行使职权，充分体现纪检监察工作的特点，建设一支政治素养好、专业素质高的职业化、专业化的纪检监察队伍，把优秀的人才留在纪检监察工作一线。

(3)有利于纪法贯通和法法衔接。就纪法贯通来说，就要整合规范纪检监察工作流程，强化内部权力运行的监督制约，健全统一决策、一体运行的执纪执法工作机制；就法法衔接来说，职务犯罪案件由监察机关调查终结，移送检察机关依法审查起诉，是一项重大的制度创新，必须有相应的法规制度予以支撑。

(二)出台《监察官法》的条件和时机

(1)《监察法》第14条规定，国家实行监察官制度，依法确定监察官的等级设置、任免、考评和晋升等制度。

(2)《监察官法》的立法工作已被列为"条件成熟时提请审议"。全国人大公布的《十三届全国人大常委会立法规划》，已将《监察官法》列入十三届全国人大立法规划中，属于第二类立法项目之一(第二类立法是"需要抓紧工作、条件成熟时提请审议的法律草案")，并明确由国家监察委员会提请审议或作为牵头起草单位。

(三)《监察官法》应该制定哪些内容

(1)《〈中华人民共和国监察法〉释义》中讲到，在监察官等级设置上，要创制具有中国特色的监察官称谓和等级，独立于法官、检察官、警官制度，不照抄照搬。可以参考古今中外的监察官称谓，创制充分体现中国文化特点的监察官衔级名称。监察官等级既要层次合理，又要力求扁平化，体现精简、高效的队伍建设方针。在监察官任免、考评和晋升等制度设计上，要科学设立上下进退机制。

(2)监察官制度不适合搞员额制。理由：第一，司法工作追求个人理性，而监察工作侧重于集体决策。司法工作是基于法官、检察官对于法律知识的系统学习而形成的一种内心的自我确信，法官在办理具体的案件时，只服从于法律，因此员额制是司法精英化的需要。监察工作基于党管干部的原则对所有公职人员开展监督调查和处置，是一种保护干部的机制。对公职人员作出的每一个决定都应该经过集体决策，以体现慎重以及对干部的负责。第二，司法工作强调谦抑性，而监察工作强调主动性。司法工作遵循不告不理原则,因此,一个地区一段时间内的司法工作量是相对可衡量的,如法官的员额数就是根据审判工作量、法院所辖区域人口、经济发展水平等因素确定的。监察工作则更为主动,特别是要求纪检监察干部要积极履行自己的监督职责,从具体工作内容来看,监督工作量是一个比较难以衡量的,因此,很难基于监督调查处置的工作量去测量一个地区到底需要多少员额监察官。第三,司法员额制度在实行过程中还存在不少问题,尚不成熟,不宜为监察官制度套用。

(3)监察官准入资格目前不宜制定过高,不宜要求通过"国家统一法律职业资格考试"。我国《监察法》第55条、第56条对监察人员的政治、道德、廉洁、专业等素质都提出了明确的要求。监察人员在做到忠于职守、秉公执法,清正廉洁、保守秘密,具有良好的政治素质外,还需要打造一支专业化职业化的反腐败人才队伍,这是监察体制改革以后产生的迫切要求。把一些忠于职守、秉公执法,清正廉洁又懂业务的人才逐渐聚集到监察官队伍是今后的一个趋势。到那时待条件成熟,监察官的准入条件需要通过"国家统一法律职业资格考试"那是相当不错的。

(4)监察官工资待遇参考有关专业干部队伍的待遇标准。《〈中华人民共和国监察法〉释义》中讲到:监察官门槛要高、退出机制要强,尤其是要细化规定违法违规监察官降低衔级、处分等条件,把重心落在从严建设队伍上。对于监察官的工资待遇,要坚持权责对等原则,突出责任和担当,参考有关专业干部队伍的待遇标准,综合考虑国家财政负担能力等因素研究解决方案。

二、抓紧修订相关法律和配套法规

为实现《监察法》规定的改革目标,形成法律监督合力,根据监察委履责相关内容,理顺各种关系,完善体制机制至关重要。一是更新理念和转变观念,加快立法修法进度;二是做好监察机关和其他机关的配套、衔接和监督制约机制和建立工作;三是除制定《监察官法》外,还须分别制定与该法相配套的单行法规,如监察委员会的组织法、程序法,以及《政务处分法》《监察官资格考试办法》《考核条例》《奖惩条例》,以保证《监察法》在实践中能够得到切实遵守和执行。

监察法虽然是一部监察领域的基本法,但由于它构建了一个全新的国家监察体系,所以对现有的法律、法规形成了很大的冲击。有专家认为,现在全国人大一共制定了260多部法律,为了配合监察法的实施,需要修订的相关法律就有160多部,达到了现有法律的2/3。且这些法律修改的共同指向是尽快形成完备的法律监督制度体系。如果觉得这个修改工程过于庞大,也可考虑在原先的《人大常委会监督法》的基础上制定一部《人民监督法》,明确监察监督、检察监督和公民监督的职责、范围和权限。还在立法上增加一类监察赔偿、明确国家监察委员会享有制定部门监察法规的权力等。此外,对于留置场所设置管理和监督,监察专员的派驻,监察派驻机关、派驻机构的履职等,都需要相应的法律、法规保障。

三、制定《法律监督法》和《人民监督法》

新中国成立以后,法律监督经过艰难曲折的历程。历史和现实告诉我们:法律监督应该是人民意志的强烈体现,它决不能无法可循,更不能随心所欲。制定法律是严肃认真的,要有一定的程序、方式;监督法律实施同样不得马虎、草率,必须要有严格法律制度的保障。所以,我们可以这样表述两者的关系:没有法律保障的监督是虚无的监督;缺乏监督保障的法律不是真正的强有力的法律。

虽然各种法律都是法律监督的主要内容和依据,但对如何开展法律监督及监督的方式、程序等问题,不同历史时期都有不同的立法体现。总体上说,我国法律监督的立法还是十分薄弱的。

我国关于法律监督的立法,可以从宪法和专门法律中找到。就检察机关的法律监督而言,大致可以分为以下四个阶段,集中体现在不同时期的检察院(署)组织法之中。

第一阶段(1949—1953年),是以《中国人民政治协商会议共同纲领》《中央人民政府组织法》为依据而制定的两个"条例"一个"通则",即《中央人民政府最高人民检察署试行组织条例》《中央人民政府最高人民检察署暂行组织条例》《各级地方检察署组织通则》。立法赋予的主要职权有:

(1)对各级机关及公务人员和全体国民守法情况实行检察。

(2)对反革命案件及其他刑事案件,实行检察,提起公诉。

(3)对各级审判机关之违法或不当之裁判,提起抗诉。

(4)对监所和劳改场所的违法措施进行检察。

(5)参与同国家和劳动人民利益相关的民事及行政诉讼。

(6)各级地方人民检察署受上级检察署的领导,同时又为各级人民政府的组成部分,受同级人民政府委员会的领导。

第二阶段(1954—1966年),是以1954年第一届全国人民代表大会通过的《宪法》为依据制定的《中华人民共和国人民检察院组织法》,这是一次尝试性的而又较为完整的立法。它坚持了原先的正确规定，否定了不正确的规定，增加了新的规定。

(1)完善了地方各级人民检察院及专门检察院的设置。

(2)在检察长、副检察长、检察员和检察委员会委员的产生办法上，废除了各级政府任命制，实行人民代表大会选举和人大常委会及上级检察院任命结合制。

(3)在检察工作的原则上，恢复了“地方各级人民检察院独立行使检察权，不受地方国家机关干涉”的规定；增写了在适用法律上一律人人平等的原则。

(4)否定了双重领导关系，重新确立了垂直领导关系。

(5)把以往规定的检察六项职权中的四项职权改为四项监督，即一般监督、侦查监督、审判监督和监所劳改监督。增写了支持公诉，并“对于人民法院的审判活动是否合法，实行监督”。

第三阶段(1978—2018 年 12 月)，当时的《检察院组织法》对 1954 年的“组织法”有继承，也有修改和补充。

(1)改垂直领导为双重领导。

(2)改检察长领导检察委员会工作为检察长主持检察委员会工作，突出了少数服从多数的民主集中制原则。

(3)改“一般监督”为“重点监督”，仅对构成犯罪的行使检察权。

(4)增写了依法保障公民对违法的国家工作人员提起控告的权利的规定。

(5)增写了“人民检察院在工作中必须实事求是，贯彻执行群众路线，倾听群众意见，接受群众监督，调查研究，重证据不轻口供，严禁逼供正确区分和处理敌我矛盾和人民内部矛盾”的规定。

(6)实施监督的法律手段是：调查、侦查、批准或决定逮捕、起诉、免诉、不起诉、撤销案件和纠正违法等。

第四阶段(2019 年 1 月 1 日以后)。2018 年 10 月 26 日，第十三届全国人民代表大会常务委员会第六次会议表决通过了关于修改《刑事诉讼法》的决定、表决通过了关于修改《人民法院组织法》《人民检察院组织法》的决定。原来的检察院组织法从三章 28 条，变成了六章 53 条。主要修改内容有：

(1)对监狱、看守所进行巡回检察。第 17 条规定，人民检察院根据检察工作需要，可以在监狱、看守所等场所设立检察室，行使派出它的人民检察院的部分职权，也可以对上述场所进行巡回检察。

(2)完善了人民检察院内设机构。规定检察官员额较少的设区的市级检察院和基层人民检察院,可以设综合业务机构。检察院可以设必要的检察辅助机构和行政管理机构。

(3)完善了人民检察院职权。规定人民检察院行使的职权,并保留其刑事侦查权,可概括为八项内容:一是依照法律规定对有关刑事案件行使侦查权,包括司法工作人员利用职权实施的非法拘禁、刑讯逼供、非法搜查等侵犯公民权利、损害司法公正的犯罪,国家机关工作人员利用职权实施的重大犯罪案件;二是对刑事案件进行审查,批准或者决定是否逮捕犯罪嫌疑人;三是对刑事案件进行审查,决定是否提起公诉,对决定提起公诉的案件支持公诉;四是依照法律规定提起公益诉讼;五是对诉讼活动实行法律监督;六是对判决、裁定等生效法律文书的执行工作实行法律监督;七是对监狱、看守所的执法活动实行法律监督,包括对监狱、看守所对生效法律文书的执行活动,即刑罚执行活动进行监督以及对监狱、看守所的其他执法活动进行监督;八是法律规定的其他职权。

(4)完善了人民检察院行使职权的措施和方式,增加行使法律监督的调查核实权,规定:"人民检察院行使本法第二十条规定的法律监督职权,可以进行调查核实,并依法提出抗诉、纠正意见、检察建议。有关单位应当予以配合,并及时将采纳纠正意见、检察建议的情况书面回复人民检察院。""抗诉、纠正意见、检察建议的适用范围及程序,依照法律有关规定。"检察机关调查核实的方式主要包括调阅、借阅案卷材料和其他文件资料,查询、调取、复制相关证据资料,向有关单位及其工作人员了解情况,向当事人或者案外人询问取证等。抗诉、纠正意见和检察建议是检察机关行使法律监督职权的主要方式,要求有关单位及时将采纳纠正意见、检察建议的情况书面回复人民检察院。

(5)明确了人民检察院的组成人员。规定人民检察院由检察长、副检察长、检察委员会委员和检察员等人员组成,明确了各级人民检察院组成人员的任免程序。明确人民检察院组成人员的任职条件。规定检察官、检察辅助人员和司法行政人员实行分类管理。明确检察官实行员额制。检察官员额根据人民检察院案件数量、经济社会发展情况、人口数量和人民检察院层级等因素确定。最高人民检察院检察官员额,由最高人民检察院有关部门确定。地方各级人民检察院检察官员额,在省、自治区、直辖市内实行总量控制,动态管理。

在2019年的十三届全国人大二次会议上,全国人大代表、浙江省检察院检察长贾宇提交了一份"关于制定人民检察院法律监督法"的议案。贾宇检察长认为:由于当前人民检察院法律监督尚无统一立法,有关法律监督的规定主要散见于三大诉讼法、人民检察院组织法、检察官法和其他一些单行法律,总体上比较原则,存在法律监督概念不清晰、监督范围不明确、监督体系不完整、监督程序不完善、监督措施不足、调查手段缺位、监督力度不够等问题，与实践需求不相适应，削弱了监督效果，影响了监督权威。特别是转隶后，检察机关法律监督在制度上有所软化和弱化，现有的监督方式主要是提出纠正意见或检察建议等，偏重柔性，导致实践中有的部门对检察监督重视不够，法律监督的实效性有待提升。因此，建议由全国人大制定法律监督法，把宪法和各相关法律联结起来，充实相关规定，形成完备、具体的法律监督制度体系，促进法律监督职能的有效运行，真正实现刑事检察、民事检察、行政检察、公益诉讼检察各项法律监督工作全面协调充分发展。

贾宇检察长认为，新时代背景下，无论是从政治层面看，还是从国家发展阶段看，制定法律监督法的条件都逐渐成熟。这些年来，各级人大代表、政协委员在全国和地方“两会”上纷纷提交议案、提案，要求强化检察机关法律监督，制定专门的法律监督法或决议。全国各省级人大常委会均通过了关于加强检察机关法律监督工作的决议、决定，并在实践中取得了良好成效。因此，在制定法律监督法时，需要明确检察机关法律监督的对象、职责范围、条件标准和程序，明确保障检察机关开展法律监督的相关措施，还要妥善处理与其他相关法律的关系。

我们期待着以人民为中心的有中国特色的社会主义新时代，不仅需要有一部专门的《法律监督法》，还需要一部《人民监督法》，这样才有利于中国法律监督体系的进一步完善。

首先是设想。在2006年8月27日第十届全国人大常委会第二十三次会议通过的《中华人民共和国各级人民代表大会常务委员会监督法》的基础上，修改制定一部《人民监督法》。规定各级人民代表大会常务委员会及其人民代表行使监督权的途径和手段，把国家的一切监督机构和具有监督职能的机构，通过立法加以整合。让具有法律监督职能的机构系统化、法律化，把公民监督权引入该体系，构成一个以人民为主体、对人民负责的国家权力制衡体系。在以权力制约权力的基础上，增加以权利制约权力的新监督模式。

第一，在全国及地方各级人民代表大会中设立“人民监督委员会”，该委员会受人民及人民代表大会的委托行使立法监督、司法监督、行政监督和廉政监督等职责。

第二，为了加强人大的法律监督职能，必须大力提高人大代表的法学素质，让更多的法律工作者和法律专家当选人民代表。

第三，在人民代表之外建立人民监督员聘任制度，对违法现象做到及时反馈，建立信息反馈网络。

第四,在立法上形成以《人民监督法》为主体,以《监察法》和《法律监督法》为两翼的法律保障的立法构架。

其次是体系。由《人民监督法》规定的以人民为主体的监督体系应该系统而稠密。人民监督委员会的监督职能,必须通过调动和控制国家一切职能监督机构得以发挥,受其控制的职能监督机构必须系统科学,产生监督的整体效能(见附图)。

最后是途径和手段。《人民监督法》应该明确规定人民行使监督权的途径和手段,其途径和手段须受法律保护。

(1)国家职能机构与人民联系的渠道必须畅通,任何人不得阻挠和制止人民群众发表意见和建议的权利(书面或口头)。

(2)人民代表大会对人民群众提交的弹劾案、罢免案必须予以认真听取并负责调查,获大会通过生效的立即执行。

(3)人民代表有质询权,受质询单位必须限期答复。

(4)人民代表的活动需受人民的监督,人民群众可以通过一定的途径撤换、罢免自己所选的人民代表资格。

附：人民监督委员会监督体系图

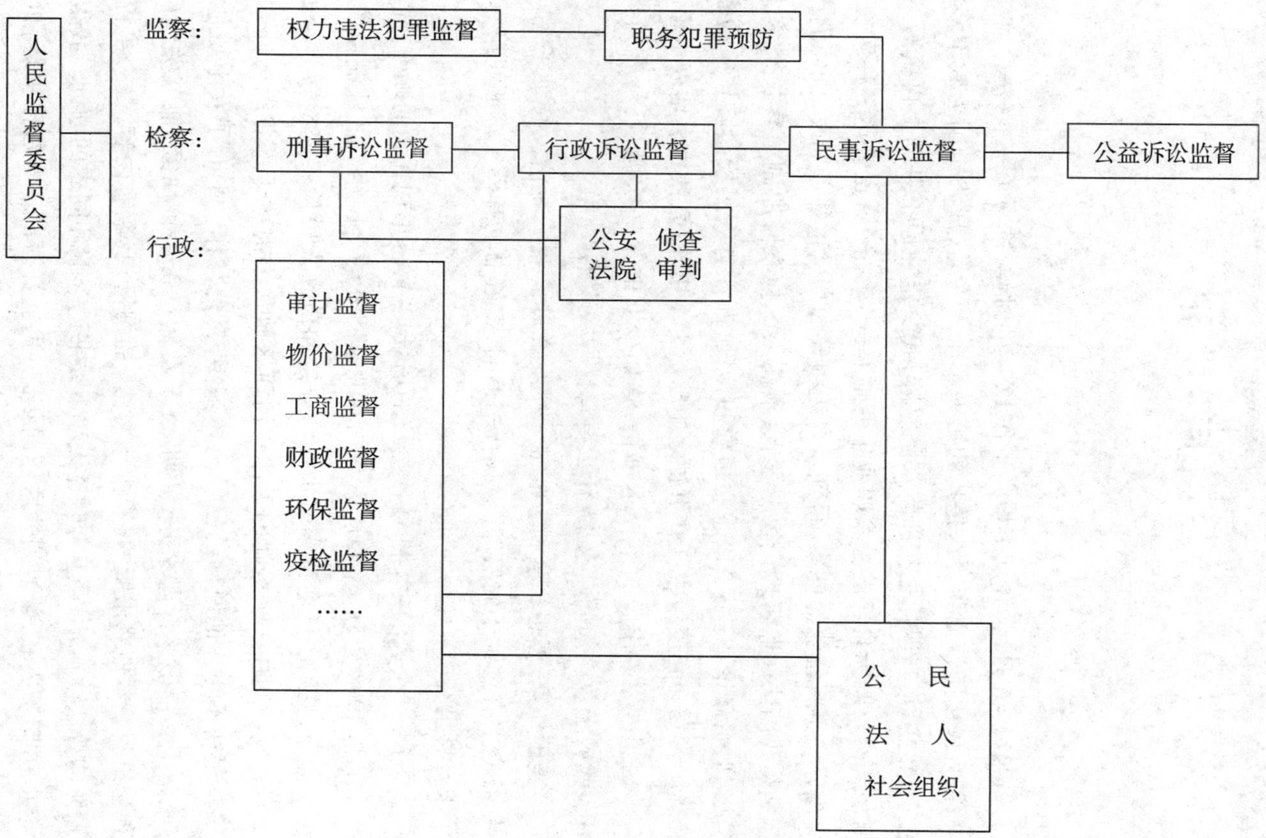

后　记

1992年6月，在我从事检察工作12年的时候，撰写了一本《法律监督概论》的书，被人民出版社出版。这是我的第一本个人专著，成为全国为数不多的法律监督著作之一。当退休之年即将来临之际，我决定在原书基础上再撰写一本《法律监督新论》，既为自己的检察职业生涯画上一个休止符，也表达一种对检察事业难舍难弃的不解情缘。此事，得到了各级领导的高度重视和朋友、同志们大力支持，特别是我国法律监督理论权威学者、最高人民检察院原副检察长朱孝清同志，对《法律监督新论》一书予以悉心指导和帮助，浙江省人民检察院贾宇检察长、台州市人大常委会元茂荣主任在百忙之中欣然为本书作序，我由衷地表示感谢！

回想人生中出版的第一本书籍，犹如少女的第一次恋爱，情有独钟，难以忘怀。我曾无数次地问自己，为什么要写这样一本书？

美国作家、思想家亨利·戴维·梭罗说过："我不相信没有种子，植物也能发芽，我心中有对种子的信仰"。我抚书追问，难道书也有种子？那我第一本书的种子来自哪里？

于是，一个人、一本书、一次会议的场景，一幕幕重现在我的眼前，恍若昨日。

那是1988年秋天，我应邀参加在北京召开的全国第二届法制系统科学研讨会。会上，见到了著名法学家张友渔教授和最高人民检察院检察学会的领导，还结识了与我同住一个房间的天津市河西区政法委离休干部谷绍强同志。他年逾60尚笔耕不止。他说自己已经离休多年，喜爱写作。平时子女上班他也在家上班，帮子女带小孩管理家务；星期天，子女休息带小孩回家，他就关起门来写书。他送给我一本他刚出版的《青少年与法》的书籍，我翻看内容，是一本青少年犯罪预防的普法读本，扉页上有时任天津市委书记李瑞环同志的题词。我很钦佩这位老人，并暗下决心，争取到他这样的年纪，我也要写出一本法律书籍，也要像他一样退休不退岗，为普法事业多作贡献。这是我当时的想法和愿望，或许，这就为我日后的写书、出书播下了种子。

会议第二天，我以"执法不严的问题关键是法律监督效益的问题"为题，作了

5分钟的发言,得到了与会学者和专家的称道和赞赏。北京回来,我将发言内容写了《试论法律监督效益》一文,投稿于《法制日报》。一个月后稿件被退回,编辑附上一封热情洋溢的信。信中这样写道:读了你的文章很受感动,限于篇幅原因,本报不能发表。建议你可以从"监督者"的角度写一本这方面的书籍。日后,编辑的建议不时在我耳旁响起,我心中就有一种写书的冲动,这可能就是那颗写书的种子开始萌芽了!

1989年春天,我开始编撰写作提纲,查阅、摘录大量的资料和卡片,历时两年,终于完成近14万字的学术论著初稿。最高人民检察院副检察长冯锦汶为本书题词:"加强与完善社会主义法律监督职能"。中国检察学会秘书长王然冀同志也为本书作序,序言中有这样的评价:"王建华同志结合自己的工作实践,深入研究法律监督理论,查阅了大量资料,历时数年,坚持笔耕,表现出青年检察官对加强我国社会主义法制建设和完善法律监督职能的执着追求。"此书出版后,台州检察院党组为我荣记二等功,时任省院副检察长朱孝清同志称我是全省检察系统第一个著书立说者。

回想往事,心潮澎湃,我与检察共成长。21岁,我进入检察队伍,从检38载。从我的第一本书的出版算起,时间也已经过去26年。其间,我又陆续出版了9本法律书籍,在全国性报刊上发表了20多篇法治理论文章,1999年还被评为第二届"浙江优秀中青法学专家"。

我的每一本书出版,都离不开组织和同志们的关心、支持和帮助,每一本书的背后都有一个动人的故事和难解的缘由。比如《中国公民你不可不知的150项法律权利》的写作,缘于著名作家冰心的女儿吴青,她手拿《宪法》为北京市民维权,却为找不到具体的法律条文而烦恼。她收到此书后,来电表示万分感谢。《画说权利》因为法律权利故事的影响力,吸引了全国数百名漫画家来"画说权利",并在台州成功举办全国漫画征集大赛颁奖仪式和此书的首发式。《青春法律防线快读》的写作,是鉴于未成年人犯罪突出,台州原市委书记陈铁雄同志在全市政法干部大会上的一句狠话:"宁愿台州经济GDP指标少增几个点,也要将台州的未成年人犯罪率降下来"。《警惕身边的风险——金融风险法律防范指南》,出于保护台州金融业的健康发展。《晒晒权力　聊聊权利——公职人员法律风险防范指南》,缘于三门县权力清单改革的样本和"县域法治"的生动实践等等。

人生处处有种子!这些缘由和故事,不就是每本书的种子吗?

要想人生的芳草地里绿茵成片,春意盎然,不能没有芳草的种子!人生要过得有意义,必须收藏好人生的每一粒种子。为了检察的明天更美好,需要有一代代检察人甘做绿茵小草，需要对检察的热爱，对法律的敬畏，更有对种子的信仰！

我与检察共成长，回想从检近40年，我从青春年少到华发初生，见证了中国社会从“法制”迈向“法治”的社会变革，见证了法律监督在推动中国法制文明和进步中所起的作用。我国法律监督从无到有，从弱到强，除了法律监督职能机构的自身努力外，还需要广大人民群众对法律的信仰与律师队伍的密切配合。李永红、江志东、金琴云等同志并为本书提供了大量实务案例和个人感悟，对解读法律监督理论很有帮助。同时，为此书撰写和出版工作中付出劳动和作出贡献的还有浙江省检察院胡东林、王东明等领导和台州市检察院吴其满、叶文婷、崔瑛、戚威、党瑜等同志，在此一并表示感谢！

时代在创新，社会在变革，法治在进步，检察理论研究与普及大有空间。在监察体制改革开启了社会主义法治新时代的新形势下，检察制度自身如何改革发展，并与监察机关衔接形成法律监督的合力，将成为法学界和社会有识之士的探索方向！从《法律监督概论》到《法律监督新论》，体现了时代的进步，期望有更多年轻一代法律人加盟共同谱写社会主义法律监督新篇章！

作　者

2019年6月15日

鸣　　谢

浙江省人民检察院

浙江省法学会

台州市人大常委会

台州市人民检察院

台州市社会科学界联合会

台州市法学会

台州市律师协会

浙江海贸律师事务所

浙江力汇律师事务所

台州市收藏家协会

台州市游泳协会

浙江省临海市东塍镇乡贤会

浙江中烨电子商务有限公司

台州市美诗儿电器有限公司

浙江省临海市合和木工机械有限公司